Querverlag

Thomas Endl & Bettina Hasselbring (Hrsg.)

Vorerst für immer

Lesbisch-schwule Paargeschichten

Für alle Katzen, die es wagen, mit Drachen Achterbahn zu fahren, und für Lydia.

Für La Pu, Dichterin und Muse, und all die anderen im 160-Morgen-Wald.

© Querverlag GmbH, Berlin 2003

Erste Auflage Februar 2003

Alle Rechte vorbehalten. Kein Teil des Werkes darf in irgendeiner Form (durch Fotokopie, Mikrofilm oder ein anderes Verfahren) ohne schriftliche Genehmigung des Verlages reproduziert oder unter Verwendung elektronischer Systeme verarbeitet, vervielfältigt oder verbreitet werden.

Umschlag und grafische Realisierung von Sergio Vitale
Gesamtherstellung: Druckhaus Köthen
ISBN 3-89656-089-1
Printed in Germany.

Bitte fordern Sie unser Gesamtverzeichnis an:
Querverlag GmbH, Akazienstraße 25, D-10823 Berlin
http://www.querverlag.de

Inhaltsverzeichnis

Ludwig und Lohengrin
Klaus Reichold 7

Ich glaube schon
Kordula Völker *17*

Pudding und Stahl
Kolja Michovksi 27

Herzzeit
Antje Wagner 33

Sternstunde
Thomas Endl 43

Immer wieder sonntags – Aus dem Leben einer Couch
Katharina Schmidt 49

Bei Anruf Beziehung
Fernmündliches Dramolett in fünf Telefonaten
Baby Neumann 55

Die Hochzeitsreise
Ariane Rüdiger 65

Kusa munda
Everhard Hofsümmer 79

Always – Eine Drohung
Dani C. Mimo 91

Fünf Liebhaber und ein Todesfall
Stephan Niederwieser 101

Warten auf Tessa
Karen-Susan Fessel 113

Eine Liebe nebenbei
Jan Hiding 127

Ein Tag mit ihr
Karin Rick 135

Halb und halb
Tilman Janus 145

Bangkok, nicht Frankfurt
Bettina Hasselbring 153

Frühstück im November
Mario Wirz 161

Gartenzaun, regenbogenfarben
Mirjam Müntefering 175

Ohne Worte
Peter Jungblut 187

Liebeslügen
Sabine Rittner 205

Les Jeux sont faits
Thomas Plaichinger 221

Ne ponimaju – Ende und Anfang
Brigitte Reimer 233

Vorletzte Worte
Hans Stempel + Martin Ripkens 243

Ludwig und Lohengrin

Klaus Reichold

Die Presse machte mir Komplimente, nannte mich „einen Jüngling, übergossen vom Reiz jugendlicher Schöne". Nach solchen Meldungen irrten wochenlang Mütter mit ihren wohlgewachsenen Töchtern durch die Gänge meiner Residenz, in der Hoffnung, mir unerwartet zu begegnen.

Klaus Reichold, geboren 1963, lebt in München als Kulturhistoriker und Autor für die *Bayerische Staatszeitung*, *Bayern2Radio*, das *Bayerische Fernsehen* u.a.; letzte Buchveröffentlichungen: *Prophezeiungen vom Ende der Welt* (2001; mit Xenia Sircar); *Keinen Kuß mehr! Reinheit! Königtum! Ludwig II. von Bayern und die Homosexualität* (2003).

Ludwig und Lohengrin

Mit fünf Jahren wollte ich Leichenwagenfahrer werden. Denn Leichenwagen machen etwas her. Und man hat Respekt vor ihnen. Das ließ sich auf unserem Dorffriedhof alle paar Wochen beobachten: Sobald der Leichenwagen an der Aussegnungshalle vorfuhr, verlor die zur Beisetzung versammelte Gemeinde Farbe und Fassung – allen voran unser ohnehin als psychisch labil geltender Kaplan. Es war aber auch ein überwältigender Anblick. Jedesmal wieder ähnelte das Aufkreuzen des Leichenwagens einer Epiphanie. Ein so großes, edles und chromblitzendes Auto – meiner Erinnerung nach war es immer derselbe *Mercedes Benz 300 Adenauer* mit italienischem Aufbau – besaß niemand im Dorf. In seinen riesigen, polierten Kotflügeln konnte ich mich sogar spiegeln. Dazu kam der wunderbar sonore Klang des Sechszylinders. Und dann diese Geräumigkeit im Inneren. Daß sich die Menge ehrfürchtig vor der schwarzschimmernden Limousine teilte, fand ich ebenso angemessen wie die Tatsache, daß sich die Achtung, die man dem Wagen entgegenbrachte, auf dessen entschieden ernst und feierlich blickenden Fahrer übertrug. Vor ihm machte sogar unser Bürgermeister einen Diener. Als Leichenwagenfahrer ist man wer. Deshalb wollte ich diesen Beruf ergreifen – wobei mein Leichenwagen ruhig pompöser hätte ausfallen dürfen, beispielsweise mit barocken Leuchten und drallen Putti an den Dachholmen, goldreliefierten Totenschädeln an Fahrer- und Beifahrertür und einem von vier Urnen mit schwarzen Federn flankierten Kreuz als Dachzier. Vermutlich wäre ich der berühmteste Leichenwagenfahrer aller Zeiten geworden – vergleichbar nur noch mit Franz Beckenbauer, Michael Schumacher oder Boris Becker.

Da schwante mir eines Tages, daß ich ein Nachfahre Ludwigs II. bin, des bayerischen Märchenkönigs. Meine Eltern hatten es mir verschwiegen, bis ich auf dem Dachboden unseres Hauses eine Krone fand. Sie konnte nur von Ludwig II. stammen. Denn ich kannte keinen anderen König. Schlagartig war mir damit bewußt, daß ich nicht erst den Beruf eines Leichenwagenfahrers ergreifen mußte, um jemand zu werden. Ich war schon wer – ein Sproß aus uraltem, hochangesehenem Adel. Im ersten Moment verblüffte mich zwar, daß die Krone aus Papier war. Aber man wußte es ja: Ludwig II. hatte wegen seiner prunkvollen Schloßbauten mehr Schulden als Haare auf dem Kopf gehabt. Daß er vor diesem Hintergrund an der Krone zu sparen gezwungen war und sich für ein kostengünstiges Modell entschieden hatte, ist nachvollziehbar. Mir war nun auch klar, warum mein Vater keinen *Mercedes* fuhr, sondern nur einen *VW Käfer*: Den riesigen Familienbesitz, der einst immerhin Bayern und die Pfalz umfaßte, hatte Ludwig ja mit seinen Schlössern durchgebracht. Und mit der Revolution von 1918 waren uns eben jene Schlösser auch noch abhanden gekommen, um dem neuen Besitzer, dem Freistaat Bayern, jährliche Eintrittsgelder in Millionenhöhe zu bescheren. Wir dagegen zählten zum verarmten Adel. Da galt es doch, wenigstens die ruhmreiche Geschichte unseres Hauses hochzuhalten. Deshalb setzte ich mir die Krone aufs Haupt und beschloß, sie nicht wieder abzunehmen. Bei Familienbesuchen staunten die Verwandten anfangs nicht schlecht, wenn ich mit der Krone unserer Vorfahren auf dem Haupt von der Rückbank des *VW Käfers* kletterte. Später applaudierten sie höflich, sobald ich vorgefahren wurde, und bildeten ein Ehrenspalier. Meine Cousinen erlernten sogar den Hofknicks, um mir die angemessene Hochachtung zuteil werden zu lassen. Nur in der Praxis meiner Kinderärztin wäre es beinahe einmal zum Eklat gekommen. Anläßlich der Behandlung einer Mittelohrentzündung forderte mich die Arzthelferin ungehalten auf, die „doofe Krone" abzunehmen. Da sie es zudem unterließ, mich im gebotenen Pluralis Majestatis anzusprechen, sah ich mich zu dem scharfen Hinweis veranlaßt, sie bei fortgesetzter Unbotmäßigkeit aus dem Hofdienst entfernen zu lassen. Das brachte sie zur Räson.

Doch Königskinder sind einsam. Als ich samt Krone eingeschult wurde, wollte sich niemand neben mich setzen. Meine Mitschüler zeigten mit dem Finger auf mich. Und die Lehrer maßten sich an, mich mit langwierigen Berechnungen zur Inversionsspannung eines startenden Dieselmotors und anderem Unsinn zu behelligen. Ich strafte sie allesamt mit Verachtung. Schule interessierte mich nicht, Sport schon gleich gar nicht. Nur Reiten wollte ich lernen. Das Vorhaben scheiterte empfindlich – schon beim ersten Versuch: Das Pferd ließ sich in keiner Weise von meiner Krone beeindrukken, bockte und warf mich in hohem Bogen aus dem Sattel. Daraufhin lehnte ich jeden weiteren Reitunterricht ab und verlegte mich aufs Bauen. Unser Keller war bald ein einziges *Lego*-Land voller Schlösser, Burgen und Paläste, in denen immer nur eine einzige Person wohnte: ich. Fresken mit Szenen griechischer und germanischer Sagen schmückten die Raumfluchten. Die Böden waren mit Carrara-Marmor ausgelegt, die Möbel mit Perlmutt verziert, die Tischplatten aus geschliffenem Lapislazuli. In Paris hatte ich zwei astronomische Uhren in Auftrag geben lassen, in Capri die Blaue Grotte und bei Richard Wagner eine Oper. In einem meiner vielen Schlafzimmer war auf meinen Wunsch hin ein künstlicher Sternenhimmel mit ausgeklügelter Mechanik an der Decke angebracht worden – samt auf- und untergehender Sonne, einem elektrisch beleuchteten Mond und einer Regenbogenmaschine. Anläßlich meines sechzehnten Geburtstages errichtete man nach meinen Vorgaben auf den Dächern der Münchner Residenz einen siebzigtausend Quadratmeter großen Wintergarten, der von einer gigantischen, freitragenden Glas-Eisen-Konstruktion überwölbt wurde und ein üppig wucherndes Dschungelparadies mit haushohen Dattelpalmen, tosenden Wasserfällen und zwölf freilaufenden indischen Elefanten beherbergte. Mit achtzehn baute ich inmitten der Tiroler Bergwelt auf sechzehnhundert Meter Seehöhe ein Byzantinisches Schloß, woselbst ich nun – in orientalische Tracht gewandet und Wasserpfeife rauchend – alljährlich meinen Geburtstag zu verbringen pflegte. Als ich, wieder zwei Jahre später, zum Konfuzianismus orthodoxer Prägung übertrat, einen weitläufigen Chinesischen Sommerpalast zu planen begann und daran dachte, den Chiemsee zuschütten zu lassen, um den dafür nötigen Baugrund zu gewinnen, drang an mein Ohr, man hielte mich für verrückt.

Aber war nicht auch Ludwig II. seinerzeit für wahnsinnig erklärt worden? Und trotzdem hatte er regiert und regiert und regiert. Außerdem war er ein schöner Mann gewesen. Nach seinem Vorbild ließ ich mich schon seit einiger Zeit täglich ondulieren. Und das zahlte sich aus. Wo ich mich zeigte, fielen die Damen reihenweise in Ohnmacht. Die internationale Presse machte mir Komplimente, nannte mich einen „Jüngling, übergossen vom Reiz jugendlicher Schöne". Nach solchen Meldungen irrten wochenlang Mütter aus guten Häusern mit ihren wohlgewachsenen Töchtern durch die Gänge meiner Residenz, in der Hoffnung, mir unerwartet zu begegnen. Selbst Vertreterinnen der Halbwelt ließen sich mir antragen – sowie diverse Hofopernsängerinnen, die sich meine königliche Gunst zu erschleichen trachteten. Alles umsonst. Längst hatte ich ein Auge auf Paul von Thurn und Taxis geworfen, meinen gleichaltrigen und ungemein charmanten Flügeladjutanten, mit dem ich gerne auf der Roseninsel im Starnberger See weilte. Dort wurde Paul nicht müde, höchstpersönlich und kostümiert in den Schwanennachen zu steigen, um für mich die Szene von der Ankunft Lohengrins nachzustellen. Es war wunderbar. Meine Minister dagegen schäumten. Als mir ihre Vorhaltungen zuviel wurden, setzte ich sie ab. Daraufhin schickte mich meine Mutter zu einer Verhaltenstherapeutin.

Die Dame war sehr nett und äußerst bemüht. Sie erläuterte mir auch das Ziel der Therapie. Es bestünde darin, mir klarzuwerden, daß ich einfach nur Niklas Gstettner sei, nicht aber Ludwig II. Das war leichter gesagt als getan. Ich hatte mich daran gewöhnt, in Winternächten mit einem Pferdeschlitten über die verschneiten Felder des Alpenvorlandes zu jagen, Separatvorstellungen in der Hofoper zu genießen und jederzeit über ein ganzes Heer von Kammerdienern und Marstallfourieren, Küchenmeistern und Hoffriseuren zu verfügen. Und was sollte aus meinen Plänen werden: Der Chinesische Sommerpalast war noch gar nicht begonnen, ebensowenig die Ritterburg Falkenstein.

Meine Therapeutin blieb hart. Als erstes machte sie mich mit dem öffentlichen Nahverkehrsangebot der Stadt München vertraut, auf daß ich auch ohne Vorreiter den Weg in ihre Praxis fände. Außerdem legte sie mir nahe, mich sukzessiv der Krone zu entledigen und mich statt dessen einer ernsthaften beruflichen Tätigkeit zu widmen. Da ich nichts gelernt hatte, aber eine herausgehobene Position zu bekleiden wünschte, diente ich mich einer hochangesehenen deutschen Tageszeitung als Redakteur an. Kulturell stark interessiert, gedachte ich, das dortige Feuilleton alsbald zu ungeahnter Höhe zu führen und als kommender Kritikerpapst der Nation gehandelt zu werden. Der Chefredakteur attestierte mir denn auch ein überdurchschnittliches Formulierungsvermögen, glaubte aber bald festgestellt zu haben, daß meine Rezensionen und Besprechungen konkrete Ereignisse lediglich streiften, um dann um so rascher ins Phantastische abzugleiten, was mit recht verstandenem Kulturjournalismus nichts zu tun habe. Außerdem wollte er ein übersteigertes Selbstwertgefühl an mir festgestellt haben. Ich wußte nicht, was er meinte, und machte weiter wie bisher. Nach drei Wochen überbrachte man mir die Kündigung. Ich war zutiefst verletzt – und in großer Sorge, ob ich einem Leben als Niklas Gstettner trotz begleitender therapeutischer Maßnahmen gewachsen wäre. Da wurde ich beim Kauf einer Leberkäsesemmel in einer Münchner Metzgerei erkannt. Ein blendend aussehender, etwa gleichaltriger Mann in der Schlange hinter mir hatte mich schon die ganze Zeit beobachtet. Jetzt sprach er mich an und meinte lächelnd, ich sähe dem jungen König Ludwig II. zum Verwechseln ähnlich. Verwirrt blickte ich ihn an, während mich nun auch die anderen Kunden musterten. Ein Raunen ging durch die Metzgerei. Eine ältere Dame löste sich aus der Schlange, warf sich vor mir auf die Knie, ergriff meine rechte Hand, küßte sie und stammelte: „Majestät!" Sie hatte Tränen der Rührung in den Augen. Ich versuchte, mich von ihr freizumachen, und zitierte meine Therapeutin, wonach ich nicht Ludwig II. sei, sondern einfach nur Niklas Gstettner, was sie mir bitte glauben möge, da andernfalls, nach Aussage meiner Therapeutin, meine Eingliederung in die Gesellschaft gefährdet und ein vorschnelles Ende in den Fluten des Starnberger Sees heraufbeschworen werde.

Es nützte nichts. Die ältere Dame ließ mich nicht los – und die übrigen Kunden hielten mir mit der unmißverständlichen Forderung nach Autogrammen Stifte und Zettel unter die Nase, die ich nolens volens, aber gewohnt schwungvoll mit „Ludwig" unterzeichnete. Ich wußte gar nicht, daß Königsein so anstrengend sein kann.

Als nach über einer halben Stunde auch die letzte Bitte nach einem Autogramm erfüllt und ich am Ende war, hakte mich der noch immer lächelnde, schöne junge Mann unter, führte mich wortlos hinaus auf die Gasse und in den Hofgarten. Zwischen Rabatten mit Buchs und Rosen setzten wir uns auf eine Bank – ich mit wirrem Haar und reichlich derangiert, er mit verschmitzt-unternehmungslustigem Blick. Ludwig hätte ihn sofort, von der Bank weg, zu seinem Flügeladjutanten ernannt – und dafür sogar auf seinen geliebten Paul verzichtet. Und ich, der ich gerade im Begriff war, Niklas Gstettner zu werden?

Wir hatten noch kaum miteinander gesprochen. Aber irgendwie war ja auch alles ganz selbstverständlich. Und vertraut. Seine ungewöhnlich langen Wimpern, seine feinen, aber sehr klaren Züge, seine Natürlichkeit, die selbst seinem figurbetonten Anzug die Strenge nahm. Waren wir uns schon einmal begegnet? Ich weiß nicht mehr, wer die ersten Worte sprach. Ich weiß auch nicht mehr, wie es kam, daß wir kein Ende fanden und ein solches wohl auch nicht finden werden. Jedenfalls hatten wir uns vor unserer zufälligen Begegnung in der Metzgerei noch nie gesehen. Und doch waren wir schon immer zusammen. Wie das sein kann – darüber zerbrechen wir uns seither den Kopf.

Freilich gibt es Anknüpfungspunkte: Als Sohn eines österreichischen Hofrats ist Benedikt in einer ehemals fürstbischöflichen Residenz aufgewachsen. Sein Kinderzimmer maß siebzig Quadratmeter und hatte nicht nur eine teilvergoldete Stuckdecke, sondern auch Samttapeten mit eingewobenen bourbonischen Lilien sowie einen emailverzierten Kachelofen. Das Radfahren hat er, wenn man der legendenumrankten Familienchronik Glauben schenken will, eines Tages zwischen Abendessen und Zähneputzen erlernt – in jenem langen, von siebzehn Kronleuchtern hochherrschaftlich illuminierten Gang, der von der Küche ins Badezimmer führte. Außerdem spielte er gern Fürstbischof und zelebrierte im elterlichen Wohnzimmer unter großzügiger Verwendung von Weihrauch langwierige Pontifikalämter. Allerdings vergaß er nie seinen Namen: Im Gegensatz zu mir, der ich irgendwann geglaubt hatte, Ludwig II. zu sein, wußte Benedikt immer, daß er niemand anderer war als Benedikt Steib.

Auch seine Liebe zu eleganten, schwarzen Limousinen hatte eine andere Ausprägung als bei mir. Trotz der Leidenschaft seines in Wien gebürtigen Vaters für Zentralfriedhöfe, Herzergrufte und Beinhäuser war Benedikt nie auf Leichenwagen abgefahren, sondern immer schon auf den blankpolierten *Rolls Royce* des örtlichen Modezaren, der sich samt Hündchen von wechselnden, aber jeweils äußerst ansehnlichen, weiß livrierten Jünglingen durch die Stadt chauffieren ließ. Einmal war es Benedikt dank seines kindlichen Charmes sogar gelungen, von jenem Modezaren zu einer kurzen Probefahrt eingeladen zu werden, von der er bis heute mit glühenden Augen erzählt. Je länger ich Benedikt kenne, desto mehr Zweifel hege ich allerdings, daß es ihm damals wirklich um den schwarzen *Rolls Royce* ging. Aus meiner Sicht standen da mehr die weiß livrierten Jünglinge im Vordergrund.

Wie dem auch sei – Benedikt hatte von Anfang an Verständnis für meinen nur mühsam niederzuhaltenden Drang, Pomp und Circumstance zu entfalten. Er ging sogar noch einen Schritt weiter. Bis heute bekennt er in regelmäßigen Abständen, mich gerade wegen meiner gelegentlichen ludowizianischen Anwandlungen zu lieben: Ich sei sein Märchenkönig. Und tatsächlich. Er mag Diven. Selbst wenn sie, wie ich, äußerst zickig werden können. Ob er sie braucht, um zu ihnen aufschauen zu können? Ich fürchte nein. Vermutlich lächelt er im Grunde seines Herzens über meine Exaltiertheit und genießt den nicht unbedeutenden Triumph, der Realistischere von uns beiden zu sein – und damit nicht selten der Stärkere. Er ist Lohengrin. Und das weiß er. Aber er sagt es nicht. Deshalb liebe ich ihn.

Im wirklichen Leben haben wir es nicht geschafft, berühmt zu werden. Das bekümmert uns. Doch es gibt Trost. Die vielfältigen Kontakte Benedikts zur Medienszene nutzend, begannen wir schon kurz nach unserer denkwürdigen Begegnung in jener Münchner Metzgerei, für Film, Funk und Fernsehen glamouröse Menschen zu porträtieren, auf daß deren Glanz auch auf uns abstrahle. Das ist gelungen. Inzwischen sind wir mit mancherlei gekrönten Häuptern per Du, so mit Königin Maria Sophie von Neapel, der „Heldin von Gaeta", außerdem mit Kurfürst Ottheinrich von der Pfalz, dem Gründer der weltberühmten *Bibliotheca Palatina*. Zu unseren engeren Freunden gehören ferner die beiden Heiligen vom oberbayerischen Irschenberg sowie Emanuel Schikaneder, der Librettist von Mozarts *Zauberflöte*.

Eigentlich aber brauchen wir den Promi-Rummel gar nicht. Wir sind uns selbst genug. Und im Zweifelsfall hilft uns die Phantasie.

Dann gebe ich den Märchenkönig, und Benedikt spielt Lohengrin. Dann reisen wir in einem historischen Eisenbahnwaggon inkognito in die Schweiz, beziehen die Suite eines mondänen Hotels, besuchen das Rütli und rezitieren *Wilhelm Tell*. Oder wir fahren mit einem alten Schaufelraddampfer bei Mondschein über den Vierwaldstätter See, horchen in dessen Tiefen hinunter und raunen uns die Sage vom Schatz der Nibelungen zu.

Seit ich Benedikt kenne, gelingt es mir, aus solchen Welten auch wieder aufzutauchen. Den Märchenkönig streife ich dann ab wie einen Regenmantel. Und das ist gar nicht so schlimm. Ich habe nämlich ein großes Hobby entdeckt: Staubsaugen. Wie gut, daß ich Niklas Gstettner bin und nicht Ludwig II. Denn als Märchenkönig wäre mir das Staubsaugen sicher verwehrt geblieben. So aber vermisse ich nichts zu meinem persönlichen Glück. Benedikt und ich leben mit zwei Katzen inmitten ausgedienter Theatermöbel, die aus verstaubten Inszenierungen längst abgesetzter Rokoko-Opern stammen und uns täglich neu suggerieren, wir wären wer. Da wir letzteres aber gerade nicht sind, haben wir gottlob keine lästigen gesellschaftlichen Verpflichtungen.

Auffallen wollen wir trotzdem. Deshalb haben wir uns vor kurzem einen alten Leichenwagen gekauft: einen *Mercedes Benz 300 Adenauer* mit barocken Leuchten und drallen Putti an den Dachholmen, goldreliefierten Totenschädeln an Fahrer- und Beifahrertür und einem von vier Urnen mit schwarzen Federn flankierten Kreuz als Dachzier. So kutschieren wir nun wochenends übers Land und genießen die Aufmerksamkeit, die man uns entgegenbringt.

Nicht selten werde ich bei solchen Ausfahrten als Inkarnation des Märchenkönigs erkannt, was ich mit einem huldvollen Nicken zu quittieren pflege. In einem Punkt unterscheide ich mich inzwischen aber doch von Ludwig selig: Ich möchte nicht, wie er, mutterseelenallein zur letzten Ruhe gebettet werden, sondern in einem Doppelsarkophag, auf daß an meiner Seite für Benedikt Platz ist. Benedikt ist einverstanden. Nur eines bittet er sich aus: Der Sarkophag soll bis zum Jüngsten Tag von einer Ehrenwache flankiert werden – bestehend aus äußerst ansehnlichen, weiß livrierten Jünglingen.

Ich glaube schon

Kordula Völker

Im letzten Jahr hat Hertha sogar einen Herbstkranz außen an unsere Wohnungstür gehängt. Da haben wir uns dann doch gezankt, weil ich finde, so was gehört sich erst, wenn eine schon fünfzig Jahre alt ist. Oder vierzig und heterosexuell.

Kordula Völker, geboren 1958, lebt in Dinslaken am Niederrhein als Berufshumoristin, Moderatorin, Regisseurin; ihre lesbischen Kabarettprogramme *Liebe, Lust und Leidenschaft* und *Damenwahl* sind zum Dauerbrenner geworden; Veröffentlichungen: *Erna Coslowskis Familienleben* (1996), *Machen Männer dumm?* (2001); Tourplan, Infos und Kontakt: www.voelker-kabarett.de.

Ich glaube schon

Mir geht's gut. Nein, ich korrigiere, mir geht es sehr gut. Im Grunde meines Herzens bin ich, glaube ich, sogar ziemlich glücklich. Ganz sicher würde ich das nie behaupten, denn wenn ich tatsächlich bis auf den Grund meines Herzens gucken würde, könnte ich möglicherweise auch etwas anderes feststellen, aber wer will das schon. Ich jedenfalls nicht.

Heute morgen bin ich ohne Rückenschmerzen aufgestanden, und ich finde, das ist schon ein Grund zum Glücklichsein. Nicht daß ich mit meinen dreiundvierzig Jahren bereits zum alten Eisen gehöre, und jammern will ich schon mal gar nicht, aber gelegentlich zwackt es morgens, und wenn es das nicht tut, dann bin ich schon mal ein bißchen glücklich. Und da meine Liebste bereits das Frühstück gemacht hatte, war ich heute morgen fast geradezu euphorisch glücklich.

Hertha und ich sind jetzt seit zehn Jahren zusammen. Und was soll ich sagen? Genau, wir sind glücklich! Glaube ich zumindest. Aber auf jeden Fall geht es uns gut. Nein, ich korrigiere, uns geht es sehr gut. Wir haben eine hübsche Wohnung mit Garten und Terrasse, einen Fernseher mit Sofa und Satellitenschüssel und eine Spülmaschine. Das allein ist natürlich kein Grund zum Glücklichsein. Nein, ich glaube, daß wir glücklich sind, hat weniger damit zu tun, was wir haben, als vielmehr damit, was wir nicht haben. Wir haben keine Katzen, keine Hunde und auch keine Kinder. Deswegen müssen wir uns auch nicht darum streiten, wer von uns an der Reihe ist, das Katzenklo sauber zu machen, den Hund Gassi zu führen oder mit den Kindern zum Zahnarzt zu gehen. Das hat immense Vorteile. Nicht nur wegen des Nicht-Streitens. Wir brauchen morgens beim Frühstück nicht zu reden, brauchen keinen dritten Fernseher fürs Kinderzimmer und können überallhin in Urlaub fahren. Auch dahin, wo keine Haustiere erlaubt sind.

Natürlich hat es den Nachteil, daß wir mangels Kinder und Tiere nichts zum Schmusen haben, aber Hertha geht sowieso mit ihrer Wärmflasche ins Bett, und ich habe meinen Krimi. Und streiten tun wir sowieso nicht. Wir lieben uns eben. Und die Liebe braucht auch nicht viele Worte. Das sind eher die kleinen Taten, die liebenswerten Aufmerksamkeiten, die wir uns so gegenseitig in den Alltag streuen.

Hertha zum Beispiel macht bei uns in der Wohnung ganz liebevolle Dekorationen. Je nachdem, welche Jahreszeit wir haben, sind Herbstblätter, Tannenzweige, kleine Holzmaikäfer oder Muscheln mit Sand auf Tischen und Fensterbrettern verstreut. Im letzten Jahr hat Hertha sogar einen Herbstkranz außen an unsere Wohnungstür gehängt. Da haben wir uns dann doch gezankt, weil ich finde, so was gehört sich erst, wenn eine schon fünfzig Jahre alt ist. Oder vierzig und heterosexuell. Ich jedenfalls habe noch bei keiner dreiundvierzigjährigen Lesbe einen Kranz Trockenblumen an der Haustür gesehen. Und wenn da einer hinge, dann würde ich mich auf dem Absatz herumdrehen und gleich zu meiner Mutter fahren. Da hängt so was nämlich, seit ich denken kann. Aber Hertha und ich haben uns nur kurz gezankt. Sie hat den Kranz abgenommen und dann eine Vitrine gekauft. Ich finde das in Ordnung. Ich meine, meinen Freundinnen kann ich ja erklären, daß das Herthas Vitrine ist und nicht meine. Und die Nachbarn sehen die Vitrine ja nicht, weil die steht ja bei uns im Wohnzimmer. Jedenfalls haben wir jetzt also die Vitrine – und sogar mit Beleuchtung. Ich erzähle jetzt aber nicht, was in der Vitrine steht, sonst denken Sie, meine Liebste sei schon uralt, dabei ist Hertha erst fünfundvierzig.

Dummerweise denken immer alle, ich sei von uns beiden die Ältere, weil ich schon graue Haare habe und eine Zahnprothese (und gelegentlich diese Rückenschmerzen). Aber ich kann damit leben. Ich hatte bereits mit fünfzehn Jahren meine erste Goldkrone, mit zwanzig meine erste Brücke und mit fünfundzwanzig Jahren diese Prothese. Gut, manchmal, wenn ich in den Spiegel schaue, dann finde ich schon, daß ich ein bißchen älter aussehe, aber dann bin ich doch wieder glücklich. Denn dann denke ich daran, was ich alles nicht habe. Ich habe keine problematische Mischhaut, keine eingewachsenen Fußnägel und keine Osteoporose. Und ich gedenke auch nicht, das zu kriegen. Alles, aber keine Osteoporose. Das sähe nicht nur ziemlich blöd aus, sondern wäre außerdem auch ziemlich unfair. Ich meine, ich werde nie Witwe werden und werde nie eine Witwenrente kriegen. Da will ich auch keinen Witwenbukkel. Das wäre ja noch schöner. Ein Witwenbuckel! Mich gucken die Junglesben beim Frauenschwoof schon jetzt immer ganz mitleidig an. Letzte Woche wollte mir doch glatt so ein blutjunges Ding einen Stuhl anbieten, nur weil ich sie gefragt habe, ob die DJane später auch mal *I Am What I Am* spielt.

Aber wir gehen sowieso nur noch sehr selten zum Schwoof. Nicht wegen meines Rückens, nein. Irgendwie sind wir meistens schon zu Hause eingeschlafen, bevor der Schwoof erst losgeht. Ich weiß auch nicht, wie das kommt. Vielleicht liegt es ja daran, daß ich bei dem Wickert immer einschlafe. Als die Christiansen noch die *Tagesthemen* moderiert hat, da war ich jedenfalls nachher immer ziemlich munter. Da hatten wir sogar manchmal abends noch Sex. Aber auch nur donnerstags, weil Hertha freitags frei hat. Sonst muß sie in der Woche ja morgens immer so früh raus. Deswegen nützt es mir auch nichts, daß die Christiansen jetzt sonntags ihre eigene Talkshow hat. Sonntagabend und Sex? Undenkbar! Das ist tödlich! Jedenfalls für eine Lesbe in einer Langzeitbeziehung mit geregelten Arbeitszeiten. Und das trifft beides auf meine Liebste zu. Ich meine, mir würde Sex am Sonntagabend oder irgendwann in der Woche nichts ausmachen. Ich kann ja morgens lange schlafen, weil ich Selbständige bin. Also im Prinzip könnte ich sogar morgens Sex haben, aber dann leider nur mit mir alleine. Das ist auf Dauer auch nicht so prickelnd. Ich habe das mal versucht bei *Bärbel Schäfer*. Ich meine, während Bärbel ihre Talkshow moderierte. Aber die ständigen Werbepausen haben mich dann immer rausgebracht. Alleine mit Schäfer war genauso ein Flop wie zu zweit bei Wickert. Jedenfalls, wenn Wickert moderiert, läuft bei uns überhaupt nichts mehr. Hertha hat mal vorgeschlagen, ob wir nicht mal statt Wickert ... Aber das geht für mich nicht. Dafür ist mein Informationsbedürfnis zu groß. Da könnte ich schon eher mal am Samstag, so ab 22 Uhr, aber da guckt Hertha immer das *Sportstudio*, und da würde sie nur ungern drauf verzichten. Ich finde das in

Ordnung. Ich meine, Sex ist nicht alles im Leben. Sonst wären wir ja auch nicht so glücklich. Außerdem gibt es noch den Urlaub.

Wir fahren immer im Frühjahr zum Radfahren nach Holland, im Sommer zum Baden nach Dänemark und im Herbst zum Wandern in die Eifel. Diese Abwechslung finden wir wichtig. Ich meine, sonst wäre es doch langweilig. Immer das gleiche machen. Hertha und ich sind da einer Meinung. Obwohl, im letzten Jahr, da haben wir uns bei der Urlaubsplanung ein bißchen gezankt. Hertha wollte im Frühjahr zum Wandern in die Eifel, im Sommer zum Radfahren nach Dänemark und im Herbst nach Holland zum Baden. Aber wir haben uns dann geeinigt. Und das finde ich auch wichtig, daß wir als Paar einen Kompromiß finden. Sonst wären wir ja auch nicht schon so lange zusammen. Und auch nicht so glücklich. Glaube ich jedenfalls. Wir sind dann im Frühjahr zum Baden nach Holland gefahren, im Sommer zum Radfahren in die Eifel und im Herbst zum Wandern nach Dänemark.

Gut, der Herbsturlaub in Dänemark war jetzt nicht so toll, denn wenn wir nach Dänemark fahren, dann zelten wir immer. Aber im Herbst in Dänemark, da war es doch schon ziemlich kalt. Zu kalt auf jeden Fall für Sex. Aber ich kann im Zelt sowieso keinen Sex machen, wegen der Nachbarn und weil Hertha so laut ist. Hertha behauptet immer, sie würde beim Sex nie laut, aber das stimmt nicht. Sie hört es nur einfach nicht, weil sie dann schon die Ohropax drin hat, um danach besser schlafen zu können. Als wir im Oktober in Dänemark gezeltet haben, hatten wir zwar keine Nachbarn, aber der Zeltplatzbesitzer machte abends immer seine Runde, damit wir uns sicher fühlten. Das fanden wir nett und fürsorglich, auch wenn wir dadurch keinen Sex hatten. Ich meine, unser Sicherheitsgefühl ist uns da einfach wichtiger gewesen. Aber wir waren auch so glücklich, denn wir haben dann jeden Abend ab sechs Uhr im Zelt gekuschelt. Ich meine, was hätten wir auch anderes tun sollen? Hertha hatte ihre Wärmflasche zu Hause vergessen, und zum Krimilesen war es ja für mich abends im Zelt einfach schon zu dunkel. Und weil's so kalt war, sind wir abends immer in Löffelchenstellung eingeschlafen. Das fand ich schön, das hatten wir schon lange nicht mehr. Da waren wir ziemlich glücklich. Glaube ich jedenfalls.

Manchmal gönnen wir uns auch ein bißchen Urlaub zu Hause. Dann machen wir eine Fahrradtour ins Münsterland oder gehen abends bei uns am Niederrhein spazieren. Und wenn wir dann in einem lauschigen Café auf dem Rheindamm einkehren, dann sitzen wir am Fenster beisammen, halten uns an den Händen und sehen der Sonne zu, wie sie sich blutrot in den Abendhimmel versenkt. In diesen Momenten des stillen Glücks wissen wir, daß uns nichts trennen kann. Nicht der flüchtige Moment eines prickelnden Flirtens mit einer anderen und nicht die kleine Sehnsucht ungelebter Träume. Wir kennen uns zu gut, als daß die Möglichkeit eines neuen Abenteuers, eines erotischen Zwischenspiels unsere routinierte Harmonie gefährden könnte. Nein, dafür sind wir zusammen einfach viel zu glücklich.

Das finden auch alle anderen, die uns kennen, daß wir ein glückliches Paar sind und daß wir gut zueinander passen. Nicht, weil wir uns so ähnlich sind, das sind wir vielleicht auch ein bißchen. Ich glaube, das ist, weil wir uns so gut ergänzen. Hertha ist eher ein bißchen häuslicher und hat ein Händchen dafür, unsere Wohnung gemütlich einzurichten. Außerdem kocht sie phantastisch, liebt es, im Garten herumzuwuseln, und sieht als erste, wo mal wieder geputzt werden müßte. Ich bin dagegen eher praktisch veranlagt und für die kleinen Handwerkerinnenarbeiten zuständig, wie Terrassenlampe montieren, Rasen mähen und das Auto zur Reparatur bringen.

Natürlich haben wir die Hausarbeit gerecht aufgeteilt. Wir haben einen Plan gemacht, und in beiderseitigem Einverständnis darf davon abgewichen werden, wenn eine mal keine Lust auf Putzen hat.

Manchmal, wenn wir abends beim Essen sitzen, dann reden wir miteinander. Über den Putzplan oder welche gerade abweichen will, über unsere Termine, damit wir unser gemeinsames Auto koordinieren können, oder darüber, wann wir uns mit unseren Freundinnen treffen.

Unsere Freundinnen sind uns beiden wichtig. Nicht, weil wir alleine nicht glücklich wären, sondern weil wir es wichtig finden, uns als Paar nicht zu isolieren. Am liebsten treffen wir uns einzeln jeweils mit unserer besten Freundin oder mit anderen Paaren. Zum Beispiel mit Heidi und Mona. Heidi und Mona gehören zu unserer kleinen Doppelkopfrunde, und wir treffen uns, wenn möglich, alle vierzehn Tage. Heidi und Mona sind manchmal nicht ganz so glücklich. Das kann daran liegen, daß sie noch nicht so lange wie wir zusammen sind und vielleicht Sex doch noch wichtig ist. Aber das ist nur eine Vermutung, denn über Sex haben wir noch nicht geredet. Ich glaube, beide könnten wirklich miteinander glücklich werden. Nicht weil sie sich so ähnlich sind – das sind sie vielleicht auch –, aber ich glaube, es sind eher die Gegensätze, die sie anziehen. Heidi ist eher häuslich. Sie kocht gerne, sieht eher, wo mal geputzt werden müßte, und wenn sie einen Garten hätte, würde sie wahrscheinlich gerne darin herumwuseln. Mona ist eher praktisch veranlagt, aber mehr noch als ich. Mona ist die perfekte Handwerkerin und nagelt alles zusammen, was mal ein Regal werden soll. Natürlich hat Mona Glück, daß sie keinen Rasen mähen muß, aber ich glaube, das bekäme sie auch hin.

Jedenfalls treffen wir uns fast alle vierzehn Tage und spielen Doppelkopf. Doppelkopf spiele ich sehr gerne, weil ich meistens gewinne, ohne pfuschen zu müssen. Manchmal spielen wir auch *Die Siedler von Catan*. Wenn ich die Bank mache, dann pfusche ich manchmal und stecke mir heimlich Rohstoffe zu, aber ich gewinne trotzdem nie. Mona macht auch oft die Bank, und ich gucke, ob sie pfuscht. Ich habe sie noch nie dabei erwischt, aber ich glaube, sie pfuscht genauso wie ich, denn sie gewinnt auch nie. Hertha und Heidi machen nie die Bank, aber die gewinnen auch so immer. Ich glaube, das ist die ausgleichende Gerechtigkeit, denn Heidi und Hertha kochen meistens für uns, und wenn Mona und ich Getränke aus dem Keller holen, dann ist das ja nicht so viel Arbeit. Auf jeden Fall sind das immer schöne Abende, und wir sind alle ziemlich glücklich. Glaube ich jedenfalls.

Na ja, Heidi und Mona sind ein wenig jünger als wir, aber sie haben auch eine Spülmaschine und keine Katzen, Hunde und Kinder. Ich glaube, so etwas verbindet, auch wenn da ein Altersunterschied ist. Jedenfalls verstehen wir uns gut und freuen uns immer, wenn wir uns sehen. Wir kennen uns jetzt sogar schon so lange, daß wir uns aus dem Urlaub immer Postkarten schreiben. Und wenn wir dann eine Postkarte bekommen, dann bin ich ziemlich glücklich – selbst wenn ich gerade Rückenschmerzen habe.

Einmal im Monat haben Hertha und ich unseren Beziehungsabend. Dann setzen wir uns gemütlich in unser Wohnzimmer, machen das Licht in der Vitrine an und planen unsere Zukunft. Hertha möchte gerne eine richtig schöne Einbauküche haben, mit einer

Dunstabzugshaube und einem eingebauten Schwingeimer, in dem wir den Müll nach Glas, Papier, Plastik und Kompost sortieren können. Eigentlich finde ich das nicht schlecht, weil es für Hertha dann mit dem Kochen sicherlich einfacher wäre, aber dann will sie noch einen Wintergarten, und soviel Geld haben wir natürlich nicht. Ich würde lieber einen Rasenmäher kaufen, auf dem man sitzen kann. Das wäre praktisch und bestimmt auch besser für meinen Rücken. Aber dann bräuchten wir noch einen Geräteschuppen im Garten, um den Rasenmäher unterzustellen. Und so ein Geräteschuppen ist auch sehr teuer. Außerdem sparen wir auf ein eigenes kleines Häuschen. Das ist unser Traum, ein eigenes kleines Häuschen mit Garten, Garage und Geräteschuppen. Wir suchen schon lange, aber wenn wir was finden, dann gefällt entweder Hertha die Einbauküche nicht, oder mir ist der Geräteschuppen zu klein. Aber das wäre unser Traum, so ein eigenes Häuschen. Dann wären wir darin bestimmt noch glücklicher, als wir schon sind. Aber ich glaube, das geht eigentlich gar nicht mehr.

Und wenn wir dann ein Häuschen hätten, dann hätten wir da bestimmt ein extra Zimmer, wo wir mit unseren Freundinnen nächtelang spielen würden. Heidi und Mona würden wir bestimmt auch einladen. Und natürlich Hanna und Paula.

Mit Hanna und Paula treffen wir uns nicht so oft, aber es ist auch sehr schön. Die beiden sind auch totale Spielefans, und wenn wir zusammen in Urlaub fahren, dann wird von morgens bis abends gespielt. Im letzten Jahr waren wir über Sylvester in Holland am Meer. Hanna und Paula wollten dort auch noch Fahrrad fahren, aber das fanden wir langweilig. Das hatten wir ja schon im Frühjahr gemacht. Hanna und Paula passen eigentlich ganz gut zusammen, ich glaube, die sind sich wirklich ähnlich, aber auch sehr unterschiedlich. Jedenfalls ist Paula total praktisch veranlagt, denn sie hat die Fahrräder auf dem Dachgepäckträger verstaut, und Hanna kocht total gerne.

Das war ein schöner Urlaub im Winter am Meer, denn in unserem Zimmer hatten wir Licht, so daß ich abends Krimi lesen konnte, und Hertha hatte sogar ihre Wärmflasche mit dabei. Ansonsten war es ein bißchen wie im Zelt, obwohl wir keine *Tagesthemen* geguckt haben. Ich möchte nicht übertreiben, aber wir waren alle vier in diesem Urlaub ziemlich glücklich. Jedenfalls glaube ich das.

Und ich hoffe, daß wir uns noch oft wiedersehen und wieder soviel Spaß miteinander haben.

Wenn Hertha oder ich Geburtstag haben, dann laden wir alle unsere Freundinnen ein und feiern ein großes Fest. Unsere Freundinnen kennen wir schon lange. Manche kennen wir sehr gut, weil wir auch schon einmal glücklich miteinander waren. Ich meine, wir kennen uns halt und wissen, daß wir uns ähnlich sind oder auch einfach nur ergänzen. Natürlich hat sich im Laufe der Jahre einiges geändert. Verena ist nicht mehr mit Margret zusammen und Sonja nicht mehr mit Tanja. Aber da jetzt Verena mit Tanja zur Party kommt und Margret mit Sonja, ergibt sich kein Problem. Das Verhältnis von Vegetarierinnen zu Nicht-Vegetarierinnen bleibt gleich, und Hertha kann sich beim Büffet darauf einstellen. Es sind immer ganz nette Feste und auch sehr informative. Margret ist schon in der Menopause und kennt eine gute Ärztin, die nicht nur die volle Hormondröhnung verschreibt. Und Sonja ist in einer Muckibude, wo es ein spezielles Training gegen Rückenschmerzen gibt. Manchmal diskutieren wir natürlich auch über politische Themen, wie zum Beispiel die Homo-Ehe. Verena meinte, wenn sie sich partnern lassen würde, dann könnte sie ja gleich einen Trockenblumenkranz außen an die Wohnungstür hängen. Hertha hat da etwas pikiert geguckt, aber ich habe nichts gesagt. Erst als Verena meinte, wir könnten uns doch nach zehn Beziehungsjahren jetzt auch mal partnern lassen, hat Hertha die Beleuchtung in der Vitrine ausgeschaltet. Ich glaube, irgendwas an der Situation war ihr dann doch peinlich. Ich meine, wir beide sind gestandene Feministinnen, und eigentlich wollten wir nie so werden wie unsere Eltern. So bürgerlich leben, so angepaßt, festgefahren in unseren Rollen, so normal, so bieder und so langweilig. Aber das sind wir auch nicht, denn unser Leben ist ein Abenteuer. Ja, wirklich! Als wir nach dem Fest alleine waren, hatten wir sogar Sex. Obwohl auf *3sat* die Wiederholung der *Sportschau* lief! Und danach war ich ziemlich glücklich. Und Hertha auch. Jedenfalls glaube ich das.

Pudding und Stahl

Kolja Michovski

"Sag mal, du schreibst doch nicht über uns?" Tristan war fassungslos. "Wehe, wenn ich lese, daß ich zu alt bin. Sonst schreib ich mal was, und zwar über deine Unterhosen!"

Kolja Michovski, geboren 1966, lebt in Berlin als Gerontotherapeut und Autor; Veröffentlichungen in Anthologien wie Joachim Bartholomae (Hg.): *Lauter schöne Lügen. Liebesgeschichten* (2000), Jim Baker (Hg.): *Hiebe und Triebe* (2000) und Thomas Endl, Bettina Brömme (Hg.): *Mutters Tochter Vaters Sohn oder Wie ich meine Eltern kennen lernte* (2001).

Pudding und Stahl

Ich wollte schreiben. Eine Geschichte daraus machen. Tristan sollte staunen:

Schon ist der Junge erfunden. Er läuft durch den Tiergarten. Mit Handschellen am Gürtel. Ganzkörperrasiert. Die Nacht, der Cockring, die Poppersflasche – alles Wörter in der Geschichte.

Wenn der Junge durch das Gestrüpp marschiert – breitbeinig und mit sehr gleichgültigem Blick –, folgt ihm ein Mann. Der Junge hört deutlich Schritte. Als er sich umdreht, packt ihn das Entsetzen. Kein Ledermann ist ihm gefolgt, kein Gummisklave, kein Armyskin, sondern – großer Gott! – ein Mann im gebügelten Hemd! Kann es Unpassenderes geben für den Jungen in Latexshirt und Chaps mit freiem Ausblick? Jetzt läuft der Junge, ohne daß der Abstand zum Mann im gebügelten Hemd größer wird. Mit hastigen Schritten flüchtet der Junge hinter einen Baum. Lange wagt er sich nicht hinter dem Stamm hervor und sucht verzweifelt einen Fluchtweg. Zu spät. Der Mann im gebügelten Hemd steht vor ihm! Und lächelt!

Ich wollte schreiben. Eine Geschichte daraus machen. Tristan saß neben mir, in den Bildband *Potsdam – Die Stadt* von Hans Bach vertieft.

Der Junge steht hinter einem Baum und zittert.

Ich dachte an verpaßte Chancen und sprang auf. Im Spiegel mein Gesicht, Nase, Ohren, Mund, aber die Augen gehörten dem Jungen im Tiergarten. Ich rief ihm zu: „Sofort kommst du hinter dem Baum hervor! Das gibt's doch wohl nicht, vor ihm steht die große Liebe, und das Ledermännchen versteckt sich! Soll ich dir Beine machen?"

„Was schreist du so?" Tristan sah auf.

„Ich werde eine Geschichte schreiben", sagte ich.

„Noch einen von deinen Pornos?" fragte Tristan.

„Bestimmt nicht."

„Und wirst du wieder alles übertreiben und ausschmücken?"

„Was schmücke ich aus?"

Der Junge würde sich niemals hinter einem Baum verstekken. Weil sich das für jemanden, der im letzten Jahr beinahe den Mr. Leather Contest gewonnen hätte, nicht gehört. Er wartet und schweigt. An Flucht ist nicht mehr zu denken. Wenn der Mann im gebügelten Hemd ihn im Visier hat, dann werden sie halt vögeln.

„Für den Anfang gar nicht so schlecht!" meinte Tristan und strich über den Schutzumschlag des Bildbandes von Hans Bach.

In Gedanken spazierte Tristan, mit dem Bildband auf den Knien, durch Sanssouci, das Holländische Viertel und das Marmorpalais. Tristan liebte Potsdam. Ich liebte Tristan. Immer, wenn es bei uns mal nur zum Alles-*Aldi*-Menü reichte, wollte ich so schreiben, wie Hans Bach fotografiert.

Der Mann im gebügelten Hemd berührt den Jungen und greift ihm in den Schritt. Der Junge weiß, daß Unvermeidliches folgen wird. Doch er zögert. Bisher mochte er Männer, die sofort zur Sache kamen. Aber irgend etwas läßt den Jungen nervös werden. Und wenn er nervös ist, macht er immer alles falsch, er knutscht Bäume, bringt Reißverschlüsse zum Platzen und verfällt in seinen sächsischen Singsang.

Sächsisch also. Und Sex. Und danach? Auch danach wird der Junge Mr. Abschleppdienst sein und der Mann James Dean. Ja! Er hat James Deans Augen!

„Warum starrst du mich so an?" fragte Tristan.

Ausgerechnet jetzt fängt es an zu regnen. Blitze am Himmel. Die Zeit drängt. Der Junge fühlt sich wie der Darsteller in einem Film, in dem die Zeit mit umherflatternden Kalenderblättern verdeutlicht wird.

„O nein! Das ist falsch belichtet!" stöhnte Tristan und zeigte mir die Aufnahme der Orangerie.

Der Junge tritt von einem Fuß auf den anderen. In zehn Minuten fährt die letzte S-Bahn. Es gießt in Strömen. Der Mann im gebügelten Hemd läßt ihn los.

Aber ich konnte doch die beiden nicht im Regen stehen lassen. Ich wollte doch über den Anfang schreiben, über den ersten Blick, wenn der Junge eine Schleife nach der anderen dreht, eine gut verkäufliche Geschichte, atemberaubend, zu Spannungsbögen zerhackt, garniert mit spermatöser Inkontinenz.

„Dein Held hat ein düsteres Geheimnis, obwohl er unschuldig ist, oder?" fragte Tristan.

„Wenn ich es dir doch sage, er ist bestimmt unschuldig! Es ist die Geschichte eines Jungen ..."

„Wieder so ein unerschrockener Junge? Also, du wirst auch nicht aus Pleiten klug! Und dann droht der Schicksalsschlag, stimmt's?"

„Daß du's weißt, ihm droht etwas anderes! Es ist eine Geschichte, ich betone: Geschichte!"

„Was soll es denn sonst sein?"

„Also, der Junge. Er trällert von morgens bis abends ganze CDs von Ulla Meinecke, er behauptet steif und fest, daß er Horrorfilme in Darkrooms gedreht hat, und wenn es nach ihm ginge, fänden jeden Tag Weltmeisterschaften im Eiskunstlaufen statt."

„Das druckt doch niemand, wirst schon sehen."

Ich zuckte mit den Schultern.

„Und dann der Mann im gebügelten Hemd. Die Kleiderbügel in seinem Schrank sind numeriert. Er schreibt alle Regisseure, die in Bayreuth inszeniert haben, auf Karteikarten, alphabetisch geordnet."

„Sag mal, du schreibst doch nicht über uns?" Tristan war fassungslos. „Wehe, wenn ich lese, daß ich zu alt bin."

Der Mann im gebügelten Hemd ist ein ewiger Jungbrunnen.

„Sonst schreib ich mal was, und zwar über deine Unterhosen!"

Lange Liebestöter aus Angora sind dem Jungen fremd. Weil sie nicht unter die Chaps passen. Und niemals würde er seine Jockstraps mit Taschentüchern polstern. Immer noch steht er vor dem Mann im gebügelten Hemd, und immer noch gießt es in Strömen. Es wird von Sekunde zu Sekunde kälter. Der Junge träumt schon von Handschuhen, weil ihm die Finger steif geworden sind.

So konnte das nicht weitergehen. Wenn ich nicht eingriff, drohte den beiden Grippe statt Liebe. Also ließ ich schnell die Kälte, den Regen und alle Spanner aus dem Tiergarten verschwinden.

Erleichtert atmet der Junge auf, blinzelt dem Mann im gebügelten Hemd zu und überlegt, wie viele erste Blicke er schon erwidert hat. In all diesen Nächten. Es müssen Hunderte, vielleicht Tausende gewesen sein. Und doch glaubt der Junge, sich an jeden erinnern zu können, denn es liegt etwas Einzigartiges in jedem ersten Blick, wenn man nicht weiß, aber ahnt, was folgen wird.

„Verrat nichts über uns", bat Tristan. „Ich mag keine Autoren, die nur über sich selbst schreiben."

„Mach dir keine Sorgen. Zwei Männer stehen sich im Tiergarten gegenüber. Mehr passiert einfach nicht."

„Vielleicht sind sie genervt, weil du wieder als Kuppelmutter auftrittst?"

Der Junge kratzt sich verlegen. Die Stoppeln an seinem ganzen Körper jucken.

Wann hat der Junge keine Lust mehr, Brust, Rücken und Beine zu rasieren? Wie alt ist er, wenn er sich zum ersten Mal im Tiergarten langweilt? Wann wird er die Quickies im Gestrüpp nur noch spießig finden?

Die Frage ist ohnehin, was die Warterei soll. Sie wirkt langatmig und einem Möchtegern-Sexprotz nicht angemessen. Auf den ersten Blick passen der Junge und der Mann im gebügelten Hemd zusammen wie Pudding und Stahl.

Langsam begann ich die beiden zu verstehen. Sie ließen sich von mir nichts vorschreiben. Ich hatte zu warten. Für heute ließ ich es gut sein. Ich wollte nicht länger an die Geschichte denken, weil Tristan mich sonst wieder die „Druckreifskaja" nannte.

Fast andächtig schlug Tristan den Bildband zu. Wie viele Bildbände von Hans Bach in unserer Wohnung lagen. Sie stapelten sich im Flur bis zur Decke hinauf. Sie lagen verstreut auf dem Fußboden und im Wintergarten zwischen Pflanzenkübeln.

Hans Bach trug auf Pressekonferenzen mein Jackett. Hans Bach kritisierte im Fernsehen die neuen Bausünden Potsdams. Zu Hause hörte er Wagner, verwandelte sich in Tristan und wurde Hans Bachs schärfster Kritiker.

Er stand auf, ging zum Fenster und goß die Pflanzen. Ja, das war wohl Glück: zu sehen, wie Pflanzen Blätter wuchsen, statt wie eine Schlampe herumzusitzen und Sätze zu bauen.

„Wie geht es deiner Geschichte?" wollte Tristan wissen.

Was sollte ich antworten? Ganz gut? Sie ist noch nicht zur Welt gekommen? Wie sollte es einer Geschichte, die im Gestrüpp beginnt, schon gehen?

„Hauptsache, das Ende macht Hoffnung", meinte Tristan.

„Ich bin noch ganz am Anfang." Meine Hand holte weit aus, als würde jedes Staubkorn, jeder Lichtstrahl, jede Regung in die Geschichte einfließen.

„Es war einmal", sagte Tristan. „Und dann?"

„Die Liebe. Futur zwei. Nicht verfilmbar."

Ich wollte schreiben. Eine Geschichte daraus machen. Vor einer Stunde hatte Tristan mich zum ersten Mal gefragt, ob ich mir vorstellen könnte, mit ihm alt zu werden.

„Einfach nur zusammenbleiben. Es muß ja nicht gleich Hochzeit sein."

Ich und Hochzeit? Der Junge prustet. Nun mal schön langsam! Hast du überhaupt schon meinen Knackarsch entdeckt?

Gelassen hörte ich dem Jungen zu. Sollte er Theater spielen. Ich wußte ja, wie die Geschichte endete. Sie zu schreiben war nichts als der Wunsch, Zusammenhänge zu sehen, der Wunsch, daß der erste Blick nicht zufällig, sondern ein Puzzle gewesen war, bei dem alle Teile zusammen paßten.

„Ich muß noch mal kurz in die Dunkelkammer", sagte Tristan. „Du schreib."

Er sah mich an und lächelte. Mit Augen, die mich sprachlos gemacht hatten.

Vom ersten Augenblick an.

Herzzeit

Antje Wagner

*Sie hatte Marla ihren eigenen
Schlüssel für das Zimmer in die
Hemdtasche gesteckt und gesagt:
„Das ist mein Herz."*
 *Marla hatte Lena festgehalten,
in ihre Hosentasche gegriffen und
ihren Schlüssel in Lenas Hand gelegt. Sie hatte gesagt: „Und das ist
meines."*

Antje Wagner, geboren 1974 in
Wittenberg, lebt in Potsdam; mehrere Stipendien; Veröffentlichungen:
Der gläserne Traum (1999); *Lüge
mich* (2001); *Die Gärten bist du*
(2003); *Mottenlicht* (Herbst 2003).

Herzzeit

So wie Marla jetzt steht, in den Kaffee bläst und Lena anblickt, sieht die Tasse übertrieben zerbrechlich in ihrer Hand aus. Lena ist zurückgewichen ans Ende des Zimmers, zwischen ihnen der chinesische Teppich, auf dem sie manchmal langsame Pirouetten dreht, das Bett und der schmalfüßige Schreibtisch.
  Über dem Schreibtisch hängt eine Uhr. Die Uhr ist stehengeblieben.

Ein Herz, denkt Lena, besteht aus zartem Muskelfleisch.
  Marla steht und trinkt und schaut, der Abstand zwischen ihnen dünnwandig wie das Porzellan an ihrem Mund.
  Die Augen liegen auf Lenas Brust. Lena fragt sich, ob ein Fleck durch die Schürze gedrungen ist. Die Schürze liegt zuunterst im Wäschekorb.
  Sie hatte Marla verloren gegeben, wie jedesmal.
  Die Wand in ihrem Rücken. Marla steht im Türrahmen. Der Rahmen hält das ganze Zimmer. Lena ist zerbrechlich geworden in diesen Wänden. Zerbrechlich in diesem Blick.
  Marlas Augen sind so schwer zu ertragen.
  Marla schaut, Lena rührt sich nicht.
  Jeder Schritt wäre ein Schritt auf sie zu.
  Man wiegt weniger als der eigene Atem, denkt sie, wenn Marlas Augen so klar und kalt sind.

„Manchmal siehst du mich so an, als ob –"
  „Was?" unterbricht Lena.

„Was siehst du dann?" fragt Marla.

Lena und Marla leben in verschiedenen Wohnungen. In einem anderen Leben. Mit einer anderen Frau.

Aber es gibt dieses Zimmer.

Sie sehen sich selten.

„Wenn du eine andere berührst, sehe ich Marla. Doch sobald wir allein sind, sehe ich –"

„Ja?"

Es gibt zwei Schlüssel.

Wenn sie tanzen gehen, sieht Marla sich nach anderen Frauen um. Vergißt sie. Tanzt mit Blonden, Rotgoldenen und Schwarzgelockten. Läßt ihre Hand auf fremden Nacken ruhen, ihren Mund von fremden Lippen kosten.

Lena steht vergessen und schaut Marla an.

Manchmal sitzt sie an der Bar und trinkt roten Wein. Manchmal tanzt sie allein auf der anderen Seite. Dennoch möchte sie keinen einzigen der Abende, an denen sie tanzen waren, missen.

Sie betrachtet die Frau in Marlas Händen.

Herz enthält alle wichtigen Vitamine. Die passenden Zutaten sind Zwiebeln, Lorbeerblätter und Petersilie.

Sie setzt die Lippen ans Glas.

Lena,

ich will dich jetzt nicht sehen.

Aber heute Mittag habe ich in unserem Zimmer lange auf dem Bett gelegen.

Einfach alles zugelassen. Die leise Musik aus der Anlage, die auf dem Glastisch stand und das Wasser im Glas zum Zittern brachte. Diesen reglosen, milden Sommer, der durchs Fenster stieg. Die Vorstellung des sehr langsamen Aufziehens eines Reißverschlusses. Des Knisterns von Stoff.

Das Berühren deines Nackens mit den Lippen. Ein Muskel, der sich unter der Haut spannt. Das Abwärtsgehen.

Das langsame Atmen. Das langsame Schweigen.

Daß alles immer schon gesagt wurde.

Daß alles immer schon gelebt wurde.

Wie sollte ich es auch nur versuchen.

Ich habe mir gewünscht, daß du heute in unser Zimmer kommst. Im selben Augenblick habe ich gehofft, daß du auf keinen Fall kommst.
Man zerspringt dabei.

Marla schreibt ihr Briefe.
 Sie setzt einen Namen darunter, den Lena für sie erfunden hat. Was niemand weiß, auch nicht diese Frau, deren Nacken Marla gerade mit den Fingerspitzen streichelt, ist, daß sie verheiratet sind.
 Lena weiß nicht mal, von wem der erste Schritt ausgegangen ist. Vielleicht gab es ihn gar nicht. Vielleicht hatte ein Blick genügt, alles zu begreifen und sofort darüber zu schweigen.

Es war ein nüchterner Raum gewesen. Sie hatten nicht gestanden, sondern vor einem Tisch gesessen, dahinter ein Mann. Sein Haar war schütter, und auf seiner Nase hatten Schweißtropfen geglänzt. Er hatte sie die ganze Zeit über angelächelt. Zeugen waren ein Pärchen gewesen, das sie auf dem Standesamt angesprochen hatten.
 Als sie das Ja aus Marlas und dann aus ihrem eigenen Mund hörte, hatte Lena sich kurz gefragt, auf welche Frage sie antworteten.
 Es gab keine Zeremonie. Die ganze Sache hatte eine Viertelstunde gedauert. Dann ging die Tür wieder auf, und sie waren hinausgefallen, in den Sommer.
 Niemand hatte je davon erfahren.
 Marla hatte eine schwarze Hose angehabt und ein silbergraues Hemd. Lena trug ein grünes Kleid. Nur die silbernen Sandaletten hätten jemandem als ungewöhnlich ins Auge fallen können. Und ihre Lippenpaare vielleicht, die noch warm waren von dem Wort.

Es gab keine Frage, hatte Lena draußen gedacht. Wir haben die Antwort vorher gegeben. Und sie ließ sich mit ihrem ganzen Gewicht gegen Marla fallen.
 Sie hatte Marla ihren eigenen Schlüssel für das Zimmer in die Hemdtasche gesteckt und gesagt: „Das ist mein Herz."
 Marla hatte Lena festgehalten, in ihre Hosentasche gegriffen und ihren Schlüssel in Lenas Hand gelegt. Sie hatte gesagt: „Und das ist meines."

Catherine,

schrieb Lena an Marla, eine Woche, nachdem sie geheiratet hatten,

wenn du nicht da bist, ist unser Zimmer so groß. Ich lasse das Fenster offen.

Ich träume vom Essen.

Vielleicht hast du recht, und das einzige, was man jemals besitzen kann, sind Träume.

Ich sitze in der noch warmen Dämmerung, die Grillen zirpen, und ich sehe mich um in diesem Zimmer, das unseres sein soll und das doch erst unseres wird, wenn du im Türrahmen stehst.

Was wird einmal von diesem Sommer übriggeblieben sein?

Wenn du nicht da bist, erinnere ich mich an dich. An deine Hände, deine Brüste, deine Augen.

Wie ein Spalt in einer Bluse öffnet sich die Erinnerung, und ich kann sie nicht aufhalten, nicht zusammenfalten, nicht zuknöpfen. Ich schiebe die Zunge in den Spalt, und die Haut ist glatt und schmeckt nach Salz.

Ich habe Hunger, denkt sie, wenn sie die beiden beim Tanzen beobachtet.

Dann stellt sie sich vor, daß Marla mit dieser Frau nach Hause geht. Daß sie zurückbleiben wird. Sie holt sich dieses Bild ganz nah vor Augen. Wie Marla dieser Frau in den Mantel helfen wird und nicht ihr. Wie sie den Arm auf der Straße um sie legt. Wie die Frau die Wohnungstür aufschließen wird und ihre Hand dabei zittert. Sie stellt sich den Körper der Frau vor, weiße Brüste mit blaßroten Spitzen. Marlas Zunge, die ihnen die Blässe austreiben wird, ihre Finger im Mund der Frau, die andere Hand, die ihr Haar aufgespult hat bis zur Kante, sie daran ins Kissen zieht, ihre Augen, wenn Marla in sie eindringt, das Gesicht nah über dem der Frau, damit ihr keine Nuance entgeht.

Während sie sich das vorstellt, hat Marla die Frau auf der Tanzfläche gerade geküßt.

Sie zündet sich eine Zigarette an.

Das Herz wird mit einem Messer halbiert, denkt sie, das Fett ganz abgeschnitten.

Wenn sie müde wird, geht sie.

Bevor sie den Saal verläßt, dreht sie sich noch mal um. Marla sieht sie nicht.

Sie betätigt den Summer. Bindet die Schürze ab und legt sie zuunterst in den Wäschekorb. Geht zur Kochnische und gießt Kaffee in die Tassen. Hört die Schritte im Treppenhaus. Reicht Marla die Tasse, als sie die Tür öffnet. Legt ihr einen Finger und dann die Lippen auf den Mund.
  Beides bereits aufgelöst im Moment der Berührung. Der Kaffeedampf steigt und verliert sich in der Luft.
  Lena ist schon am Ende des Zimmers.
  Die Adern werden herausgeschnitten und dann die Hälften gewässert, bis alles Blut herausgezogen ist.

„Du meinst nicht mich", sagt Marla und sieht sie an. „Warum hörst du eigentlich nicht auf damit? Mir immer noch die Tür zu öffnen, meine ich."
  Dieses Zimmer ist der einzige Ort, von dem nur sie beide einen Schlüssel haben.
  Man kann Herz einfrieren.
  Man kann es dörren und pulverisieren.
  Man kann es in Scheiben geschnitten in eine Pfanne legen und braten.
  „Ich habe es mir vorher genau vorgestellt", sagt Lena. Sie weiß: Wenn sie nur darauf achtet, daß genügend Raum bleibt zwischen Marla und dem Messer auf dem Tisch, kann nichts geschehen. „Wie es ist, wenn du mit ihr gehst und nicht mit mir. Deshalb habe ich nicht mit dir gerechnet. Und jetzt freue ich mich, daß du da bist."
  Marlas Augen sind klar.
  „Was tust du nur mit dir, damit sich dir letzten Endes doch noch ein Wunder präsentiert", sagt sie und macht eine Bewegung, als wolle sie in das Zimmer treten. Doch sie verlagert nur das Gewicht auf das andere Bein.
  „Wunder präsentieren sich nicht. Sie werden erdacht, Marla."

Lena,
   schrieb Marla,
   wenn du neben mir liegst und schläfst, beginnt das Zimmer sich zusammenzuziehen und zu weiten.
   Man muß der Anwesenheit Zeit geben, sich auszubreiten.
   Kennst du das: diese entsetzliche Angst, das Verlangen könnte einmal für immer gestillt werden?
   Ich möchte diesen Sommer aufhalten.
   Wenn du schläfst, kann ich nicht aufhören, dich anzusehen.
   Vielleicht ist es immer die Zeit gewesen, die einem die Türen versperrt hat. Die zuviel miteinander verbrachte Zeit.
   Die Zeit ist auch gegen mich,
   Catherine.

„Was siehst du, Lena", fragt Marla sie im Bett, als ihre Hand über Lenas Schenkel streicht und Lena zu zittern anfängt, in Marlas Haar greift mit beiden Händen, ihr Gesicht mit den Augen abtastet und dann mit den Fingerspitzen.
   „Es ist, als würde ich etwas sehen, was es nicht gibt", sagt sie.
   Marla fährt mit der Hand aufwärts, Lenas Stimme schwankt.
   „Weiter", sagt sie.
   „Es ist nicht möglich –", sagt Lena, und Marla streicht mit dem Daumen über Lenas Geschlecht und hält mit der anderen die Bewegung ihres Kopfes auf, der zur Seite sinken will.
   „Bitte laß die Augen auf. Sag mir, was du siehst", sagt sie, als ihr Daumen in Lena hineingeht.
   Ihr Herz fängt an, wild zu schlagen. Marla wird es hören, denkt sie.
   „So wie wir leben, lebt niemand", sagt sie.
   Sie hat erwartet, daß die Uhr über dem Schreibtisch in diesem Moment zu schlagen anfängt. Doch die Zeiger stehen immer noch still.
   „Wir leben so", antwortet Marla. „Was siehst du, Lena?"

Catherine,
   schrieb Lena,
   wenn du jetzt hier im Zimmer wärst, würdest du sie erkennen – meine Sehnsucht.

Ich sitze am Schreibtisch und versuche mir Worte dafür auszudenken. Die Sonne fällt auf die Tischplatte. Der Schweiß über meinem Schlüsselbein würde mich verraten.

Diese seltenen Begegnungen. Wie oft hat eigentlich eine auf die andere gewartet, hier, in diesem Zimmer? Die wenige Zeit, die ich mit dir habe, muß ich in meiner Erinnerung dehnen.

Und selbst in den schönsten Momenten, wenn du neben mir liegst und ich dich streichle, weiß ich, ich kann diesen Augenblick nicht halten. Weiß, daß du mir fremd sein wirst am nächsten Morgen und noch fremder, sobald du das Zimmer verlassen hast.

Vielleicht ist das ein Glück, Catherine.

Wenn du nicht hier bist, ist mir, als ob eine Wand vor dem Himmel steht.

„Also meinst du nicht mich. Hast nie mich gemeint", sagt Marla, als Lena ihr verraten hat, was sie sieht.

Lena steht auf, ist nackt in Marlas Blick.

„Du hast sie erfunden", sagt Marla. „Es gibt keine Person zu dem Namen, den du mir gegeben hast. Jedenfalls bin das nicht ich."

Wie eine Wand, denkt Lena. Man kann immer nur dagegenklopfen.

„Nenn mir ein Ereignis, das je anders war", flüstert sie. „Nenn mir einen Menschen auf der Welt, der das, was du Irrtum nennst, nicht ebenfalls erfahren hätte, Marla."

Marla schaut, Lena rührt sich nicht.

Was glaubt sie nur, denkt sie. Daß ich dieses Ding nicht hätte, das sich auf Schmerz reimt? Oder daß ich nicht wüßte, daß auch sie es hat?

„Alles, was wir imstande sind, uns auszudenken, existiert", sagt sie in Marlas Richtung.

Und es schlägt für dich.

Catherine.

Liebste.

Marla steht auf, tritt hinter sie, küßt sich ihren Nacken bis zum Haaransatz hoch.

„Laß uns essen", sagt sie leise.

Das Zimmer hat zwei Schlüssel.

„Ja", sagt Lena, als sie Marla ihre Gabel an die Lippen hebt. Und Marla hat nicht gefragt: „Ist das dein Herz?"

„Ja", sagt Marla, als Lena mit den Zähnen ein Stück von Marlas Gabel zieht. Und Lena hat nicht gefragt: „Ist das deines?"

Sie essen schweigend.

Das Zimmer hat zwei Schlüssel, und vielleicht ist der Himmel eine Wand, durch die man gehen kann.

Sternstunde

Thomas Endl

Mit leichtem Druck schiebe ich den Körper von mir. Er rollt auf den Rücken, brummt ein Fragezeichen und öffnet die Augen. Vorsorglich lächle ich lieb.

Thomas Endl, geboren 1964, lebt in München, dreht Dokumentarfilme fürs *Bayerische Fernsehen*, schreibt Dreh- und Kinderbücher wie *Der fantastische Circus Sarrasani und der verrrückte Zauberspruch* (2002), gibt mit Frauen namens Bettina Anthologien heraus und hat eine halbe Homepage: www.szenator.de.

Sternstunde

Die Nacht hat mich gefunden. Hat sich durch die schmalen Schlitze gedrängt, die die alten, grünen Läden zum Atmen brauchen. Weit schiebt sie das Fenster auf, schlägt es gegen die Wand und haucht mich an.

Ein Ellenbogen liegt schwer auf mir, und ein Bein hält die meinen gefangen. Körperkonglomerat. Vereinigungsmenge. Mit langem Arm finde ich die Nachttischlampe und knipse sie an. Die Schatten flüchten aus dem Bett, huschen die Wände hoch und in die hintersten Winkel des Zimmers. Aus den dunklen Inseln am Boden werden wieder Hosen, Hemden, Wäsche. Vor mir Brusthaardickicht. Ich fahre hinein und fühle darunter die Vertiefung, die der Mann gerne „Champagnerbecken" nennt, oder „Spermakuhle", je nachdem, in welchem Stadium schäumender Lust er sich gerade befindet. Meine Finger durchqueren das Tal der Trichterbrust und durchkämmen die Waldlandschaft gegen den Strich bis zu den letzten Vorposten auf der Achsel. Mit leichtem Druck schiebe ich den Körper von mir. Er rollt auf den Rücken, brummt ein Fragezeichen und öffnet die Augen. Vorsorglich lächle ich lieb. Ich sehe ihn mir an. Mit seinem Teint und den schwarzen Haaren könnte er auch jener „schöne Italiener" sein, auf dessen Anzeigen ich nie geantwortet habe. Zweimal habe ich sie entdeckt, einmal im Mai und einmal im Dezember. Ob er nach einem heißen Sommer wieder etwas Frisches wollte aus der Rubrik „Triebe", die vielspaltig zwischen „Liebe" und „Hiebe" ihren Markt definiert?

Der Mann vor mir ist zwar komplett deutsch, aber kein schlechter Ersatz – schon gar nicht auf einer Reise in den Süden. Ich gönne ihm einen Kuß auf die Lippen. Doch sie sind spröde. Ihre Wärme nur noch Erinnerung. Sind die aufregendsten Momente vergangen, haben sie die leichten Lippen, die leuchtenden Blicke, die sanften Finger und die griffigen Pobacken meist mitgenommen.

„Bleib doch da", sagt der Mann und weiß, daß ich nicht fort müßte. Denkt, du seist weit weg. Zwei Ländergrenzen zwischen meinem Zuhause in Deutschland mit dir und dem italienischen Abenteuer mit ihm. Denkt, ich könnte bei ihm liegen, weil es sonst nur noch mein kaltes Zimmer gäbe am gegenüberliegenden Ende des Ganges. Er zieht sich eine der Decken heran und kuschelt sich drunter. Schaut mich an und hebt den Stoff auf meiner Seite. Lauernder Höhlenbewohner. Als ich auf allen Vieren um ihn herumtapse und seinen Blick beobachte, wie er mich verfolgt, bin ich fast versucht, wie ein idiotisches Schoßhündchen zu bellen, entscheide mich aber doch für das tiefe Knurren eines Tigertiers und mache einen Satz auf die Decke. Ein paarmal rollen wir hin und her, schnappen mit blitzenden Augen nacheinander, doch ich habe ihn längst gefangen in seiner Bettbandage. Ich throne auf der eingewickelten Eroberung, bis sie nicht mehr zappelt. Steige herunter, gebe der Decke dort, wo sich schon wieder die Mitte des Mannes abzeichnet, einen schmatzenden Kuß. Ich ziehe mich an, als er das stramme Gewickel lockert und seine Arme befreit. Das Hemd, das ich vom Boden aufklaube, riecht nach gestern.

„Schlaf gut, mein Schöner", sage ich zu dem Mann, der im Durcheinander des Bettzeugs sitzt und nicht antwortet, bis ich die Tür hinter mir zugezogen habe.

Kein Licht auf dem Gang. Vorbei an den anderen und ihren Träumen von jungen Römern, die sie heute bei der Besichtigungstour gesehen haben mögen. Vorbei an meinem Zimmer, in dem ich alleine wäre. Die sonst so bunten Bilder im Treppenhaus sind dunkel, ihre Landschaften ungeweckt. Die heißen Quellen brodeln nicht, die Gräber der Etrusker ruhen, und die Mauern der verfallenen Klosterkirche schweigen. Nur die massige Standuhr im Entree der Pension tickt tapfer. Viertel vor eins schon.

Ich trete hinaus und sehe den Himmel. Der Mond strengt sich an, doch die Wolken scheinen ihm heute nichts zu gönnen. Schwärzen ihn an, wenn sie vorüberziehen. Bedacht, kaum eine Lücke zu lassen. Entkommt ein Strahl, rücken sie eifernd nach, türmen sich auf, verfinstern das Firmament. Der gekieste Weg vor dem Haus schlängelt sich nach ein paar Metern aus dem Blick, verschwindet zwischen den Olivenbäumen, die Richtung Tal in Reih und Glied ausgerichtet sind. Ich schmecke den Mann noch. Seine Haut, seine Lippen, seinen Atem. Mit den Zähnen schabe ich ihn mir von der Zunge und schlucke ihn hinunter. Einmal habe ich einen ausgespuckt. Doch ganz weg geht der Geschmack nie. Mit aufgerissenem Mund hole ich mir Nachtluft in Rachen und Lungen, recke die Kiefer nach oben. Jetzt schließen, Sterne schnappen! Wäre schön!

„Schmeckt ein bißchen zimtig", hast du damals behauptet, als wir nach Mitternacht noch auf der Terrasse deiner Eltern saßen und in den Himmel blickten. Theatralisch kautest du eine Weile auf dem „Zimtstern" herum, um dann völlig überrascht meine kritische Miene zu bemerken. „Glaubst du mir nicht? Siehst du denn nicht, daß jetzt ein Stern weniger da oben ist? Schau mal genau!" hast du gefordert, meinen Kopf gepackt und dorthin gedreht, wo der Stern angeblich fehlte. „Ich kann dir auch einen vom Himmel holen", hast du ernst erklärt und dabei deiner Stimme diesen rubinsamtenen Tonfall aufgesetzt, der jeden Einwand schäbig klingen läßt. Schon schnapptest du wieder wie ein Fisch auf dem Trockenen und gabst mir mit dicken Backen einen Kuß. Was auch immer du mit der Zunge zu mir herüberschobst, es füllte mich aus mit Zuneigung. Über uns blinkte die Unendlichkeit des Lichtermeers, und es war ihm kaum anzumerken, daß es vor kurzem noch zwei leuchtende Punkte mehr besessen hatte. Du strahltest mich an: „Das können jetzt alle Menschen sehen, die in den Nachthimmel schauen – wenn sie nicht allzu weit weg sind."

Italien wäre nicht weit. Aber die Wolken grollen. Kein Mond, keine Sterne. Oder grollst du? Hast sie alle verschlungen? Ich gehe runter zum Tor. Schiebe mit dem Fuß den Stein fort, der verhindert, daß es sich von selbst sperrangelweit öffnet. Ob noch irgendwo ein Funkeln freigelassen wird dort oben? Liegst du schon im Bett unter dem Dachfenster und schaust in einen glänzenderen Himmel? Gen Süden, wo sich unsere Blicke treffen könnten? Oder fällt das Rendezvous heute aus? Zurück oder weiter? Ich schließe die Lider, breite die Arme aus, drehe mich im Kreis, denke deinen Namen, denke dein Gesicht, versuche, es lachen zu lassen. Als es erschrocken die Augen aufreißt, halte ich an und blicke nach vorn. Der Waldweg. In meinem Kopf kreiselt es noch, und ich torkle den ersten Meter mehr, als daß ich ihn gehe. Die Steinchen am Boden knirschen, weisen mir den Weg. Hundert Meter, dann kommt die Quelle. Rinnt still aus rostigem Rohr in ihr steinernes Becken. Ich setze mich auf die trockene Seite. Drüben läuft das nachdrängende Wasser beständig über den Rand und noch ein Stück weiter über den Boden der Lichtung, bis es versickert. Zwischen den Wipfeln will es nicht aufreißen. Dunkle Gebirge schieben sich über den Himmel. Mein Nacken spannt, und ich senke den Kopf. Im Wasser tanzen kleine Lichter. Gelblich, grünlich, eine Ahnung von Blau. Ich beuge mich tiefer und starre hinein. Von fern klingt der Ein-Uhr-Schlag der Dorfkirche an mein Ohr. Ganz nah surrt etwas. Erschrocken blicke ich auf und sehe ein Lämpchen vorbeischwirren. Es knipst sich aus und wieder an. Schwebt leise im Wald. Steigt auf und verliert sich in glitzerndem Gewimmel. Zahllose Glühwürmchen, die sich im Wasser spiegeln. Oder sind es Sterne, die Ausgang bekommen haben? Sterne, die du mir geschickt hast?

Ich spähe hinein ins mächtige Blinken – und spüre dein Lächeln.

Immer wieder sonntags

Aus dem Leben einer Couch

Katharina Schmidt

MEIN SINGLE: Vielleicht sollte ich einfach wieder mehr ausgehen, was meinst du? Oder eine Kontaktanzeige aufgeben ...
ICH: Was willst du da reinschreiben? Frau „Ich weiß nicht, was ich will" sucht Frau „Ich weiß, was du willst". Kompetente Couch wäre vorhanden?

Katharina Schmidt, geboren 1965, Germanistin und Theaterwissenschaftlerin, freie Mitarbeiterin der Sportredaktion des *Bayerischen Fernsehens*, lebt in München; Veröffentlichungen u.a. in Bettina Brömme, Thomas Endl (Hg.): *Ein Herz und eine Serie. Fernseh-Geschichten* (1999).

Immer wieder sonntags

Aus dem Leben einer Couch

Ich bin ein Sofa, aber sagen Sie ruhig Couch zu mir. Ich finde, das klingt eleganter. Ich bin eine Single-Couch, soll heißen: eigentlich ein Zweisitzer, aber zumeist nur mit einer Person besetzt. Mit meiner ganz persönlichen Single-Frau eben. Einer von denen, die montags bis samstags ihre Unabhängigkeit und Freiheit lobpreisen und sonntags in Form eines jaulenden Elends genau diese Attribute ihres Lebens zur Hölle wünschen. Da muß dann plötzlich sofort eine Frau her. Gesegnet mit allen Schönheiten und positiven Charaktereigenschaften dieser Erde, eine Traumfrau, was fürs ganze Leben. Da stehen Sie als Couch dann da. Ihr sonst so lebenslustiger Single hängt plötzlich als Pflegefall auf Ihnen herum. Na, toll! Kein Wunder, daß mir frühzeitig der Zusammenhang zwischen Couch und Therapie klar geworden ist. Also greife ich regelmäßig auf meine langjährigen Lebensweisheiten zurück und fange an.

ICH: Was ist denn schon wieder los?
MEIN SINGLE: Hast du gesehen? Es regnet.
ICH: Hmm.
MEIN SINGLE: Kalt ist es auch.
ICH: Ja, ja.
MEIN SINGLE: Hmm.
ICH: Nun hör doch mal auf zu seufzen!
MEIN SINGLE: Laß mich, ich kann nicht anders. Es ist auch windig.
ICH: Himmel, Stoff und Kissen, du sitzt doch im Warmen!
MEIN SINGLE: Aber allein!

ICH: Aha, hast du mir nicht gestern noch erzählt, wie sehr du dich auf einen streßfreien Sonntag freust? In aller Ruhe auf mir! Deiner Couch! Allein!
MEIN SINGLE: Das war gestern! Heute fühl ich mich allein.
ICH: Weil es regnet?
MEIN SINGLE: Das kommt erschwerend hinzu. Erhöht das Kuschelbedürfnis.
ICH: Man könnte meinen, du sitzt auf einem Holzklotz.
MEIN SINGLE: Nun sei nicht beleidigt. Du weißt doch, wie ich das meine, es wäre halt schön, mit einer tollen Frau hier zu sitzen und ... du weißt schon.
ICH: Wie, ich weiß schon! Wie soll das denn jemals was werden, wenn du noch nicht mal aussprechen kannst, was du mit deiner Traumfrau überhaupt machen willst! Mal davon abgesehen, daß du dich ja sowieso nie traust, eine anzusprechen.
MEIN SINGLE: Bei dir piept's wohl! Woher willst denn du bitte wissen, wen ich anspreche und wen nicht?
ICH: Oh, entschuldige. Natürlich laufen hier Traumfrauen am Fließband durch die gute Stube, wie konnte ich das vergessen.
MEIN SINGLE: Schenk dir doch deine Ironie, hilf mir lieber.
ICH: Ich soll dir helfen? Wie soll ich das machen? Mit dir ausgehen? Mich vor deinen auserwählten Damen aufbauen und sie für dich ansprechen: „Verzeihung, ich bin die Couch dieses Schussels da hinten, möchten Sie auf ihr, hoppla, mir sitzen?"
MEIN SINGLE: Du nervst! Nein, ich meine, das ist doch ein grundsätzliches Problem. Ich weiß nicht mal, ob ich überhaupt eine Beziehung will.
ICH: Wie wäre es mit samstags keine und sonntags eine?
MEIN SINGLE: Sehr konstruktiver Beitrag, da hinten winkt der Sperrmüll.
ICH: Eine neue Couch würde dir überhaupt nicht weiterhelfen. Die jungen Designer-Dinger haben doch keine Ahnung von der Wirklichkeit, aber das wäre vielleicht sogar besser für dich.
MEIN SINGLE: Wie meinst du jetzt das?
ICH: Du stellst dich der Wirklichkeit doch nur zu ungern. Montags bis samstags behauptest du, du wärest glücklich, so wie es ist, sonntags jaulst du mich voll. Und was passiert? Nichts! Stellen wir uns das Ganze mal vor – also, wie soll das aussehen, ach,

sag mal, wann hattest du denn überhaupt deine letzte Beziehung? Kannten wir uns da schon?

MEIN SINGLE: Du weißt genau, daß wir uns da noch nicht kannten. Das ist so lange her, daß ich es gar nicht mehr weiß. Na ja, und was alles danach kam, waren ja wohl eher unerreichbare Ziele.

ICH: Die hast du unerreichbar gemacht. Du hast hier gethront, dir vorgestellt, wie schön das wäre, und dir dann sofort erzählt, das wird ja sowieso nichts, das geht ja gar nicht, da spricht ja wohl alles dagegen.

MEIN SINGLE: Das war auch so! Immerhin sind wir jetzt gut befreundet, das ist vielleicht mehr wert als alles andere.

ICH: Ich weiß, ich weiß, du bist der geborene Kumpel.

MEIN SINGLE: Also schön, stellen wir uns das Ganze mal vor. Aber sag mal, was ist eigentlich mit dir? Hättest du nicht gern einen schmucken Dreisitzer an deiner Seite?

ICH: Wo soll der denn hin? Willst du den an der Decke anbringen? Nein, ich brauche nichts. Wie alt soll sie denn sein?

MEIN SINGLE: Ach, das Alter ist nicht so wichtig. Aber meine Konfektionsgröße sollte sie vielleicht haben!

ICH: Warum das denn, um der Schmuckkordel willen?

MEIN SINGLE: Das habe ich mir gestern beim Hosenkauf überlegt ... Ich wollte mir mal so ein richtig jugendliches Beinkleid zulegen, nahm es selbstbewußt aus dem Regal und beging einen folgenschweren Fehler.

ICH: Der da wäre?

MEIN SINGLE: Ich ignorierte den Einwand meiner Hüften. Als die Linke gackernd zur Rechten sprach: „Jetzt ist sie größenwahnsinnig geworden", hätte ich die Hosen wieder weglegen sollen. Stattdessen stehe ich in der Umkleidekabine, habe eine Hose an den Oberschenkeln kleben und winde mich deprimiert wieder hinaus. Nun stell dir mal vor, du stehst morgens auf, und das erste, was du siehst, ist, wie deine geliebte Frau sich ohne Hüftbremsen-Kontakt in eine Hose wirft, die bei dir höchstens als Knöchelschoner in Frage käme, nein, das ist zu deprimierend, findest du nicht?

ICH: Ich finde, du spinnst! Das Gelächter deiner Hüften als Beziehungskriterium, ha! Da merkt man doch wirklich sofort, daß du überhaupt nicht weißt, was du willst.

MEIN SINGLE: Ich hab nie was anderes behauptet! Du drückst mir doch gerade diese Beziehungs-Debatte aufs Auge. Es regnet im übrigen immer noch.
ICH: Und? Sind's nur Schusterjungen oder auch Mädels?
MEIN SINGLE: Haha. Vielleicht sollte ich einfach wieder mehr ausgehen, was meinst du? Oder eine Kontaktanzeige aufgeben.
ICH: Was willst du da reinschreiben? Frau „Ich weiß nicht, was ich will" sucht Frau „Ich weiß, was du willst." Kompetente Couch wäre vorhanden?
MEIN SINGLE: Das ist gar nicht schlecht!
ICH: Ach, du gute Güte! Damit du wie beim letzten Mal keine anrufst?
MEIN SINGLE: Da war nichts Passendes dabei!
ICH: Und wie wäre was Passendes? Lieber Himmel, wenn ich mich jeden Sonntag so mit dir im Kreis drehen würde, wäre ich bald eine Eckbank!
MEIN SINGLE: Intelligent ..., humorvoll ..., zärtlich ...
ICH: Viereckig ...
MEIN SINGLE: Ja ... Was?
ICH: Du rasselst hier Attribute runter, ohne wirklich nachzudenken.
MEIN SINGLE: Mein Gott, das ist auch schwierig, wie soll ich dir das beschreiben?
ICH: Aber du bist sicher, daß es eine Frau sein soll.
MEIN SINGLE: Was denn sonst? Ein Kachelofen? Bißchen sperrig, meinst du nicht?
ICH: Ein Mahann!
MEIN SINGLE: Bitte was??
ICH: Ein Mann.
MEIN SINGLE: Sag mal, hast du eine Feder locker? Ein Typ, ich glaub es nicht. Das geht ja gar nicht. Das kann ich mir ebensowenig vorstellen wie Ostereiersuchen am ersten Weihnachtstag. Oder eine Milliarde Chinesen mit Glubschaugen. Ein Mann. Also Ideen hast du.
ICH: Ich wollte doch nur mal eine entschiedene Meinung von dir hören.
MEIN SINGLE: Ja, das hast du ja jetzt geschafft. Da heirate ich doch eher noch mein Fahrrad. Apropos, ich könnte ein bißchen durch die Gegend fahren und mich auf andere Gedanken bringen.

ICH: Es ist kalt, regnerisch und windig.
MEIN SINGLE: Du mußt ja auch nicht raus.
ICH: Ich habe das gnädige Fräulein nur zitiert.
MEIN SINGLE: Du bist eine rechthaberische, alte Knarzerin.
ICH: Ich bin nicht rechthaberisch!
MEIN SINGLE: Doch!
ICH: Nein!!
MEIN SINGLE: Vielleicht sollten wir zwei heiraten. Uns geht wenigstens nie der Gesprächsstoff aus.
ICH: Wenn ich einen neuen Überzug bekomme ...
MEIN SINGLE: Und ich noch vierzig Kilo zunehme und kariert gucke – ein Traumpaar.
ICH: Ja, ja, vielleicht sollten wir ...

Wir haben natürlich nicht. Geheiratet, meine ich. Schließlich war am nächsten Tag Montag, und meine Single-Frau liebte es wieder, unabhängig und frei zu sein. Es hat sich nichts geändert. Mein Single hat gerade mal wieder utopische Frühjahrsgefühle, und ich habe jeden Sonntag recht. Das ist doch auch eine Beziehung. Und keine schlechte. Für uns beide nicht. Wahrscheinlich, bis daß der Sperrmüll uns scheidet.

Bei Anruf Beziehung

Fernmündliches Dramolett in fünf Telefonaten

Baby Neumann

– *Meine Mutter ist Trauzeugin, wir werden beide weiß tragen.*
– *Deine Mutter und du?*

Baby Neumann gilt als legendärer Erforscher und Chronist des schwulen Alltags; dokumentiert hat er seine Erleb- und Erkenntnisse in den Werken *Das erste Mal. Schöne neue schwule Welt* (1995) und *Ganz was anderes!* (1996), außerdem in mehreren Anthologien.

Bei Anruf Beziehung

Fernmündliches Dramolett in fünf Telefonaten

Erstes Telefonat

- Guten Nachmittag. Joan-Collins-Center für Kunsthaar-Pflege, wie können wir Ihnen helfen?
- Baby, kannst du dich nicht melden wie normale Menschen? Ich bin's, Theo.
- Interessieren Sie sich für eine Zweitfrisur? Oder unten rum was zum Einflechten?
- Schluß mit dem Unsinn! Hör zu, Baby: Ich hab mich verliebt!
- Kopf hoch, das geht vorbei.
- Diesmal ist es ernst, das fühle ich tief drinnen.
- Ihr hattet also schon Verkehr?
- Was?
- Na, weil du es noch spürst, tief drinnen. (HYSTERISCHES PRUSTEN)
- Ordinär steht Ihnen nicht, Herr Neumann. Ich will hier meinem liebsten Freund das Herz ausschütten und der ...
- Okayokayokay, erzähl, ich höre. (FEUERZEUGKLICKEN, INHALIEREN, EXHALIEREN)
- Also, gestern war ich schwimmen, und da passierte es: Er saß am Beckenrand und sah mich an, als ich gerade zum Kopfsprung ansetzte – grüngraues Augenleuchten unter nassem, schwarzem Haar –, ich verlor die Balance und fiel mehr ins Wasser, als ich sprang. Dann tauchte ich japsend wieder auf und – das ist jetzt ein wenig peinlich: er lächelte mich immer noch an, es ging mir durch Mark und Bein.
- Und durch die Schwellkörper, nehme ich an.

- Das war das Problem. Als ich mich aus dem Becken stemmen wollte, blieb ich mit meiner Erektion in der Überlaufrinne am Rand hängen. Und statt eines coolen Spruches grüßte ich die gottgleiche Gestalt mit den wenig eleganten Worten: „Aaaargh, ich glaub, mein Schwanz reißt ab!"
- Viel origineller als „Hast du mal Feuer?" oder „Bist du öfter hier?" Das muß dir der Neid lassen.
- Na ja, er meinte jedenfalls, das wäre doch schade, den könne man sicher noch für das eine oder andere verwenden, und hat sich mit mir auf'n Kaffee verabredet.
- Bloß auf'n Kaffee? Ich denke, er will dein Ding verwenden? Zum Umrühren oder was?
- Baby, das Date ist in einer halben Stunde, und der Mann ist das Tollste, was ich je erlebt habe. Ich will mit ihm eine Farm in Neuseeland bewirtschaften, seine Kinder empfangen und nie im Leben wieder einen anderen Menschen sehen. Wenn ich nur an seine kleine feste Taille denke, wird mir ganz multipel. Ich will an seinen Nackenhaaren kauen, seine Lider küssen, seinen Atem riechen, seine Kniekehlen lecken, ich will ...
- Mach so weiter, und ich muß dir 1 Euro 24 pro Minute berechnen und meiner Telefonnummer 0190 voranstellen.
- Soll ich wirklich zu ihm gehen, Baby? Mein Leben wird sich komplett verändern, wenn das hier so ernst ist, wie es sich anfühlt.
- Dann wird er eine anständige Frau aus dir machen, und du wirst samstags nicht mehr in Tand und Flitter durch die Homoszene ziehen, sondern händchenhaltend mit ihm vor dem Fernseher liegen. Ich weiß, was du meinst: nur der Tod ist beängstigender. Und genauso unvermeidlich. Also geh hin.
- Gut, ich trau mich.
- Mit der Trauung würde ich noch ein wenig warten. Trink jetzt erst mal mit ihm Kaffee und paß auf, daß dein Anhängsel nirgendwo hängen bleibt.
- Wahrscheinlich bleibt mehr von mir bei ihm hängen als nur das. Ich ruf dich wieder an.

Zweites Telefonat

- Guten Abend. St.-Stryker-Heim für Pornostars über vierzig. Jahre, nicht Zentimeter. Was kann ich für Sie tun?
- Petit cherie, ich bin's, Jean.
- Jean? Kenn ich nicht.
- Ach, hab ich dir ja noch gar nicht erzählt, Baby: Ich heiß jetzt Jean, Hans war mir trop langweilig, und weißt du, was Hans auf französisch heißt?
- (LANGER, GEDULDIGER SEUFZER) Jean.
- Genau! Toll, was?
- (NOCH LÄNGERER, NOCH GEDULDIGERER SEUFZER) Ganz, gaaanz toll, Hänschen.
- Böses Baby, du sollst mich nicht Hänschen nennen! Ich bin très aufgekratzt, mon bijoux, weil ich gerade Super-Sex hatte.
- Französisch, nehme ich an.
- Alles! Französisch, griechisch, österreichisch ...
- Das ist bestimmt besonders versaut.
- Hat was mit Schlagobers zu tun, aber Spaß beiseite, der Typ war eine Kanone. Spießiger Versicherungsmakler, aber sehr appetitlich gebaut, mit leckerem Derrière und großzügiger Portion da, wo es besonders schmeckt. Zuerst dachte ich, das wird nie was, als er mich im Schwimmbad stundenlang anstarrte wie hypnotisiert. Aber dann verhakte er, frag mich bitte nicht wie, seinen Ständer in der Beckenrandrinne. Zum Schreien! Er schrie jedenfalls ziemlich heftig. Ich interpretierte das einfach mal sehr frei als Begrüßung und lud ihn auf'n Blowjob in die Toilette ein. Er wollte aber lieber später Kaffee mit mir trinken – ich sag ja, leicht verklemmt. Egal, heute kam der kleine Spießer zu mir zum Kaffee, und ich kann dir sagen, die Tassen wurden nicht mal halb ausgetrunken, obwohl ich auf Frau Sommer gehört und die Krönung gekauft hatte. Das Verwöhnaroma waberte durch die Küche, aber verwöhnt wurde im Schlafzimmer, und das Aroma steigt noch immer von meinen Lenden auf!
- Danke, das reicht.
- Warte mal, es klingelt an der Tür. Un moment. (NICHT VERSTÄNDLICHES GENUSCHEL) Für mich! Fleurs von *Fleurop*! Rosen, langstielig! Und auf der Karte steht: Schönster Nachmit-

tag aller Zeiten ... blabla ... deine grüngrauen Augen ... blabla ... bald wiedersehen ... In Liebe, Theo. Mon Dieu!! Er hat sich in mich verknallt. Aber ich bin zu jung für feste Bindungen. Und zu attraktiv! Ich ruf dich wieder an, Baby, à bientôt. (VERBINDUNG WIRD UNTERBROCHEN)
- (STÖHNEN) Au weia, Theo und Hänschen, wenn das mal gut geht!

Drittes Telefonat

- Privatsekretariat von Barbra Streisand, Schalom!
- Ach, Baby, ich sterbe, er betrügt mich!
- Wer spricht da? Yvonne Wussow? Hillary Clinton?
- Laß den Quatsch. Ich bin's: Theo. John betrügt mich.
- Wer ist John? Ich dachte, du bist mit Hans bzw. Jean zusammen?
- Ja, aber er nennt sich jetzt John, weil er Hans langweilig findet, und auf englisch ...
- (SEUFZER) ... heißt Hans John.
- Gestern wollte er die Wohnungstür aufschließen, und als er den Schlüssel aus seiner Hosentasche angelte, fielen vier Kondome mit raus. Und eine Gleitcremetube. Eine Poppers-Flasche. Und ein Cockring Marke *Hunnengurt*. Frag nicht! Cargo Pants! Ich stellte ihn zur Rede, und er gestand alles: Er treibt es mit einem kanadischen Dressman unter zwanzig, der offenbar als Doppelgänger von Josh Hartnett durchgehen würde, aber dazu den Körper eines DDR-Olympiaschwimmers aufweist. Ich bin schockiert. Treue ist doch das Schönste, was sich zwei Liebende schenken können.
- Iiijaha. (UNTERDRÜCKTE WÜRG-GERÄUSCHE)
- Baby, was soll ich bloß tun?
- Schätzchen, ich kenne Hansjeanjohn schon ein paar Jahre länger als du, und er war immer ein sehr sexuelles Wesen. Als wir zusammen studierten, führte er Buch über seine Eroberungen – für diese Liste mußten ganze Regenwälder sterben.
- Sehr tröstlich! (WIMMERN)

- Hansjeanjohn sagt immer, er versteht das Prinzip sexueller Phantasien nicht. Er hat einfach keine. Weil er alles in der Wirklichkeit auslebt.
- (WIMMERN WIRD LAUTER)
- Schluß mit dem Geheule. Hier ist Dr. Neumanns Patentlösung: Du mußt ihn sexuell derart fordern, daß er gar nicht auf die Idee kommt, die kleine Geilheit zwischendurch aushäusig zu befriedigen.
- (VERRÄTERISCHE STILLE)
- Aha! Wann habt ihr zuletzt? Vor drei Wochen? Vier?
- (SEHR LEISE) Sieben. Oder so. Ich kann mich nicht genau erinnern. Ich hab doch so viel zu tun in der Firma, und dann bin ich abends völlig fertig, und John hat diesen kleinen Speckring um die Taille angesetzt, und seinen kahlrasierten Schädel mit Brauenpiercing find ich auch nicht so doll. Er hatte so hübsches, langes, schwarzes Haar! Wie Schneewittchen!
- Schneewittchen, die geile Schlampe, das hat dich natürlich angemacht! (PRUSTEN) Dein Problem, Theo, ist: Du schläfst nicht mit John, und mit einer geradezu perversen Selbstverständlichkeit erwartest du von ihm automatisch das Zölibat. Der Mann steht voll im Saft, Theo, der braucht es, und wenn du es ihm nicht gibst, tut es eben ein anderer, und wenn's ein kanadisches Model ist, kann ich nur sagen: Gut für John!
- (HÖRER WIRD AUFGEKNALLT)
- So schätzt man also meinen sensiblen Rat. Ts ts ts ...

Viertes Telefonat

- Arbeitsgruppe für mehr Toleranz gegenüber Heterosexuellen, guten Tag.
- Hi, Baby, it's Johnny. Ich bin depressed. Theo liebt mich nicht mehr.
- Wie praktisch. Wenn ich mich recht erinnere, war er für dich doch nur eine geile Nummer aus dem Schwimmbad. Hast du nicht seine *Fleurop*-Rosen postwendend an deine Mutter weitergeschickt?

- Ja schon, aber jetzt ist alles anders. Er ist so süß mit seiner Brille und seiner Thomas-Mann-Gesamtausgabe und seinen Ivo-Pogorelich-CDs. Mein Herz schlägt seit Monaten only for him.
- Iiijaha. (UNTERDRÜCKTE WÜRG-GERÄUSCHE)
- Theo ist jedenfalls the love of my life, mein Rhett Butler. And frankly, my dear, he doesn't give a damn. Kein Sex in Sicht.
- Tja, Scarlett, gibt es da vielleicht einen Ashley Wilkes?
- Well, yes, was soll ein Mädchen denn tun, wenn die Hormone Amok laufen? Blöderweise hat Theo es rausbekommen, und jetzt ist alles noch schlimmer – er will erst recht nicht mehr. Was soll ich bloß tun?
- Schätzchen, ich kenne Theo schon ein paar Jahre länger als du, und er war nie ein sehr sexuelles Wesen. Als wir noch zusammen studierten, arbeitete ich mich durch die Turner-Mannschaft der Sportfakultät und er sich durch sämtliche Bände von Proust. Aber wenn er verknallt ist ...
- ... geht er ab wie ein Flitzebogen, ich weiß, ich weiß. Darum vermisse ich es ja so.
- Muß man deshalb gleich Models aufreißen?
- (PRUSTEN) Ich sehe, du telefonierst auch mit Theo. Kanadisches Model – nonsense! Das habe ich Theo zwar erzählt, aber nur, um mich nicht zu blamieren. Meine schmutzige kleine Affäre ist ein übergewichtiger Postbote mit Akne-Narben, den ich eines Morgens an meinem Briefkasten traf und gleich mit raufnahm, weil er bei meinem Anblick anfing zu schielen und zu sabbern und ich endlich mal wieder richtig begehrt werden wollte. Der Mann ist so dankbar. It's heaven! Theo dagegen mäkelt immer nur rum, ich hätte zugenommen, und mein Piercing würde ihm beim Küssen das Gesicht verschrammen. Der Briefträger betet meinen Körper an. Der kommt schon, wenn er meinen Ellenbogen lecken darf.
- Ellenbogenlecken? Ist das ein Erotiktrend, den ich verpaßt habe?
- Baby, das kribbelt!! (SCHWERES ATMEN) Aber Postbote hin, Ellenbogen her, ich will Theo nicht verlieren.
- Dr. Neumanns Patentrezept: Mach dich nackig und stürz dich auf Theo. Jeden Abend. Schick ihm einen Strauß *Fleurop*, schenk ihm einen Rilke-Band, du weißt doch, was er mag. Mach

ihn so verliebt in dich, daß er wieder auf dich abfährt. Dann brauchst du auch keinen Briefträger.
- Aber der ist so geil ...
- Hänschen, reiß dich zusammen. Wenn du Theo für ein paar von einem fetten Postboten angesabberte Ellenbogen sausen läßt, gehörst du entmannt! Mindestens!
- (HÖRER WIRD AUFGEKNALLT)
- Ts ts ts, undankbares Pack. (FEUERZEUGKLICKEN, INHALIEREN, EXHALIEREN)

Fünftes Telefonat

- Grüß Gott. Kloster zur Heiligen Vorhaut Jesu Christi, Reliquienverwahrung.
- Baby, ich bin's, Theo. Großartige Neuigkeiten: Hans und ich heiraten!
- Okay, ich fasse zusammen: Er will dich nur fürs Bett, du schläfst nicht mit ihm, er bumst anderweitig, du bist am Boden zerstört, er ist frustriert. Fazit: Ihr heiratet. Natürlich. Logisch. Überrascht mich nicht. Und er heißt jetzt wieder HANS? Das ist allerdings wirklich überraschend. Ich hatte die kantonesische oder hebräische Variation erwartet, oder wenigstens Juan.
- Meine Mutter ist Trauzeugin, wir werden beide weiß tragen.
- Deine Mutter und du?
- Blödmann, mein Bräutigam und ich. Wir haben uns wieder vertragen. Ein wenig Einfühlungsvermögen, ein bißchen Diplomatie und gaaanz viel Liebe, dann klappt das schon.
- Iiijaha. (UNTERDRÜCKTE WÜRG-GERÄUSCHE)
- Abends gibt es einen Empfang im *Ritz*, festlich geschmückte Tafel mit Blumengirlanden, Sechs-Gänge-Menü, dann fliegen wir zum Honeymoon nach Venedig ...
- Warum muß ich bloß die ganze Zeit an Ruth Leuwerick und Karlheinz Böhm denken? Warte mal eben, ich hab ein anderes Gespräch in der Leitung. Diese neumodische Anklopf-Funktion oder wie das heißt. Hallo. Hallo? Verdammte Technik! Hallohallo? Früher haben die Leute auch überlebt, mit Depeschen und

Postkutschen, ach, was sag ich, mit Buschtrommeln! Wofür zum Teufel braucht man ein Handy? Hallo, wer ist da? Alles überflüssiger Schnickschnack! Hilfe, meine Zigarette! Huch! Huch! Aaah, mein Schritt brennt! Die gute *D&G*-Jeans! (GERÄUSCH EINER ZIGARETTE, DIE MIT EINEM GLAS SHERRY GELÖSCHT WIRD) Aaaahhhh. Besser. Aber ziemlich klebrig ...
- Baby, halt die Klappe und hör zu! Hans hier, und ich hab ein größeres Problem als deine angekokelte Hose: Theo will mich heiraten! So richtig kitschig und spießig, fehlt nur noch der Segen des Papstes. Das halt ich nicht aus.
- Aber du hast doch Ja gesagt?
- Er hat „Willst du mich heiraten" gefragt, als wir gerade Sex hatten. Im Sinnestaumel verstand ich: „Willst du ihn rein haben?"
- Ah ja. (GERÄUSCH VON GENERVT GEN HIMMEL ROLLENDEN AUGEN)
- Hab natürlich Ja gesagt.
- Natürlich.
- Und zwei Tage später, ich denk an nichts Böses, legt er mir Entwürfe für die Einladungen zum Hochzeitsempfang vor und die Farbpalette für den Blumenschmuck. Ich liebe Theo, aber diesen nachgemachten Heteroscheiß will ich mir nicht antun. Homo-Ehe – bei dem Wort wird mir schon schlecht. Vom Staat sanktionierte „gute" Schwule im Reihenhaus mit Einbauküche. Selbstgerecht, bieder und mit verächtlichem Blick auf die „bösen" hedonistischen Schwulen ohne Trauschein. So will ich nie werden.
- Wart mal eben, Hans, ich hab noch ein anderes Gespräch in der Leitung. Welche verdammte Taste ... hallo ... Mist ... Theo, bist du wieder da? Theo?
- Ja, ich bin's, Theo, wer denn sonst? Also paß auf, Baby: Zum ersten Hochzeitstag wünsche ich mir einen Hund, es sei denn, das Adoptionsgesetz kommt durch.
- Einen Hund? Auf keinen Fall, Theo. Zwei Katzen vielleicht.
- Aber die pissen doch alles voll! Huch, Hans, bist du das? Hans?
- Theo?
- Baby?
- Brad? Janet? Rocky? Dr. Scott? Ach je, ihr seid beide zugeschaltet. Ich hab irgendwelche Tasten auf dieser Höllenmaschine von

Handy falsch gedrückt, und jetzt haben wir einen fernmündlichen Dreier.
- Ach, wie lustig. Hans, Schätzchen, du hast Baby bestimmt gerade erzählt, wie du dich auf unsere Hochzeit freust, oder? Oh, oh, Baby, da fällt mir ein: Du mußt unbedingt unsere Brautjungfer werden.
- Theo, Schätzchen, ich habe Baby eben erzählt, daß ich Heiraten komplett scheiße finde.
- Das sagst du mir jetzt? Aber ich habe die Eis-Skulpturen für den Brautempfang schon bestellt! Und was soll ich meiner Mutter sagen ... (WIMMERN)
- Deine Mutter ist mir ganz egal und Eis-Skulpturen und Brautjungfern erst recht. Darum geht es doch gar nicht, sondern um uns beide. Wozu brauchen wir das ganze Getue drumherum?
- Aber Hans, die Welt soll sehen, daß wir uns lieben!
- Okay, dann laß uns bei *Karstadt* auf der Rolltreppe knutschen.
- Du liebst mich eben nicht. (WIMMERN)
- Ich liebe dich ... wenn du nicht gerade wimmerst.
- Ich liebe dich auch.
- Dann wäre das ja geklärt, ihr Turteltäubchen. Können wir diese absurde Konferenzschaltung jetzt beenden? Ich habe auch noch ein eigenes Leben, wißt ihr? *Ally McBeal* fängt gleich an.
- (THEO UND HANS GLEICHZEITIG) Halt die Klappe, Baby!
- Okay, okay, aber heiratet ihr jetzt oder nicht?
- Natürlich!
- Natürlich nicht!
- Aber du hast gesagt, du liebst mich, Hans!
- Deswegen muß man sich doch nicht unters Ehejoch begeben, Theo!
- So siehst du das also: ein Johohohoch! (WIMMERN)
- (GERÄUSCH EINES AUS DEM FENSTER SEGELNDEN HANDYS. FEUERZEUGKLICKEN, INHALIEREN, SEHR BEFRIEDIGTES EXHALIEREN. SHERRY GLUCKERT INS GLAS. VONDA SHEPARD SINGT DEN ALLY MCBEAL-TITELSONG. FADE OUT UND ENDE.)

Die Hochzeitsreise

Ariane Rüdiger

„Du liebst mich nicht, denn sonst würdest du nicht so ein Theater um so eine lächerliche Zeremonie machen." Die Tränen kullerten heftiger.
„Lächerliche Zeremonie? Aber du willst sie doch! Warum, wenn sie lächerlich ist – und das ist sie ganz und gar. Im übrigen: Diese Zeremonie bewirkt, daß ich mit deiner ganzen Familie verwandt bin!"

Ariane Rüdiger, geboren 1958, lebt in München, betreibt ein Redaktionsbüro und die Website Arianes Literaturwerkstatt, schreibt für die Szenepresse und für das Online-Literaturprojekt Tagebau; Veröffentlichungen: *Frosch Aszendent Tausendfüßler* (1998), *Frau sucht Frau, nur für das eine* (2002) u.a.

Die Hochzeitsreise

Alles fing damit an, daß meine Freundin Heike mit leuchtenden Augen von einem Kurzurlaub wiederkehrte. Sie hatte ihre Familie besucht. Anlaß dieses Ausflugs war die Hochzeit ihres jüngsten, knapp dreißigjährigen Bruders, des *enfant terrible* einer fünfköpfigen Geschwisterschar. Und nun leuchteten Heikes Augen. Das war befremdlich.

Hochzeiten waren bis vor kurzem kein Grund für lesbischschwule Begeisterungsstürme, und bei uns schon gar nicht. Uns kam nicht nur das Gehabe um die Legalisierung meist schon jahrelang bestehender Hetero-Beziehungen absurd vor, als Lesben waren wir auch noch explizit davon ausgeschlossen, jemals selbst solchen Trubel um unsere Beziehung zu veranstalten. Als Gast waren wir natürlich zugelassen und hatten dann dem Eheglück irgendwelcher Geschwister und Freunde gefälligst laut zu applaudieren, auch wenn die Beziehung fürs Leben bereits wenige Jahre später ihren Geist wieder aufgab.

Ich erinnere mich noch sehr gut daran, als ich zum letzten Mal bei einer Hochzeit weilte: Als einzige wurde ich allein eingeladen – Heike mußte zu Hause bleiben. Zwei Frauen Arm in Arm hätten doch empfindlich die Harmonie gestört. Weil man das praktisch fand und ich tatsächlich weder auf einen Ehemann noch auf Kinder aufpassen mußte, landete ich bei Tisch zwischen der hörbehinderten Oma und dem dementen Opa des Bräutigams. Der demente Opa erzählte während des rund zweistündigen Dinners in einem murmelnden Tonfall etwa zehnmal dasselbe Kriegserlebnis, das sich irgendwo in russischen Schützengräben abgespielt haben mußte, und bekleckerte sich derweil zuerst mit Suppe, dann mit Rotkohl und zuletzt mit Schokoladenpudding. Ich glaube, er hatte Parkinson, denn seine Hände zitterten wie Espenlaub. Ab und zu sagte er murrend: „Wann ist der Regimentsball zu Ende? Ich will zu meiner Einheit!" oder „Wer sind denn all die Fremden hier? Ist das eine Invasion?" Es hatte aber keinen Sinn, mit Erklärungen anzuheben, denn er hörte sowieso nicht zu. Beim Essen wollte er sich nicht helfen lassen.

„Hören Sie auf damit, Schwester, Offiziere wissen, wie man mit einem Messer umgeht!" fuhr er mich an, als ich mich erbot, ihm das Fleisch zu schneiden.

Einmal, nach dem Nachtisch, kam der hoffnungsvolle Bräutigam vorbei, schenkte mir ein schräges Grinsen, klopfte dem zitternden Opa auf die Schulter und reichte ihm eine Zigarre.

„Opa, die rauchen wir jetzt zusammen!" sprach er und zündete das stinkende Ding an. Opa lächelte matt. Immerhin ließ sich mit der Zigarre leichter umgehen als mit Messer und Gabel, so daß der Hochbetagte sie richtig zu genießen schien. Doch wegen der vielen Reden, die anschließend noch geschwungen wurden, wurde er wieder verdrießlich und verlangte nach seiner Einheit. Wenn ich nicht den militärischen Reminiszenzen des Opas lauschte, schrie mich die Oma von der Seite an.

„Und was machen Sie so, junge Frau?" brüllte sie unzählige Male in mein Ohr (ich bin achtunddreißig).

„Ich arbeite bei einer Versicherung!" schrie ich dann zurück.

„Sie müssen lauter sprechen, junge Frau, alte Menschen hören nicht mehr so gut." Ich schrie lauter. Die Leute um uns herum guckten mißbilligend.

„Sie hört nichts", erklärte ich.

„Was haben Sie gesagt?" schrie die Oma. „Und sind Sie schon verheiratet?" Die Oma trug kein Hörgerät. Hatte sie es aus Eitelkeit nicht dabei oder lehnte sie derartige technische Finessen aus altem Mißtrauen ab, hätte ich gern gefragt, traute mich aber nicht.

Nachdem wir so ein wenig Konversation getrieben hatten und nachdem vor allem der Schokoladenpudding aufgegessen war, verlangte auch die Oma, heimgebracht zu werden. Ich konnte sie verstehen. Sie mußte sich vorkommen wie in einem Stummfilm: eingesperrt zwischen lauter viel jüngeren, viel vitaleren Menschen, die Dinge sagten, von denen sie ausgeschlossen war. Doch dem Wunsch wurde vorläufig nicht entsprochen. Die beiden Alten saßen weiter in ihren Stühlen, und weil zum Essen auch reichlich Alkohol gereicht worden war, schliefen sie irgendwann ein.

Ich war leider gar nicht müde, weshalb ich den nun folgenden, zahlreichen Reden lauschen mußte. In ihnen war vom einzig wahren Bündnis, dem zwischen Mann und Frau, die Rede, von ewiger Treue, den hoffentlich bald zu erwartenden Enkeln et cetera.

Dann wurde getanzt. Auf der Tanzfläche natürlich Mann-Frau-Paare. Nun fühlte ich mich vollends verwaist, tanzte ich doch liebend gern mit Heike. Wir waren gefürchtete Salsa-Spezialistinnen, aber auch sonst ganz gut. Hier tanzte ich nur einen Anstandswalzer mit dem Bräutigam und einen Fox mit dem Brautvater, bei dem er mir einige Male kräftig auf die Zehen trat. Ansonsten hatte ich keine Lust. Ich war es gewohnt zu führen. Die Damen-Schritte befremdeten mich, und so hätte ich entweder eine Frau auffordern oder einen Mann bitten müssen, die Damen-Schritte zu übernehmen. Beides schien mir nicht besonders chancenreich, also saß ich den Rest des Abends an der Bar.

Dieses Erlebnis hatte meine Begeisterung für Hochzeiten nicht gerade gesteigert. Nun aber kehrte Heike mit leuchtenden Augen von einer solchen Veranstaltung wieder. Ich ahnte Fürchterliches und sollte darin bestätigt werden.

„Es war einfach toll!" schwärmte Heike. „Der Pfarrer hat richtig unkonventionell gepredigt, von Emanzipation, Erziehungsverantwortung des Mannes und so, und als Musik gab es nicht nur Kirchenlieder, sondern auch die *Beatles*. Und am Ende wurde die Braut entführt."

„Na klasse", sagte ich, ohne Enthusiasmus zu heucheln.

„Die Freunde haben nach dem Dinner eine Art Schauspiel aufgeführt. Es stellte dar, wie die beiden sich kennengelernt haben, und war zum Schreien komisch", warb meine Geliebte weiter.

Man muß dazu wissen, daß sich Torsten, der Bräutigam, in seiner unzivilisierten Jugend, die wohl mit dem Tag seiner Hochzeit endgültig zu Ende ging, als Kleindealer in Marihuana betätigt hatte, was zu einer zweijährigen Bewährungsstrafe führte. Ansonsten studierte er Wirtschaftswissenschaften. Conny, seine Frau, hatte denselben Bewährungshelfer gehabt. Sie büßte wegen unerlaubten Drogenbesitzes, denn sie pflegte ihr Studium der Völkerkunde durch weite Reisen ins Reich der Träume anzureichern. „Meine Güte, die paar Trips!" sagte sie, wenn die Rede darauf kam, rollte die Augen nach oben und schüttelte ihre bis vor kurzem lila gefärbte Mähne. Daß die beiden sich lieben lernten, war also kein Wunder, schließlich interessierten sie sich teilweise für das Gleiche.

Auf den Polaroids (Heike liebt Polaroids) von der Hochzeit freilich war von diesen Zeiten nichts mehr zu sehen: Beide hatten nun kurzes Haar, Conny mittel- und Torsten dunkelbraun, sie trug ein weißes Kleid, wenn auch ohne Schleier, er einen schwarzen Anzug. Sie begaben sich nun anscheinend reuig ins bürgerliche Leben und pellten alles Vergangene ab wie eine Hülle, die nichts mehr mit ihnen zu tun hatte.

Ich fand diesen Opportunismus ekelhaft.

„Na und?" sagte ich deshalb. „Jetzt sind sie wie alle anderen. Stinklangweilig. Außerdem: So eine Aufführung gibt es fast bei jeder Hochzeit."

„Eben drum!" sprach Heike und ließ sich, was weder vor noch nach diesem schicksalsschwangeren Moment je wieder geschah, vor mir, die ich bequem auf dem Sofa saß, auf einem Knie nieder, als wollte sie zum Ritter geschlagen werden. „Heirate mich!" forderte sie, griff meine Hand, küßte sie und warf einen schmachtenden Blick nach oben. Ach, wie sehr verfluchte ich in diesem Moment den Fortschritt, der in Gestalt der rot-grünen Koalition vor einigen Jahren über das Land hereingebrochen war! Der Leute wie mich vor Alternativen stellten, vor denen sie doch nie hatten stehen wollen! Der zu lächerlichen Szenen wie dieser führte! Warum konnte man als Lesbe nicht still und friedlich in einer schlichten Zweierbeziehung vor sich hin altern?

„Aber Heike", sagte ich. „Wir haben doch noch nie heiraten wollen!"

„Ja, bisher", beharrte Heike. „Doch erstens dürfen wir jetzt und zweitens: Was Torsten kann, das kann ich auch."

Die Geschwisterkonkurrenz ist ein furchtbares Ding – gegen dieses Argument war kaum anzukommen. Was wußte ich als Einzelkind schon davon? Nichts, um genau zu sein, bis zu dem Tag, an dem ich Heike kennen und lieben lernte. Das ist nun schon ziemlich lange her, sieben Jahre mittlerweile, und ich habe in dieser Zeit soviel gelernt, daß ich wußte, die Sache mit Torsten würde sich nicht einfach vom Tisch wischen lassen.

Denn Heike rechnete ihre drei übrigen Geschwister Petra, Gabi und Michael einer anderen, ihr fremden Kategorie zu: Die drei waren vollkommen unauffällig, bewohnten Einfamilienhäuser, fuhren Autos der gehobenen Mittelklasse und hatten Kinder, mit deren Leistungen sie angaben. Petra und Gabi waren Lehrerinnen, Michael leitete die Filiale eines Handelsunternehmens. Im Urlaub fuhren sie mal an die Costa Blanca und mal an die Nordsee, immer pauschal, immer gemeinsam und immer in billige Hotels mit einem familiären Flair.

Torsten und Heike dagegen waren aus einem anderen Holz: Beide hatten sich bisher hauptsächlich außerhalb der bürgerlichen Bahnen bewegt – Torsten wegen der Drogen, Heike wegen des Lesbisch-Seins. Von den anderen wurden sie als Versager betrachtet, sie selbst betrachteten die anderen als Langweiler. Deshalb waren Torsten und Heike füreinander geeignete Vergleichsobjekte. Natürlich verglichen sie auch die Dauer ihrer jeweiligen Beziehungen. Aber obwohl Torsten mit seiner Conny erst vier Jahre und damit kürzer zusammen war als wir beide, hatte er nun Heike durch die Hochzeit getoppt. Das durfte nicht sein, es mußte wieder Gleichstand hergestellt werden. Das war, so vermutete ich, der geheime Motor hinter dem plötzlichen Trieb zur Eingetragenen Partnerschaft.

„Warum willst du mich denn heiraten?" fragte ich heimtückisch und stand, ohne die kniende Heike weiter zu beachten, auf. „Jetzt, so plötzlich? Vielleicht nur wegen Torsten?"

Heike erhob sich ebenfalls, ihre Augen hatten den schwärmerischen Ausdruck verloren, was mich etwas beruhigte. Vielleicht war sie mit Argumenten zu überzeugen, daß dieser Plan nichts taugte.

„Wegen Torsten? Blödsinn! Und wenn es so wäre: warum denn nicht? Alle lassen sich schließlich mittlerweile eintragen", beharrte sie.

Natürlich, das mußte ja kommen. Seit das Gesetz verabschiedet wurde, rannten tatsächlich immer mehr unserer Bekannten zum Standesamt. Bisher allerdings hatte der Heiratswahn noch nicht unsere engsten Freunde erreicht, weshalb wir zwar ein- oder zweimal zu Stehempfängen mit Sekt geladen waren, noch nie aber zu Familiendinners im Stil von Torstens Hochzeit.

„Aber was wird aus unserer Freiheit?" wandte ich ein und schlug die Arme übereinander.

„Freiheit?" In Heikes Augen blitzte es. „Was meinst du denn damit? Willst du plötzlich fremdgehen? Ich dachte, wir hätten keine offene Beziehung."

„Haben wir auch nicht." Die Treue war eines der felsenfesten Fundamente unseres Zusammenseins, seit wir ganz am Anfang einige ziemlich anstrengende Erfahrungen mit Zwischendurch- und Nebenbei-Beziehungen gemacht hatten. Außer ziemlich viel Aufregung, schlaflosen Nächten und anschließenden, kräftigen Streitereien hatte das alles nicht viel gebracht. Also hatten wir der Zweitbeziehung gemeinsam abgeschworen.

„Na also! Was meinst du denn dann mit Freiheit? Du kommst und gehst doch sowieso, wie und wann du willst." Mittlerweile wanderte Heike im Zimmer auf und ab wie ein eingesperrter Tiger.

„Aber wir brauchen doch keinen Schein! Das geht doch auch so! Und wir können gern mal ein Fest machen. Ein genauso großes wie die Hochzeit von Torsten, wenn es dir darum geht", beharrte ich und hatte dabei das Gefühl, immer kleiner zusammenzuschrumpfen, während mit Argumenten auf mich eingeprügelt wurde.

„Wenn wir so ein Riesenfest machen, können wir bei der Gelegenheit auch gleich heiraten", kehrte Heike zu ihrer Argumentationslinie zurück. Sie war schon immer hartnäckig. „Denk doch mal dran, was passiert, wenn ich morgen vom Auto überfahren werde! Oder wenn mich eine schwere Krankheit erwischt!"

„Wenn du vom Auto überfahren wirst, bist du tot und brauchst dir keine Sorgen mehr zu machen. Und was die Krankheiten angeht: Du warst immer kerngesund, warum solltest du plötzlich schwer krank werden?" Ich fand es gemein, daß Heike mir jetzt auf diese Tour kam.

Sie ließ sich aufs Sofa fallen und sagte eine ganze Weile nichts. Dann sah ich, wie eine Träne ihre Wange hinunterlief.

„Was ist denn los?" fragte ich betroffen und setzte mich neben sie.

„Du liebst mich nicht!" Die Tränen kullerten heftiger. „Du liebst mich nicht, denn sonst würdest du nicht so ein Theater um so eine lächerliche Zeremonie machen."

„Lächerliche Zeremonie? Aber du willst doch diese Zeremonie. Warum, wenn sie lächerlich ist – und das ist sie ganz und gar. Im übrigen: Diese Zeremonie bewirkt, daß ich mit deiner ganzen Familie verwandt bin!" Ich sprang wieder auf. „Sie bewirkt, daß wir einander Unterhalt zahlen müssen bis ans Lebensende und daß ein fürchterliches Theater wird, wenn wir uns trennen wollen."

Das stimmte zwar alles, aber es war nicht der eigentliche Grund meiner Ablehnung. Die reichte viel tiefer und hatte nichts mit materiellen Vor- oder Nachteilen zu tun: Ich wollte einfach nicht verheiratet sein, egal, welche Konsequenzen damit verbunden wären.

„Also doch! Du liebst mich nicht. Du findest meine Familie gräßlich, und du findest auch mich im Grunde furchtbar. Dann geh doch!" Heike sagte zwar immer wieder jede Menge Despektierliches über ihre Verwandtschaft, ich allerdings durfte das nicht, obwohl ich ihre ätzenden Urteile durchaus hätte bestätigen können. Das war eine Familienangelegenheit. Na gut. Ich kannte die Spielregel, und ich hatte sie verletzt. Außerdem hatte Heike noch nie gesagt, daß ich gehen sollte. Wenn sie so etwas sagte, war es ihr möglicherweise wirklich ernst, ernster, als mir lieb war. Und verlieren wollte ich sie genausowenig wie heiraten. Was also tun?

„Wir können ja mal drüber nachdenken", wich ich aus, um Zeit zu gewinnen.

Aber Heike interpretierte diesen Satz vollkommen anders. Sie hörte im Nu auf zu heulen, sprang vom Sofa, warf sich in meine Arme, küßte mich wild auf den Mund und sagte: „Siehst du, ich wußte, daß du mitmachen würdest!"

Ich unterließ es vorläufig, das Mißverständnis aufzuklären. Dazu wäre später noch genug Zeit, dachte ich. Vielleicht würde Heike die Sache langweilig werden, wie das mit vielen Dingen nach einiger Zeit geschah. Heike gehört nämlich zu den Leuten, die schnell Feuer fangen, um dann genauso schnell abzukühlen. Sie hatte schon hundert Dinge begonnen und wieder beendet: Fitneßtraining und Chorsingen, Makramee und Aquarellmalerei, Bergwandern und Fotografieren. Alle diese Begeisterungen hatten im Höchstfall ein halbes Jahr gedauert. Man mußte nur Geduld haben und sich ruhig verhalten. Genau das tat ich: Ich ging ins Büro, ich ging mit Heike ins Kino, wir schliefen miteinander, und wir besuchten Freunde, die, darauf bestand Heike, erst im letzten Moment über den großen Schritt informiert werden sollten. Ich wartete darauf, daß der Wahnsinn ein Ende fände. Doch das tat er nicht.

Denn diesmal plante Heike generalstabsmäßig. Vergeblich harrte ich auf Zeichen der Ermüdung, auf ein erstes: „Weißt du, diese ewigen Formulare, ich glaube, das lohnt sich doch nicht!" Unermüdlich erledigte Heike Behördengänge, legte Termine fest, suchte nach einer geeigneten Lokalität für die Feier, entwarf und verwarf Gästelisten, dachte über das Festmenü nach und suchte Geschäfte für Brautbekleidung auf, mich im Schlepptau. Als sie einen weißen Hosenanzug für sich erwarb und mich zum Kauf eines dunkelroten Seidenanzugs zum Sonderpreis überredete, ahnte ich zum ersten Mal, daß diese Sache auf mich zurollte wie ein Zwanzigtonner ohne Bremsen. Bis zum Termin waren es noch sechs Wochen.

Ich begann, schlecht zu schlafen. Abends legte ich mich hin, und sobald ich die Augen schloß, holte mich immer derselbe Alptraum ein: Vor mir drehten sich die Bilder von Gabi, Petra und Michael, die Heike und mich umringten und schrieen: „Jetzt bist du eine von uns! Jetzt bist du eine von uns!" Dabei schwenkten sie wie wild Versicherungspolicen, Bausparverträge und Leasingvereinbarungen für dicke Autos. Daneben standen Conny und Torsten und winkten mit zwei dicken Marihuana-Zigaretten: „Am Morgen ein Joint, und der Tag ist dein Froind!" flüsterten sie verheißungsvoll. In der zweiten Reihe drohten Heikes Eltern, ihr Testament zu ändern, wenn ich nicht umgehend meinen Doktor machte.

Nicht, daß ich gewußt hätte, was in ihrem Testament stand oder darauf Wert gelegt hätte, sie zu beerben. Trotzdem ängstigten mich die beiden, wie sie so finster aus dem Hintergrund starrten. Daß ich den Doktor phil. nicht geschafft habe und jetzt statt dessen in einer Versicherung Akten bearbeite, können die beiden mir, glaube ich, nicht verzeihen, obwohl es sie nichts angeht. Heikes Papa ist Oberregierungsrat. Ich weiß bis heute nicht, was Oberregierungsräte eigentlich tun, auf jeden Fall aber sind sie wichtig und eingebildet und haben wenig Verständnis für das Abbrechen von Doktorarbeiten.

In dem Moment, in dem Heikes Eltern ihr Testament zerrissen und Heike darob anfing zu weinen, wachte ich jedesmal schweißgebadet auf. Heike dagegen lag meist mit einem stillen Lächeln auf den Lippen leise schnarchend neben mir. Wahrscheinlich träumte sie gerade, wie wir, von sieben weißen Pferden gezogen, in den Ehehimmel einfuhren.

So ging das eine ganze Weile. Bis zur Hochzeit waren es noch drei Wochen, mittlerweile waren auch die Freunde informiert, und die meisten reagierten begeistert auf Heikes Idee. Ich verschwieg meine negative Haltung und wußte, ich würde mit Heike reden müssen, bald reden müssen. Sonst wäre alles zu spät, und die Folgen wären furchtbar.

Eines Tages – Heike arbeitete gerade die Liste mit den Menüvorschlägen durch – sagte ich, kalten Schweiß an den Händen: „Du?"

„Ja? Was hältst du von Saibling an Champagnersauce?"

„Schmeckt sicher gut."

„Dann nehmen wir das. Und Steak für die Fleischesser."

„Aber ..."

„Oder meinst du, wir sollten lieber ein vegetarisches Gericht als Alternative anbieten?"

„Nein, aber ..."

„Also doch das Steak. Hör zu, deine Argumentation verwirrt mich! Erst sagst du: kein Steak, und dann soll es plötzlich doch Steak sein!"

„Aber mir geht es doch gar nicht um Steak oder Nicht-Steak. Mir geht es ums Ganze!" schrie ich und haute mit der Hand auf den Tisch.

Heike warf mir einen verwirrten Blick zu. „Ums Ganze? Hör zu, erstens passen mir solche Auftritte nicht. Schrei mich nicht an, auch wenn wir fast verheiratet sind, verstanden? Und zweitens, das Restaurant ist fest. Wenn du was ganz anderes willst, dann ruf selbst dort an, sag ab, hör dir den Ärger an und such was Neues. Ich habe dazu keine Lust. Dein ewiger Wankelmut ist wirklich nervig!"

Damit verschwand sie in ihr Zimmer. Ich hörte sie von dort aus mit dem Restaurant telefonieren: „Ja, den Saibling bitte. Und Steak für die Fleischbegeisterten, ja, bitte."

Mag sein, ich war ein wenig zu unentschlossen. Mag sein, ich hätte nicht so viel Rücksicht auf Heikes Gefühle nehmen sollen.

Mag sein, ich bin einfach ein Feigling. Aber Heike hat es mir auch nicht leicht gemacht. Jedenfalls sprachen wir nicht wieder grundsätzlich über das Thema.

Schließlich war der Vorabend des großen Tages gekommen. Heike flatterte aufgeregt wie ein Kanarienvogel durch die Wohnung, ich war von bleierner Schwermut und eiserner Entschlossenheit erfüllt. Ich würde das durchstehen, wie ich alles andere durchgestanden hatte. Das war ich mir einfach schuldig.

Spät abends holte ich den Sherry aus dem Schrank.

„Laß uns anstoßen", sagte ich zu Heike. „Auf unseren letzten Abend."

„Als unverheiratetes Paar", ergänzte sie.

Ich lächelte und goß ein: mir sehr wenig, ich würde morgen fahren müssen, ihr viel, damit sie gut und tief schlafen könnte. Arm in Arm saßen wir zusammen auf dem Sofa.

„Laß uns Fotos ansehen", schlug ich vor und schenkte Heike noch einmal nach. Dann schleppte ich die schweren Alben herbei.

Sie waren eine getreuliche Chronologie der schönsten Erinnerungen unserer Beziehung. Als ich mir die Bilder ansah, erstanden vor mir all die Jahre auf, die wir miteinander verbracht hatten: unsere erste Reise nach Paris – Hand in Hand mit abgeschnittenen Beinen auf der Pont Neuf – wir hatten das Foto per Selbstauslöser aufgenommen. Oder Heike, wie sie erschöpft auf dem Gipfel der Zugspitze saß. Wir waren hochgelaufen. Mit Bergführer, aber zu Fuß. Dann wir beide, klatschnaß im Friesennerz an der Nordsee. Und so weiter. Ich mußte weinen.

„Aber du brauchst doch nicht traurig zu sein", sagte Heike, legte den Arm um mich und küßte mich. „Ab morgen wird alles noch viel schöner."

„Meinst du?" fragte ich zaghaft, denn ich war mir da gar nicht sicher. Schon gegen neun wurden die ersten Ankömmlinge erwartet. Heike hatte sie alle eingeladen: meine und ihre Eltern, meine und ihre Geschwister und deren PartnerInnen, dazu die vielen Freunde. Das Ganze würde ein Vermögen kosten. Aber das war jetzt egal.

Irgendwann gegen Mitternacht legte sich Heike schlafen. Sie hatte noch zwei Sherry getrunken und schwankte leicht. „Bleibst du noch auf?"

Ich nickte.

„Dann bis morgen, meine Frau!"

Meine Nackenhaare stellten sich auf bei diesen Worten. Heike verschwand im Obergeschoß.

Ich wartete eine halbe Stunde und ging dann hinunter in den Keller. Dort stand die Reisetasche. Ich hatte das Nötigste hineingepackt: den Ausweis, die Fahrzeugpapiere, ein paar Klamotten. Den roten Anzug mußte ich leider hier lassen. Schade. Er gefiel mir wirklich. Aber er lag oben schon bereit, damit wir am Hochzeitsmorgen nur noch hineinschlüpfen mußten. Ihn zu holen, hätte bedeutet, Heike zu wecken, und das hätte bedeutet ... ich wollte nicht daran denken.

Leise verließ ich das Haus. Ich hatte den Wagen, eine *Ente*, heute beim Nach-Hause-Kommen ein paar Straßen weiter geparkt, aber Heike glaubte, er stünde in der Garage. So konnte ich unnötigen Krach vermeiden. Heike hat einen leichten Schlaf, zumindest, wenn sie keinen Sherry getrunken hat.

Das Auto stand vollgetankt da, wo ich es abgestellt hatte. Ich drehte den Zündschlüssel. Der Motor sprang an. Sein Brummen beruhigte mich, plötzlich wußte ich, daß ich das Richtige tat, das einzig Richtige. Ich legte den Gang ein und fuhr los. Die Straßen waren leer um diese Zeit, wie ausgestorben. An einer Kreuzung erwischte mich fast ein rasender Taxifahrer, aber ich kam mit dem Schreck davon. Ich lächelte. Auch eine schöne Schlagzeile: „Tödlicher Unfall am Tag vor Lesben-Hochzeit." Die Zeitung würde ohne sie auskommen müssen. Nach einer halben Stunde war ich auf der Autobahn, in zwei Stunden würde ich an der Grenze sein. In vier Tagen ging meine Schiffspassage nach Südamerika. Ich hatte auf einem Containerschiff gebucht, das war unauffälliger.

Bei Sonnenaufgang hielt ich an einer Tankstelle und nahm aus dem Ständer eine der kostenlosen Werbekarten, die man heute überall findet. Sie pries ein rotes Getränk, das das Leben angeblich frei und leicht machte. Dann quatschte ich einen Fernfahrer an. Er schlürfte Tee aus einem Plastikbecher und musterte mich aus rot umrandeten, übermüdeten Augen. Der Mann fuhr nach Nizza. Ich bat ihn, meine Postkarte in Nizza einzuwerfen, sobald er dort war, und gab ihm dreißig Euro dafür. Der Fernfahrer versprach es mir.

Es war mir wichtig, daß die Karte ankam. Aber es war mir genauso wichtig, daß niemand herausbekommen konnte, wo ich sie gekauft hatte oder wo ich mich aufhielt.

Ich schrieb: „Liebe Heike! Verzeih mir, was ich getan habe, wenn du kannst. Ich bin weg, und ich komme so schnell nicht wieder. Warte nicht auf mich! Such dir eine andere Frau – eine, die heiraten will. Ich habe begriffen, daß ich niemals heiraten werde. Dich nicht und auch keine andere. Ich kann einfach nicht, schon der Gedanke macht mich krank. Ich werde dich trotzdem immer lieben. Deine Mo."

Kusa munda

Everhard Hofsümmer

Um elf, zwölf, wenn er immer noch nicht da war, bin ich aus der Wohnung abgehauen, hin an kranke Orte, und habe mich dort verwurzelt für die Nacht.

Everhard Hofsümmer, geboren 1961, Journalist, Hörfunk- und Theaterautor, Schriftsteller, Gewinner des *Literaturpreises der Schwulen Buchläden 1998*, lebt in Köln; Veröffentlichungen in Anthologien: Joachim Bartholomae (Hg.): *Hildegard! Storno!* (1999); Thomas Endl, Bettina Brömme (Hg.): *Mutters Tochter Vaters Sohn oder Wie ich meine Eltern kennen lernte* (2001); Jim Baker (Hg.): *Hiebe und Triebe 2* (2002).

Kusa munda

Von Beileidsbezeugungen am Grabe bitten wir abzusehen. – Es würde ihm nicht besonders viel ausmachen, täte dies dennoch jemand. Zum Beispiel bei der Beerdigung seiner Mutter oder seines Vaters. Oder bei meiner Beerdigung. Er würde allerdings einen gewissen Wert darauf legen, daß jemand von Rang dies täte. Jemand Wichtiges, Bedeutendes, jemand mit einem großen Namen. Bei der Beerdigung seiner Eltern ist das gewährleistet, sind sie doch selbst Personen von Rang. Beide stehen auch im Alter immer noch im Licht der Öffentlichkeit.

Bei meiner Beerdigung wird so etwas nicht vorkommen, ich meine, es werden dort keine bedeutenden Personen sein, weil ich selbst unbedeutend bin. Allerdings: Wichtigtuer gibt es überall. Und er würde sich nicht abwenden, drängte sich ihm jemand solcherart auf. Er nähme das Beileid kühl und knapp entgegen und wendete sich rasch nach einer anderen Seite hin.

Aber es geht hier nicht um meine Beerdigung und auch nicht um die seiner Mutter oder seines Vaters, sondern um seine eigene, um die von Carlo, meinem langjährigen Freund und Gefährten. Denn ich habe ihn umgebracht. Ermordet. Eigentlich kein schönes Wort, doch in diesem Fall ein Ausdruck der Befreiung und insofern ein wunderbares Wort. Ich bin gewachsen mit dieser Tat.

Seit Jahren geht er mir auf die Nerven, ach, was sage ich, ich hasse ihn. Er regt mich auf, macht mich aggressiv. Seine bloße Anwesenheit verursacht mir körperliches Unwohlsein. Der Gedanke an ihn bereitet mir Streß. Aber jetzt nicht mehr. Jetzt ist er tot, verscharrt, verbuddelt. Einzig eine schöne Grabstätte ist geblieben, auf dem vornehmsten Friedhof dieser Stadt. Historischer Boden. Ursprünglich die Stelle für die Aussätzigen und Pestkranken, dann der Ort für Vierteilungen und Hexenverbrennungen und endlich die letzte Ruhestätte für die Reichen und Gebildeten. Schön in seinem Sinne: das ganze Grab bepflanzt mit ewig gleichaussehendem Efeu. Dunkelgrün und wächsern. Keine Stiefmütterchen im Herbst, die im Frühjahr blühen. Keine Geranien und Begonien im Sommer. Immer gleich. Ohne Aufhebens. Unauffällig und bescheiden. Aber die Nachbarschaft stimmt auch im Tod. Protestantische Geisteswelt, vermodernd unter rauhem Naturstein. Keine geschliffenen und polierten Granitrutschen wie bei den katholischen Prollchristen, mit Kreuzen und Madonnen, geknickten Ähren und Rosen noch und nöcher. Und hinter den spiegelglatten Grabsteinen warten froschgrüne Plastikgießkannen auf ihren Einsatz: das Ertränken der Kadaver. Nein, so was nicht. Statt naivem Kunsthandwerk jede Menge Abstraktion und Stilisierung. Reduktion auf das Wesentliche: Lebensbäume, Weltkugeln, Dornenkronen, Loderndes und Kreissymbolik – immer auch mit einem Hauch von Davidstern und Siebenarmigem Leuchter.

Am Anfang, als wir uns kennenlernten, habe ich vieles nicht gesehen. Ich fand ihn interessant, war er doch anders als die anderen, vor allem anders als ich. Ich war nie blind vor Liebe, denn die Liebe kam erst später – mit der Gewöhnung und dem Haß. Ich wollte endlich einen Freund, einen mit mir Verschworenen in Herz und Verstand. Ich wollte nicht mehr allein sein, endlich das finden, was ich schon so lange suchte. Einen Gefährten fürs Leben. Ich wollte endlich einem alles geben und von einem alles nehmen. Ich wollte teilen und eins sein – mit einem, mit ihm. Ich war schließlich schon fünfundzwanzig. Ich war trunken vor Sehnsucht. Und das Leben ist nüchtern. Wie Carlo. Seine Nüchternheit zog mich an, faszinierte mich und stürzte mich in den Abgrund. Wie er die Banalität des Lebens durch tägliche Disziplin feiert. Wie er sich selbst ausreicht. Mir eigentlich fast groß erscheint in seiner Klarheit, Strenge, Geradlinigkeit, Schnörkellosigkeit, in seiner Ausgeglichenheit, seiner Wenigkeit. Es gibt noch viele Worte für seine Art, die manchmal erhaben scheint, mönchisch, erleuchtet. Die aber letztlich nur preußisch ist, protestantisch, anerzogen und erlernt. Im Leben nicht erkämpft und nicht erlitten. Die im Kern nur Glätte und Kälte ist, Entfernung, in der DNS nur Angst. Nie wagt. Sich nur verbarrikadiert. Armer Carlo.

Ich habe nur das braune Hemd gesehen, das schräg geknöpft wurde und mindestens schon zehn Jahre aus der Mode war, mit überlangen Kragenspitzen, mit denen man sich in den Nasenlöchern rumpulen konnte, und fast unterarmbreiten Manschetten. Ich habe nur den beigen Leinenanzug und den rosafarbenen Fischschlips gesehen. Und habe gedacht: daß der sich das traut, so rumzulaufen, und sich dabei noch für todschick hält.

Ich wollte auch so sein. Heute weiß ich: Ich bin so nicht. Ich kann nicht so sein. Ich bin Mord und Totschlag – vor allem an mir selbst. Und ich bin fähig zu den einfachen Dingen des Lebens: Einkaufen, Kochen, Putzen, Elektrokabel verlegen und Tapezieren. Carlo kann von all dem nichts. Er ist unfähig, unterwürfig und ehrfürchtig. Er kann nur diszipliniert sein und in Zurückhaltung auf seinen Tod warten.

Manchmal glaube ich, daß er mich mit seiner besonnenen und ruhigen Art insgeheim dazu gebracht hat, ihn umzubringen. Die letzten Jahre – das Grauen. Ich habe hin und her überlegt, habe lange Zeit gedacht, daß ich ein Problem habe, ja, ich überhaupt das Problem bin. Ich weiß gar nicht, wie ich darauf gekommen bin, daß das so sein könnte. Bis mir dann eines Tages klar wurde, daß er das Problem ist und daß ich mich dieses Problems entledigen muß. Es ist sehr befreiend, wenn man endlich weiß, wie ein Problem aussieht und wie es heißt. Die Lösung liegt dann quasi auf der Hand, oder: in der Hand. Ich habe ihm einfach Gift ins Essen gestreut. Er hat sich nie besonders dafür interessiert, was er ißt. Über Essen und Geld spricht man nicht. Geld verdient man, auch wenn man schon welches hat, und essen muß man. Möglichst schweigend. Auf keinen Fall schwelgend, zum Beispiel über Fasanenbrüstchen in *Martini*-Rahm oder Mangoldstrudel mit Pinienkernen und Muskatschaum. Carlo ißt seinen Teller immer leer und Reste weg. Nicht, daß er mal gesagt hätte: Das schmeckt aber gut. Oder daß er sich mal was gewünscht hätte, was ich ihm hätte kochen sollen. Gedichte konnte ich ihm keine schreiben, und Mitglied im *Arbeitskreis zur Erforschung der Geschichte der Homosexuellen in Nordrhein-Westfalen* wollte ich auch nicht werden. Aber ich hätte mich riesig gefreut, wenn er mal gesagt hätte: Koch doch noch mal das oder das. Das schmeckt so gut bei dir.

Torkelig wie er dann war, habe ich ihn vor die Wohnungstür ins Treppenhaus gerufen und ihm einen Schubs gegeben. Eigentlich ganz schön, wie er dann da lag, so ein bißchen wie im Schlaf, zusammengekauert und ganz ohne Blut. Es gab auch keinen Streit vorher, schon tagelang keine schlechte Stimmung mehr. Ach ja. Und die Entsorgung, die lief wie von selbst. Ich hatte eine kleine Angst, daß man ihn zerschneiden würde, daß Zweifel aufkommen würden. Aber nichts. Selbst die Nachbarn. Für alle schien sonnenklar zu sein: Der Mann ist unglücklich gestürzt. Und: Der arme Herr Esser. Das bin ich. Hubertus Esser, achtunddreißig, Karussellbremser. Nein, Quatsch, ich bin Schadenschnellregulierer bei einem großen Kfz-Versicherer und eine rheinische Frohnatur. Also: Der arme Herr Esser. Wird er in der schönen, hundertfünfzig Quadratmeter großen Eigentumswohnung bleiben können? Ob Herr Salhausen – das ist Carlo. Carl Markus Fürchtegott Salhausen, dreiundvierzig. Fürchtegott ist kein Scheiß. Carlo heißt wirklich so. Carl Markus Fürchtegott Salhausen, dreiundvierzig, stiller Teilhaber einer Buchhandlung und Rechtsanwalt in einer Sozietät, die Kurden und mißhandelte Ehefrauen verteidigt. Aber auch Versicherungen ab einem bestimmten Streitwert vertritt. Irgendwoher muß die Kohle schließlich kommen für all den Einsatz gegen Unterdrückung und Entrechtung.

Und ich? Wo bleibe ich? Nicht, daß ich etwas gegen politisches Engagement hätte – ich war auch mal Mitglied bei den *Grünen*. Aber bei allem heißt die Maxime in Carlos Familie: Immer nur eins! Man nimmt immer nur eins! Zum Beispiel von Pralinen oder Kuchen. Ausgenommen Arbeit, Leistung, Aufopferung. Da kann es nie zuviel sein: Darf's ein bißchen mehr sein? Aber gerne!

Zurück zu den Nachbarn: Ob Herr Salhausen ihm die Wohnung wohl vererbt hat? Sicher hat er ihm ein Wohnrecht eingeräumt? Die beiden haben schließlich – wie lange haben die beiden hier? Schon dreizehn Jahre? Man weiß ja gar nicht, wie solche Paare so was regeln.

Die Beerdigung hat in aller Stille stattgefunden. – Nein, das konnte ich nicht machen, obwohl ich es gerne gemacht hätte. Ich hätte all den Freunden und Bekannten von Carlo eine rührende Anzeige geschickt, mit diesem Satz drauf: Die Beerdigung hat in aller Stille stattgefunden. Und unausgesprochen, quasi in der Luft, hätte gestanden: Das versteht Ihr doch – meine Trauer, mein Leid. Und Carlo hat es auch so gewollt. In der letzten Zeit hat er immer wieder davon gesprochen, daß, wenn er stürbe, ich ihn ohne Brimborium beerdigen solle, in aller Stille.

Dann hätten sie wirklich einmal Grund gehabt, sich die Mäuler über mich zu zerreißen: Nie! Niemals hat Carlo das gewollt! Immer hat er nur unter der Fuchtel von diesem Egoisten gestanden, diesem Exzentriker! Diesem Brüll-Heinz! Dieser Krach-Else! – Das hätte mir Freude gemacht, sehr große Freude, sie alle um einen Auftritt gebracht zu haben. Und ihn, den bleichen, kalten Carlo um sein kleines Staatsbegräbnis. Aber das hätte Carlos Familie nicht mitgemacht. Es gibt Verpflichtungen – höre ich sie sagen. Und: Wir wollen doch die Gelegenheit zum Abschied geben. Eine Feier ohne Aufsehen. Schlicht und dennoch würdig. Ein Pfarrer soll sprechen und ein guter Freund. Und eine Kammermusik. – In aller Stille: das wäre nicht gegangen. Am Ende hätte auch vielleicht jemand Verdacht geschöpft. Also habe ich in diesen Apfel gebissen. Das konnte ich dann auch, nachdem mein Leben wieder entscheidend an Leichtigkeit gewonnen hatte. Vielleicht ist es gut, noch einmal von vorne anzufangen, auch hier.

Das erste Mal sah ich Carlo bei einem Freund. Ich war dort zum Essen eingeladen. Außer mir waren noch ein paar andere Leute da, an die ich mich aber nicht mehr erinnere, und Carlo. Carlo trug jenes Ensemble mit dem braunen Hemd. Der ganze Abend war geschwängert von Carlos Trauer über den Tod seines damaligen Freundes, meines Vorgängers. Dieser hatte ganz offensichtlich Aids und sich das Leben genommen. Aber alles blieb irgendwie unklar – ob er wirklich Aids und sich das Leben genommen hatte. Alles war irgendwie nebulös, dubios, so merkwürdig geheimnisvoll. Auf jeden Fall war er wenige Wochen zuvor gestorben. Er hatte tot in seiner Wohnung gelegen, im Bett. Den ganzen Abend über war das das Thema, aber nicht so richtig. Nicht, daß man so Sätze gehört hätte wie: Er hatte Aids in dem und dem Stadium. Oder: Er hat sich so und so umgebracht. Nein, alle sprachen den ganzen Abend über mit so einer gedämpften und tiefergelegten Stimme und waren so betroffen. Das alles ergriff mich nicht. Ich dachte nur: Mensch, wenn ich Aids habe, dann sage ich das, oder ich lasse es bleiben. Und wenn ich mich umbringen will, dann tue ich das und spare mir die Mühe, zusätzlich noch ein Geheimnis daraus zu machen.

Ich hatte mich auf einen schönen Samstagabend mit einem guten Essen und interessanten Leuten gefreut. Ich hatte Hunger auf ein Stück zartes Rinderfilet, einen kleinen festen Männerhintern und das Leben in Form von schönen Augen und einem strahlendhellen Lachen. Statt dessen fand ich mich wieder in einer Gemeinde mit diffuser Trauer. Ich beschloß, diese Leidensgesellschaft für ein gutes Essen und einen noch besseren Wein in Kauf zu nehmen und den angebrochenen Abend mit dem Ende des *Aktuellen Sportstudios* und dem anschließenden Spielfilm ausklingen zu lassen.

Carlo sah ich erst vier Monate später wieder – durch Zufall. Wir begegneten uns im Rahmen einer Fassbinder-Werkschau, und zwar an dem Abend, als *Querelle* gezeigt wurde. Wir waren an jenem Abend beide alleine unterwegs. Wir erkannten uns, grüßten uns, schauten den Film aber von völlig unterschiedlichen Plätzen aus an. Mindestens zwanzig Reihen lagen zwischen uns. Carlo, blind wie ein Huhn, setzte sich in die zweite Reihe. Ich hatte keine Lust auf einen Nackenkrampf und habe es außerdem schon immer gemocht, in einem großen Kino so weit wie möglich hinten zu sitzen. Im Schulbus schon habe ich immer mit Vorliebe auf der leicht erhöhten Rückbank gesessen, was natürlich nur ging, wenn keine größeren und stärkeren Mitschüler im Spiel waren. Später, als wir ein Paar waren, war die Wahl des Kinoplatzes ein ständiger Streitpunkt zwischen uns. Bis wir irgendwann nicht mehr zusammen ins Kino gegangen sind. Wenn er wenigstens in die erste Reihe gewollt hätte, dann hätte man noch die Beine ausstrecken können.

Während des Films dachte ich eigentlich nicht an Carlo, jedenfalls nicht wirklich. *Querelle* hat mich auch damals fasziniert. Die Farben, die Figuren. Vor allem natürlich Brad Davis. Ich bin kein Cineast oder so was. Aber *Querelle* ist einfach gut gemacht. Mit Leidenschaft und doch auch kühl, wenn es das gibt. Nicht nur Film, auch Theater. Das gefällt mir. *Querelle* hatte mich in Stimmung gebracht und Carlo ganz offensichtlich auch. Wir trafen uns nach dem Film, als wären wir verabredet gewesen, und gingen noch zusammen auf ein Bier. Das war der Anfang, vielleicht sogar der Anfang von meinem Ende. Danach gab es kein Zurück mehr. Wir fühlten uns irgendwie an einer kleinen Stelle miteinander verbunden, wußten aber noch nicht, was dieses Verbindende war.

Man läßt sich auf so einen Quatsch nur ein, wenn man in Stimmung gekommen ist – eben durch so komische Veranstaltungen wie alleine ins Kino gehen und einen Film anschauen. Wenn man zu Hause bleibt und einfach nur blöde aus dem Fenster guckt oder nur deppert auf dem Sofa rumsitzt, unterlaufen einem solche Fehler nicht. Wie zum Beispiel jemanden nett finden. Man macht dann so einen hirnverbrannten Unsinn nicht, wie sich zu verlieben und zu denken, daß man sich mit einem anderen Menschen zusammentun könnte. Zu denken, daß das gutgehen könnte. Das geht einfach nicht. Das ist völliger Schwachsinn, so was zu denken. Besser ist es, aus dem Fenster zu gucken und irgendwann vielleicht rauszuspringen, wenn man den ewigen Gestank, der immer auch der Gestank des Lebens ist, nicht mehr aushält. Es ist allemal besser, einfach dazusitzen und unter sich zu machen, als jemanden nett zu finden oder sich gar in jemanden zu verlieben. Das ist immer ein Griff in eine Klärgrube. Ins Kino gehen. Ein Bier trinken. Sich verabreden. Sein Leben erzählen. Schlimm! Dem anderen zuhören, wie er sein Leben erzählt. Grauenhaft! Gemeinsamkeiten feststellen. Unerträglich!

Ich kann doch nicht den ganzen Scheiß von vorne erzählen, das kennt doch jeder alles. Das hat man doch alles schon x-mal gehört, gelesen, gesehen. Das ist doch alles einfach nur furchtbar. Zum Beispiel, wenn wir mal zusammen einkaufen waren, samstags, im Supermarkt. Mensch, Carlo, jetzt leg doch die Weinflaschen nicht auf die Tomaten, und der Schnittlauch, der ist ja Matsch, wenn wir an der Kasse ... Oder wie er an der Kasse die Sachen, ohne darauf zu achten, was es ist, in die Tüten stopft: die Weintrauben zuerst und dann die schweren Konserven, Büchsen mit Eiertomaten, Gläser mit Schattenmorellen. Daß die aber auch in den Supermärkten die Obst- und Gemüseabteilung immer am Anfang haben. An den Anfang eines Supermarktes gehören doch die Büchsen und Flaschen und Gläser. Und wie die Kassiererinnen die Sachen über das

Band zerren und reißen. Das sieht der einfach nicht. Ich zahl doch für den Scheiß. Aber was soll ich das hier alles erzählen? Was reg ich mich auf? Nützt doch eh nichts. Car – lo! Car – loooh! Oder in der Küche: Der kommt nach Hause, setzt einen Topf auf den Herd und rennt durch die Wohnung. Die Gasflamme selbstverständlich volle Pulle aufgedreht und den kleinsten Topf auf die größte Flamme. Muß ja schnell gehen, weil er den ganzen Tag nichts gegessen hat und Kohldampf schiebt wie verrückt. Riecht die ganze Bude dann nach angesengten Topfgriffen und verbranntem Essen. Wenigstens schrubbt er am nächsten Morgen die Töpfe. Schrubbt und reibt und bürstet wie ein Irrer. Und das Wasser läuft und läuft und läuft dabei. Schön ist das nicht. Ich hör jetzt auf damit. Ich bin doch auch schon viel weiter als dieser Kleinscheiß hier.

Vielleicht habe ich zuviel Zeit damit verbracht, auf ihn zu warten – abends, nachts. Das macht auf Dauer so eine aggressive Grundstimmung. Das wirft die innere Kriegswörtermaschine an. Und die müssen dann raus. Die Wörter. Gnadenlos. Ohne Rücksicht auf Verluste. Hätte man besser das eine oder andere nicht gesagt, dafür aber gehandelt. Sich getrennt zum Beispiel. Steht ja auch schon in der Bibel, daß nicht das, was man in den Mund hineintut, unrein ist, sondern das, was aus dem Mund herauskommt. Das, was in den Mund hineingeht, geht seinen Weg durch den Leib, durchs Gedärm und wird ordnungsgemäß entsorgt. Aber das, was aus dem Mund herauskommt, das macht uns unrein, macht, daß wir bis zum Himmel stinken. Denn das, was aus dem Mund herauskommt, kommt aus dem Herzen. Zum Beispiel fiese Gedanken, Ehebruch, Unzucht, Lästerung. Hätte man doch einfach mal angehalten – sich selbst, diese Kriegswörtermaschine. Wäre man doch einfach nur mal still gewesen und hätte geschaut – traurig darüber, daß man eigentlich auch nichts weiß. Keine Antwort hat.

Abends habe ich oft stundenlang auf dem Sofa gesessen, wie angewachsen, einbetoniert. Oder ich bin wie aufgedreht durch die Wohnung gerannt: Wäsche aufgehängt, Wäsche abgehängt, gebügelt, gestaubsaugt. Um elf, zwölf, wenn er immer noch nicht da war, bin ich aus der Wohnung abgehauen, hin an kranke Orte und habe mich dort verwurzelt für die Nacht. Je mehr ich gewartet habe, um so größer wurde meine Sehnsucht – nach Carlo und seiner Zuneigung zu mir. Ich habe mich gesehnt nach einem Wirgegen-den-Rest-der-Welt, nach einer unzertrennlichen Kumpanei, die mehr ist als eine blöde Gemeinsamkeit nach einem blöden Film bei einem blöden Bier. Ich habe mich danach gesehnt, mit Carlo eine gemeinsame Sehnsucht zu haben. Eine Sehnsucht, die man gar nicht sagen kann, die man spürt, die wir sind. Ich träumte davon, daß wir *Rinaldo Rinaldini* sind: der eine ist *Rinaldo* und der andere *Rinaldini*.

Und wenn er dann kam, in der Nacht, müde und kaputt, oder wir uns am nächsten Morgen beim Frühstück gegenübersaßen, konnte ich sie ihm nicht mehr geben – meine Sehnsucht. Geben konnte ich ihm nur noch meine Wut, meinen Haß. Und wenn ich dann nicht mehr konnte, erschöpft war von Wut und Haß, bin ich stumm geworden – zu spät zu stumm. So stumm wie Carlo meistens war. Nach einer Zeit des Schweigens ging dann alles wieder von vorne los. Je größer meine Sehnsucht wurde, um so mehr zog Carlo sich zurück. Was für mich eine lange, lockere, schon über den Boden schleifende Leine war, war für Carlo unerträglich kurz.

„Du willst mich einsperren wie ein kleines Vögelchen", war seine Rede, scherzend und doch bitterernst. Für mich unerträglich war seine Güte, seine Großzügigkeit, die nur die Leine noch länger machen sollte. Wenn ich einen Mann kennengelernt hatte, den ich nett fand – und nett waren so viele – sagte Carlo: „Mach dir ein paar schöne Stunden. Gönn ihn dir, den fremden Mann." Unser seltsames Interesse daran, dem anderen immer wieder neue Geschichten von neuen Männern zu erzählen – wo kam es her? Dabei waren die Geschichten im Grunde alle gleich. Ich habe mir so gewünscht, daß er mich zurückhält, begehrt, gemeinsam mit mir sich gegen dieses Scheißleben wehrt.

Aber Carlos Präambel lautete von Anfang an: „Schwule können nicht monogam leben." Und wichtiger als dieser Lehrsatz ist sein Nachsatz: „Warum auch?" Carlo war im Gegensatz zu mir immer stolz auf sein Schwulsein und die Errungenschaften der Homosexualität. Häufig wechselnde Geschlechtspartner zum Beispiel. Also, auf in den Kampf! Zu diesem Kampf gehörte auch, daß man sich per Zufall an den kranken Orten begegnet ist und sich dann linkisch gegen die anderen Männer an diesen Orten verbündet hat, obwohl man vor dem Zusammentreffen einer von ihnen war und das auch sein wollte. Und dann wollte man das plötzlich nicht mehr, hat sich so komisch geschämt, hat aber nicht gestanden zu dieser Scham und Witze gemacht – über den Ort, die Männer an diesem Ort und daß man sich da getroffen hat.

Heute denke ich manchmal, daß jeder Mensch aus einer unendlichen Fülle von Möglichkeiten geschöpft ist und wie wunderbar geheimnisvoll das ist – und haben Geheimnisse nicht auch immer etwas mit Zerbrechlichkeit zu tun? – und wie wir mit dem, was wir sind, umgehen, wie bereitwillig wir der Zerstörung die Arme öffnen. Das Hauptding dieses Kampfes ist jedenfalls, daß man immer alleiner wird. Dieses blöde Schwulsein und diese blöden Schwulen gehen mir nur noch auf den Sack. Die Welt der Schwulen ist der totale Krieg.

In den schönsten Momenten waren wir zusammen in den Worten, in der Titti-Sprache, die wir miteinander gesprochen haben. Dann war sie da, die Illusion des Einvernehmens. Wir hatten dann eine eigene Zärtlichkeit des Miteinandersprechens.

„Du gute Pauline, du. Ja, wo ist denn meine gute Pauline?" ahmten wir unsere Nachbarn nach, die so, wenn einer von ihnen nach Hause kommt, ihren Hund begrüßen, der Pauline heißt. Und der eine von uns machte treue Hundeaugen, jaulte leise auf und hielt den Kopf dabei ein bißchen schief, und der andere beugte sich leicht nach vorne. Oder einer sagte: „Kü mi ma!" und streckte dem anderen seine Wange entgegen. Manchmal gab es dann keinen Kuß, sondern eine sachte und innehaltende Berührung: Jeder knickte ein Bein in der Kniekehle ein, während wir unsere Wangen für Sekunden aneinanderhielten. Wir nannten das „Fohlen machen", weil wir wie vergnügte Pferdchen auf der Weide standen und uns ausruhten. Häufig machten wir Ferien in Frankreich, und einmal entdeckten wir eine Reinigungs-Kette, die *Pressing* hieß. Von da ab hatten wir das Wort „Löffelchenstellung" aus unserem Sprachgebrauch verbannt, und die Aufforderung lautete nur noch „Pressing". Das Tollste aber von all dem nannten wir „Kusa munda". Mit gekräuselten oder leicht geöffneten Lippen verlangte man dabei nach dem Mund des anderen – natürlich mit geschlossenen Augen. Unsere Münder berührten sich dann mit wenig Druck, und wir spürten unseren Atem. Ein Kuß auf den Mund wurde zur Sache der Welt, denn „Kusa munda" klingt, ohne daß wir uns dessen bewußt waren, nach dem spanischen „cosa del mundo" oder auch „cosa mundial".

Heute höre ich die Worte nur mehr ganz leise in mir drin, kann sie aber nicht mehr sprechen.

Tja, was soll ich groß sagen? Eigentlich sollte doch alles nur schön sein. Habe mir das so gewünscht, damals. Eigentlich schon immer. Und was ist daraus geworden?

Ich habe dem Friedhofsgärtnermeister gesagt, er solle direkt für zwei Erdreich ausheben lassen, direkt noch ein Loch neben dem für Carlo graben. Er hat gelacht. Und ich auch.

Always
Eine Drohung

Dani C. Mimo

Sie kennt sie lange, und immer noch ist sie ihr ein Rätsel. Immer noch freut sie sich, wenn sie eine neue Seite an ihr kennenlernt. Renee ist wie ein Krimi. Sie liest ihn langsam, obwohl es ihr schwerfällt, weil sie ihn so spannend findet.

Dani C. Mimo, geboren 1951, lebt in München als freie Journalistin, schreibt Romane, Krimis, Erzählungen; Veröffentlichungen: *Straßenmusik* (1998), *Nil* (2000) sowie Texte in Anthologien, u.a. in Anna Maria Heller und Regina Nössler (Hg.): *Bisse und Küsse 2* (2002).

Always
Eine Drohung

Es ist lästig, ein Lied zu singen, wenn man vom Text nicht mehr weiß als fünf Worte. Eva versucht es trotzdem. Immerhin erinnert sie sich halbwegs an die Melodie. *„Long ago and far away"* singt sie, um sich abzulenken von ihrem Lieblingslied. Sie muß auch mal was anderes singen als *Always*. Kein Wunder, daß Renee es nicht mehr hören kann!

Sie schaut aufs Meer. Links von ihr dehnt es sich bis zum Horizont. Orange in der langsam untergehenden Sonne. Auf dem feinen, hellen Sand, durch den Tausende von Füßen in langen Jahren einen schmalen Pfad gezeichnet haben, liegt Tang, rennen kleine Krebse eilig in Richtung Wasser. Auf der rechten Seite verstecken sich weiße Häuser hinter üppigen Bougainvillea-Büschen, blühen Hibiskus- und Plumbago-Sträucher. Es duftet intensiv nach Jasmin.

So sieht das Paradies aus, denkt Eva, und daß sie es Renee gern gezeigt hätte. Aber Renee war nicht interessiert. Fahr du nach Afrika, hat sie gesagt, es wird dir guttun. Und mir tut es gut, mal allein zu sein. Renee kann gut ohne Eva auskommen. Eva ohne Renee nicht. Schon hat sie das Lied gewechselt, summt *Always* und fragt sich zum tausendsten Mal, wie jemand die Zeile *„not for just a night, not for just a day, not for just a year, but always"* für eine Drohung halten kann. Wie Renee es tut. Als ob es nicht ein Versprechen wäre. Wie sie es sieht. Wie oft haben sie darüber diskutiert und keine Lösung gefunden. Sind trotzdem beieinander geblieben. Aber nach vier Jahren möchte Eva mehr als nur einfach so zusammenleben. Sie möchte heiraten. Sie will es hören, das „für immer", und Renee soll es sagen. Aber die will nicht. Denkt, daß es ein Scherz ist. Eine Idee, die verfliegen wird. Eva weiß, daß es nicht so ist. Aber wie Renee überzeugen?

Vielleicht gibt es ein Argument, das ihr nicht einfällt. Das Leonie kennt. Ihre Großtante, die in einem der weißen Häuser lebt und keine Ahnung hat, daß ihre Großnichte nur mehr ein paar Meter entfernt ist. Wie viele es sein könnten, ist Eva nicht ganz klar. Die Karte, die ihr Malik vom Guesthouse gemalt hat, ist nicht eindeutig. Er hat eine große Palme eingezeichnet. Sie hat schon mindestens drei gezählt. Er hat das Kreuz in die Mitte zwischen Dorfende und Krankenhaus gemalt. Sie hat keine Ahnung, wie weit es noch zum Krankenhaus ist.

„I'll be loving you, always", singt sie voll Überzeugung. Schaut sich dabei um, ob nicht irgendwer in der Nähe ist, den sie fragen könnte, *„with a love that's true, always"*.

Einige Meter hinter ihr gehen zwei Gestalten in schwarzen Umhängen, dem BuiBui, wie sich das für fromme Muslimas auf Lamu gehört. Eva geht langsam auf sie zu, während sie an Renee denkt. An ihre weiche, helle Haut, die roten Locken, die sich nicht bändigen lassen, die erstaunlich blauen Augen. Sogar in so einem schwarzen Umhang würde sie fabelhaft aussehen. Vor allem, wenn sie darunter nur den roten Body tragen würde, den Eva ihr geschenkt hat. Und rote Schuhe. Hochhackige Schuhe. Sie spürt die Welle, die durch ihren Körper geht, und versucht, sich auf die Gegenwart zu konzentrieren. Vier Jahre, und noch immer hat Renee diese Wirkung auf sie!

Sie lächelt den beiden Frauen zu. Hofft, daß sie Englisch verstehen. Ihr Kisuaheli-Wörterbuch steckt noch im Rucksack. Der steht in Maliks Guesthouse.

„Do you know Leonie, the animal doctor?" Sie beratschlagen kurz, bevor sie antworten. Dann deuten sie in die Ferne. „Hospital there. Real doctor." Eva nickt und dankt ihnen. Sie will gar nicht erst versuchen zu erklären, warum es ein Tierarzt sein muß. Genauer – eine Tierärztin. Leonie, die Bauerntochter aus dem Oberbayerischen mit der Liebe zu Afrika. Sie hat es geschafft – und das war damals Ende der vierziger Jahre keine kleine Leistung –, ihren Vater davon zu überzeugen, daß er sie nach München zum Studieren gehen ließ. Nach dem Krieg herrschte Männermangel. Da sie weder hübsch noch sehr reich, sondern nur gescheit war, war es unwahrscheinlich, daß sie je heiraten würde. Argumentierte Leonie. Es war vernünftiger, einen Beruf zu lernen. Tierarzt war ein Beruf, mit dem auch ihr Vater etwas anfangen konnte. Schließlich hatte er öfter einen auf dem Hof. Leider aber waren die Großtiere, auf die sich Leonie spezialisieren wollte, in Bayern nur im Tierpark zu finden. Auch das nicht oft. Elefanten und Nashörner, Löwen, Giraffen, Antilopen. Ihr Vater akzeptierte schließlich, daß sie nicht mehr nach Hause zurückkommen würde. Nach Afrika ging. Eva versteht das gut. Auch sie ist sofort geflohen, als es möglich war. Nach dem Abitur zum Studium nach München. Zu Beginn der neunziger Jahre war das Dorf vermutlich lange nicht mehr so spießig wie Ende der Vierziger. Trotzdem hatte sie es unerträglich gefunden. All das Versteckspielen! Niemand sollte wissen, was los war! Als ob es nicht alle genau gewußt hätten. Neunzehn und noch immer keinen Freund. Kein Wunder bei der Mutter, der der Mann davongelaufen war. Die das Kind alleine aufziehen mußte. Der Gedanke an Andrea, ihre Mutter, schmerzt. Sie wischt sich eine Träne aus dem Auge und bleibt stehen, beobachtet die vergeblichen Versuche eines Jungen, mit einem großen, verrosteten Fahrrad durch den Sand zu radeln. Immer wieder muß er abspringen, weil er vom schmalen Pfad abkommt, im Sand steckenbleibt, das Rad zur Seite kippt.

Sie hat Renee vor der Uni getroffen. Sie hat versucht, einen Platz für ihr Rad zu finden. Hätte beinahe alle Räder umgeworfen, die schon da standen. Renee hat ihr geholfen, das zu verhindern. Renee, wegen der sie so ungeschickt war. Sie hat sie gesehen und gewußt: Das ist die Frau, mit der sie ihr Leben verbringen will. Sie kann nicht sagen, warum ihr das schon damals klar war. So war es eben. Ein magischer Moment. Den Renee nicht mitbekommen hat. Die nur die drohend kippenden Räder gesehen und eingegriffen hat. Es hat gedauert, bis sie bereit war zu einer Beziehung mit Eva. Sie wollte ihr Leben leben, Erfahrungen sammeln. Eva hat sie ganz allmählich überzeugt, daß sie all das auch mit ihr kann, daß Zusammenleben nicht das Ende von allem bedeutet. Trotzdem hätte sie ihr nichts von ihrem Traum erzählen sollen. Bad timing! Es war einfach noch zu früh. Was hat sich Renee aufgeregt! „Komm mir nicht mit solchen Sachen", hat sie geschrien. „Komm mir nicht mit solchen Sachen!" Als ob Hochzeit etwas Schreckliches wäre! Sie wäre wunderschön in einem langen, weißen Kleid. Einen Kranz in den Haaren, einen bunten Rosenstrauß in der Hand. Und daneben Eva in ihrem hellgrauen Hosenanzug. Billie würde *Always* auf der Orgel spielen ... und es wäre für immer. Niemals würde sie Renee gehen lassen. Doch Renee redet ständig von einem Leben ohne feste Bindung. So viele interessante Frauen überall, die sie kennenlernen will. Sie will sich verlieben und entlieben, sagt sie. Und daß sie zu jung ist für eine feste Beziehung. „Wenn du mich einsperrst, bin ich weg", sagt sie und meint es auch. Nein, Eva will sie nicht einsperren. Sie will, daß sie gerne bleibt, all die anderen vergißt, die ihr jetzt – noch – so wichtig sind.

Sie dreht den Zettel in der Hand, schaut auf den Jungen, der sich noch nicht hat entmutigen lassen. Aus einem der Gärten kommt eine ältere weiße Frau, gehüllt in eines der bunten Tücher, die es hier überall gibt. Bevor Eva sie erreicht, hat sie das Tuch am Strand fallen lassen und schwimmt mit kräftigen Zügen hinaus. Leonie kann es nicht sein. Leonie ist groß und schmal, wie ihr Vater es war, wie Eva es ist. Es könnte Hazel sein, die Frau, mit der Leonie seit über vierzig Jahren lebt. Die britische Lady, deren Vater Kolonialbeamter in Kenia war, die mit einem Diplomaten verheiratet war, als Leonie sie traf. Was aus ihm geworden ist, weiß Eva ebensowenig wie vieles andere aus Leonies Leben. Sie hat nicht viele Briefe geschrieben. Nicht mehr als zwei im Jahr – zu Weihnachten und zum Geburtstag ihres Vaters im Sommer. Auch als er schon längst gestorben war. Keine langen Briefe. Kurze Berichte vom Leben auf einem fremden Kontinent. Von der Giftschlange, die sich unter dem Hühnerhaus versteckt hatte, erst die Hühner dezimiert und dann beinahe den Gärtner umgebracht hatte. Vom Löwen, der ins Camp einbrach und die Touristen amüsierte, die das für eine gelungene Inszenierung hielten. Zwischen Elefanten und Löwen, Jagdtrips und abendlichen Unterhaltungen am Feuer tauchte eines Tages Hazel auf. Wurde Teil jedes Briefes. Es gab Probleme mit den Gärtnern, weil sie gerne im Garten arbeitete, ständig bemüht, eine Rose zu finden, die im Klima am Mount Kenia gedieh. Es gab Probleme mit dem Koch, weil Hazel für Leonie kochen wollte, der Koch sie aber nicht in seinem Reich duldete.

Leonie schrieb, als wäre sie von den Konflikten um sie herum nicht betroffen. Eva würde das auch gern können. Den Konflikt mit Renee beschreiben, als wäre sie nur eine unbeteiligte Zuschauerin. Aber genau das ist sie nicht. Sie ist ihre Partnerin. Ihre Lebenspartnerin. Nicht nur eine Abschnittsgefährtin. Auch wenn sich Renee manchmal so benimmt, wenn sie jemanden Neuen trifft zum Beispiel. Wie Dimut, die Tango-Lehrerin. Ihre Stunden sind der Grund, warum Renee nicht nach Lamu reisen wollte. Davon ist Eva überzeugt, auch wenn Renee gelacht und so getan hat, als wäre ihr Verdacht grundlos! Wenn sie sich vorstellt, daß Renee in diesem Augenblick in Dimuts Armen liegt, dass Dimut ihre wunderbar weiche Haut streichelt und all die Dinge tut, die sonst Eva tut. Sie könnte schreien, sie könnte ... Eva schaut um sich. Da ist nichts, das sie zerstören könnte. Nicht einmal ein Stein, den sie ins Meer werfen könnte, um sich zu beruhigen.

„Ich will nicht eifersüchtig sein", versucht sie zu sagen, aber der Text paßt nicht. Denn ist sie eifersüchtig. Sehr eifersüchtig. Grundlos, sagt Renee. Ha!

Sie schaut auf das Haus, aus dem die Frau gekommen ist. Es könnte das Haus mit dem Kreuz sein. Das kleine Gartentor ist nur angelehnt. Ob sie einfach hineingeht und fragt? Sie könnte nach Hazel fragen. Es ist ihr Haus, in dem die beiden jetzt leben. Eva geht auf den Jungen zu, der das Rad hingelegt hat und gedankenverloren die Speichen dreht.

„You know Hazel, the British Lady?"

Sie kann nicht sagen, ob er sie verstanden hat. Stumm stellt er das Fahrrad hin. Dann schüttelt er den Kopf, senkt den Blick. Er hat lange, dichte Wimpern. Wie Renee. Wieder fragt sie sich, was falsch daran sein soll, mit einem Menschen leben zu wollen und nicht mit vielen. Sie ist eben so. Leonie auch. Das liegt in ihrer Familie. Oder an Oberbayern. Nachdem Hazel aufgetaucht ist, war nie wieder von einer anderen Frau die Rede. Wenn Renee sie verließe, sie würde sie auch nicht einfach ersetzen, wie das so viele tun. Sie würde sie vermissen. Für den Rest ihres Lebens. Sie kennt sie lange, und immer noch ist sie ihr ein Rätsel. Immer noch freut sie sich, wenn sie eine neue Seite an ihr kennenlernt. Renee ist wie ein Krimi. Sie liest ihn langsam, obwohl es ihr schwerfällt, weil sie ihn so spannend findet. Aber glücklicherweise hat sie das Gefühl, daß da noch viele ungelesene Seiten sind. Renee hält Eva vermutlich nicht für einen Krimi. Dazu ist Eva zu berechenbar. Vor allem in ihrem Wunsch, mit ihr zu leben. Nur mit ihr.

Eva setzt sich in den Sand, die Füße im Wasser. Sie kann die Frau nicht mehr sehen, deren Tuch ein paar Meter von ihr entfernt liegt. Laß es Hazel sein, denkt sie, laß Leonie ganz in der Nähe sein. Bereit, meine Fragen zu beantworten. Eigentlich nur eine: Wie macht man jemandem klar, daß „für immer" das schönste Versprechen ist, das es gibt?

Wie langweilig, spottet eine Stimme in ihrem Kopf, die sie sofort als Renees erkennt. Nicht langweilig, besonders, antwortet ihre Stimme. Alle Zeit der Welt, um sich kennenzulernen. Vierzig, vielleicht sogar fünfzig Jahre immer neue Überraschungen und dazu die wachsende Vertrautheit. Welch großes Geschenk! Renees Stimme sagt nichts mehr. Eva weiß auch so, daß ihre Zweifel bleiben.

Entschlossen steht sie auf, geht auf das angelehnte Gartentor zu. Stößt es auf, ruft: „Hello! Is someone there? I am looking for Leonie."

Keine Antwort. Ein kleiner, schwarzer Vogel fliegt so dicht über ihren Kopf, daß sie erschrickt. Der Weg windet sich zwischen rot und gelb blühenden Büschen zum Haus. Die Tür ist offen, verhängt mit Tüchern, wie die Frau eines getragen hat. Eva ruft wieder. Bekommt keine Antwort. Geht ums Haus herum.

Eine Terrasse mit einem Sonnenschutz aus Bambus, bewachsen mit einer orange blühenden Bougainvillea. Ein alter Mann mit kräftigen, weißen Haaren, einem goldenen Ring im linken Ohr und blitzenden, braunen Augen liegt auf einer Holzliege und schaut ihr entgegen. „Who are you looking for?"

„Hazel and Leonie, the animal doctor."

Er rührt sich nicht. Ihr fällt noch etwas ein. „From Germany."

„Aus Deutschland?" Sein Deutsch klingt englisch. Sie nickt.

„Setzen Sie sich doch." Er deutet auf einen Stuhl. „Ich freue mich, daß Sie gekommen sind. Wollen Sie Saft oder lieber Tee?"

Auf dem Tischchen neben seiner Liege stehen ein Krug und diverse Gläser. „Saft, danke. Sie kennen Leonie und Hazel?"

Er schüttet vorsichtig Flüssigkeit in ein Glas und reicht es ihr.

„Und wer sind Sie?" Er sieht sie prüfend an. Seine Augen sind sehr klar. Mit dem goldenen Ring im Ohr sieht er aus wie ein alter Seeräuber. Sie kann sich gut vorstellen, daß er Jahrzehnte auf allen Meeren unterwegs war. Er muß unwiderstehlich gewesen sein. Sogar jetzt im Alter ist noch etwas von seiner starken Ausstrahlung zu spüren. Auch Eva kann sich ihr nicht entziehen. Es irritiert sie. Sie wird doch nicht plötzlich für den Charme älterer Männer empfänglich sein? Das wäre wirklich neu.

„Ich bin Eva, Leonies Großnichte."

„Die Tochter von Andrea. Was ist mit ihr? Ich habe lange nichts mehr von ihr gehört." Er lächelt. Es dauert, bis Eva begreift. Der Mann auf der Liege ist ihre Großtante Leonie. Sie schluckt ein paar Mal, bevor sie ihre Stimme wieder findet.

„Andrea ist gestorben. Vor einem Monat. Ein Unfall. Sie war nicht schuld. Die Straße war naß. Ein anderer Wagen muß sie geblendet haben. Sie ist ins Schleudern gekommen ..."

Langsam legt er seine Hand auf ihre. Drückt sie leicht. Nicht seine Hand – ihre Hand. Leonies Hand. Ist das wirklich Leonie?

„Das tut mir leid. Sie war ein nettes Mädchen." Eva schluckt noch einmal. Mädchen, denkt sie. Andrea war fast fünfzig, als sie gestorben ist, hat den Geburtstag, vor dem sie so viel Angst hatte, nicht mehr erlebt. Die große Feier wurde abgesagt. Die Trauerfeier war klein.

„Du bist Leonie?"

„Leo. Ich bin Leo, Tierarzt im Ruhestand."

Eva schüttelt leicht den Kopf. „Aber warum?"

Er lächelt. „Es ist einfacher so. Viel einfacher. Keine langen Erklärungen."

„Das glaub ich nicht. Sich immer verstecken. Du bist doch eine Frau."

Er lächelt mokant. „Ich bin Leo, the husband of Hazel. Wer dir etwas anderes erzählen will, dem glaube nicht. Er lügt."

Eva will widersprechen. Schweigt aber unter seinem Blick.

„Du weißt doch. Ein Mann und eine Frau. Gott hat es so gewollt." Er greift nach dem Glas und trinkt, schließt die Augen. Eva kann sehen, wie blaß er ist trotz der gebräunten Haut.

„Früher vielleicht. Heute können Schwule und Lesben heiraten. Auch in der Kirche."

Ein amüsierter Blick. Kein Kommentar. Sie versteht auch so. Er hält heiraten für ziemlich konventionell.

Jemand kommt den Weg durch die Büsche. Eva hört nackte Füße auf den Steinen, sieht die Frau im Tuch auftauchen. Sie beugt sich über Leo, berührt seine Wangen und seine Stirn. Eine zärtliche Geste, die Eva tief berührt. Leo murmelt „It's all right, dear. Meet Eva, my niece from Germany."

Die Frau richtet sich auf, drückt Evas Hand flüchtig und geht ins Haus.

„Wie hast du das gemacht, daß ihr immer noch zusammen seid? Daß ihr euch liebt, wie am ersten Tag?" Sie weiß, daß es etwas früh ist für die Frage. Daß sie vermutlich ein paar Tage warten sollte, bis sie vertrauter sind. Aber das ist alles, was sie wirklich interessiert. Dafür ist sie den langen Weg von Deutschland gekommen. Um ihn zu treffen. Um ihn zu fragen. Nur dachte sie da noch, es könnte ein langes Gespräch von Frau zu Frau werden.

„Das kannst du sehen, daß wir uns lieben wie am ersten Tag?" Evas Ja klingt etwas trotzig.

„Du täuschst dich." Erschrocken hebt Eva den Kopf. Seine Augen blitzen.

„Es ist anders als am Anfang. Es ist besser, viel besser. Wir sind nicht nur Liebhaber, wir sind auch Freunde. Wir sind vertraut miteinander. Wir haben uns verliebt und entliebt, neu verliebt ..."

Eva hört nicht mehr zu. „Entliebt" – wie sie das Wort haßt! Es bereitet ihr körperliches Unbehagen.

Er hört auf zu sprechen, wartet, bis sie ihn wieder ansieht.

„Wenn du eine Frage stellst, solltest du die Antwort abwarten. Oder die Frage gar nicht stellen."

„Entschuldige. Ich weiß. Es ist nur dieses Wort. Entliebt. Wie kannst du so ruhig bleiben, wenn Hazel sich entliebt."

„Nicht sie – ich habe mich entliebt. Neu verliebt. Sie war geduldig. Sie wußte ja, ich komme zurück."

„Wie konnte sie das wissen?"

„Weil ich es ihr versprochen habe. Ich halte meine Versprechen."

„Aber warum hast du dich entliebt, neu verliebt? Ist Hazel denn nicht genug?" Sie könnte weinen vor Enttäuschung.

Hazel kommt aus dem Haus. Stellt Teller, eine Schüssel mit Salat und eine Platte mit kleinen Fischen auf den Tisch. Leo nimmt ihre

Hand und küßt sie. Hazel lächelt, und Eva kann im Gesicht der Alten die Junge entdecken.

„Vierzig Jahre sind eine lange Zeit. Es ist normal, sich neu zu verlieben..." Eva will heftig widersprechen, hält sich gerade noch zurück. „.... es gibt viele interessante Frauen, schöne Frauen ..." Eva glaubt, Renee sprechen zu hören. Ist das Leonie, ihre Großtante, die seit vierzig Jahren mit Hazel lebt? Mit der Hazel, die neben ihr am Tisch sitzt, lächelnd Salat und Fische auf Teller verteilt. „...manchmal ist da eine Verbindung, etwas Besonderes. Das soll man nicht unterdrücken. Wenn du weißt, du kannst immer nach Hause zurückkommen, kommst du auch."

Nein, denkt Eva und beginnt im Salat zu stochern, nein, nein, nein. Sie wirft einen Blick auf Hazel, überlegt, ob sie wohl verstanden hat, was Leo da sagt. Als ob es darauf ankäme! Sie hat viele Jahre Erfahrung damit.

„So what do you think about falling in and out of love?" fragt Eva, ohne Leo anzuschauen.

„To some people it happens, to others it doesn't", sagt Hazel und zuckt dabei kaum wahrnehmbar mit den Schultern. Als wäre das Thema damit erledigt. Ist es wohl auch – für sie.

Nein, denkt Eva noch einmal heftig. Nein, so will ich das nicht. Es kann nicht nur anfangen, um gleich wieder zu enden. Sie will Dauer. Vertrauen. Echte Liebe. Sie will ...

Sie spürt Leos Blick. Spürt den warmen Wind auf ihrer Haut. Der Duft des Jasmins ist jetzt, da es vollkommen dunkel ist, noch intensiver als in der Dämmerung. Die Sterne sind zum Greifen nah. Eine wunderbare Nacht, die sie damit verbringt, dieselben Gedanken zu denken wie in München. Probleme lösen zu wollen, die sie dort nicht lösen kann. Hier auch nicht.

Sie lächelt Leo über den Rand ihres Glases an. Beschließt, an ihre Liebe zu glauben und an die Renees. Auch wenn es keine Hochzeit geben sollte. Auch wenn es keinen logischen Grund für so eine Entscheidung gibt. Jetzt ist der Moment, den nächtlichen Geräuschen zu lauschen und der Geschichte, die Leo erzählt aus der Zeit, als er jung war und berüchtigt für seine Erfolge beim anderen Geschlecht ...

„I'll be loving you always, with a love that's true, always ..."

Fünf Liebhaber und ein Todesfall

Stephan Niederwieser

Wir hatten Sex zu dritt, zu viert, einmal sogar zu fünft. Und wenn wir einen Kerl übernachten ließen, nutzte ich die Gelegenheit, daß Mätti von einem anderen gehalten wurde, kroch aus dem Bett, setzte mich ins Wohnzimmer auf meinen Lesesessel und lauschte der Stille. So ging es. So ging es gut.

Stephan Niederwieser lebt in München, ist gelernter Heilpraktiker, Psychotherapeut und Autor zahlreicher Bücher; letzte Veröffentlichungen: der Roman *Eine Wohnung mitten in der Stadt* (2001), der Ratgeber *Sextips für schwule Männer* (2002); mehr Infos unter www.stephan-niederwieser.de.

Fünf Liebhaber und ein Todesfall

Unsere Küche ist ein langer, schmaler Schlauch: Spüle, Herd und Kühlschrank in einer Zeile an der Wand entlang, am Ende das Fenster zum Balkon mit dem kleinen Frühstückstisch davor.

„Viel zu klein!" behaupten Freunde, „da kann sich ja einer kaum rühren." Wir kommen sogar zu dritt gut zurecht: Mätti als *Chef de Cuisine*, unser Theologiestudent Gerald als sein Adjutant fürs Zwiebelschneiden, Kartoffelschälen, Fleischhacken, und ich, der immer an den Tisch verbannt wird, der Mann für die kleinen Taten, die Mätti ebenso schnell selbst erledigen könnte, z.B. das Entkorken einer Weinflasche, das Auffüllen der Zuckerdose oder das Verschließen eines Gefrierbeutels. Jeder hat seinen Platz, wir finden immer Platz.

Es gibt karamelisierte Täubchen auf einem Bett von fritierten Wildkräutern, dazu etwas gedünstetes Grünes, das irgendeinen seltsam klingenden Namen trägt. Handtellergroße Trüffel-Ravioli dienen als Vorspeise. Mätti kocht auf. Gerald hat Thomas eingeladen.

„Thomas?"

„Nur ein Kommilitone."

Spätestens der Tonfall meines zweifelnden „Aha!" offenbarte mir die Wahrheit, und auch Mätti war nicht entgangen, daß dieser Name in letzter Zeit immer häufiger auftauchte, durch Geralds zunehmende Wortkargheit quasi wie mit einem Textmarker hervorgehoben.

Er kommt spät, dieser Thomas. Gerald wiegt den Fenchel für den Salat zu Brei, und Mätti zurrt die Schnüre um die Vögelchen schon zum dritten Mal, als wollte er Weihnachtsgeschenke aus ihnen machen. Mir schmeckt unser Hauswein nicht, trotzdem verschwindet er Glas um Glas in meinem unwohlen Magen.

Thomas war mehr als ein Kommilitone. Warum auch nicht? Es hat schon viele Männer in unserem Leben gegeben, warum nun nicht auch noch einen Thomas!

So sehr das Virus zu Beginn die Szene in Angst und Schrecken versetzte, meinem Leben gab es plötzlich einen Sinn. Wie meine Eltern zu werden, das konnte ich mir nie richtig vorstellen, aber bis ans Lebensende zwischen Kinos, Bars und Parks zu pendeln ebensowenig. Für Aids-Kranke einzukaufen, sie zu pflegen und ihren Angehörigen beizustehen, bot mir die Möglichkeit, Männern nah zu sein, Mitgefühl für sie zu empfinden, ja, sie gar zu lieben, ohne im Strudel des „Ist das nun mein Bedürfnis oder deines?" unterzugehen. Denn das Helfen unterliegt – im Gegensatz zur gemeinen Liebesbeziehung – klaren Regeln.

So wanderte ich halbwegs erfüllt vom Geschäft zu „meinen" Kranken und über die Klappen nach Hause. Mein Leben wäre vermutlich ewig so dahingeplätschert – der erste Besuch, Gespräche, Freundschaft oder Freundlichkeit, Tränen, manchmal eine Leidenschaft, schallendes Gelächter, ein wenig Zorn, eine Beerdigung, ein neues Gesicht und alles von vorn –, wenn da nicht dieser junge Mann in das monatliche Treffen der Freiwilligen geplatzt wäre: Mätti. Er war damals Anfang dreißig, und von der Statur her (groß gewachsen, breite Schultern, muskulöse Brust) hätte man ihm zugetraut, Rugby-Spieler zu sein, aber da war nichts Draufgängerisches oder Aggressives an ihm. Dürfte man einen Menschen mit einer Kerze vergleichen, so warf er keinen Schatten mehr.

In den Jahren hatte ich viel Leid gesehen: Männer, bis auf die Knochen ausgezehrt, Eltern, von der Nachricht ihres welkenden Sohnes derart getroffen, daß man von einer Verwüstung ihrer Seele sprechen müßte. Man wird hart, man muß. Mätti bat um Unterstützung in der Versorgung seines Lebensgefährten. Sein matter Schein schmolz meinen Panzer.

Sie lebten in einer Altbauwohnung mit hohen Decken und einem kleinen Balkon. Am Haus führte eine Hauptverkehrsader vorbei, aber drinnen regierte sakrale Stille; ich atmete sie bereits an der

Eingangstür. Mätti tat so vorsichtige Schritte, daß ich am liebsten aufgestampft wäre.

Die Sonne ging gerade unter, alles war von einem zähen, honigfarbenen Schleier überzogen, und ich meinte, etwas Muffiges zu riechen. Im Schlafzimmer waren die Vorhänge zugezogen, das Bett von Kerzen umringt, die ob meines Eintretens aufgeschreckt flakkerten. Ich näherte mich dem knöchernen Wesen mit dem langen, dunklen Haar, das sehr an die Abbildungen des sterbenden Jesus erinnerte, nur daß es in weiße Laken gehüllt war.

„Raul! Das ist Peter", flüsterte Mätti kaum hörbar. „Er wird uns beistehen."

„Hi, Raul", begrüßte ich ihn sehr laut und wedelte beim Hand-nach-ihm-Ausstrecken so stark mit meiner Jacke, daß zwei Kerzen verloschen. Raul drehte sich mir zu, und da entdeckte ich etwas Bekanntes. Raul! Mein Gott, Raul, natürlich. Es hätte mir längst dämmern müssen!

Er schluckte, seine Kehle war trocken, und es schien ihn große Anstrengung zu kosten, mich anzuschauen. Dann lächelte er. Die Laute aus seinem Mund formten sich zu nichts Verständlichem; hinter mir hörte ich Streichhölzer aufflammen.

„Schön, dich endlich kennenzulernen", sagte ich, dann drehte ich mich um, blies die brennenden Streichhölzer aus, die Mätti in der Hand hielt, und führte ihn hinüber ins Wohnzimmer.

„Was hast du vor?" fragte ich Mätti, „ihn lebendig begraben? Er liegt dort wie aufgebahrt."

„Aber ..."

„Das ist lebensunwürdig!"

Dann ging ich zurück ins Schlafzimmer, löschte die Kerzen, öffnete die Vorhänge und Fenster, um den Geruch des nahenden Todes zu verscheuchen, und setzte mich zu Raul aufs Bett: „Nun kommen wir doch noch zusammen."

Er drehte sich weg, starrte in die Glastür seines Kleiderschranks, wie um in der Reflexion die Erinnerung zu suchen.

„Du warst der geilste Kerl weit und breit. Ich hab gebaggert, und zwischen uns hat es gefunkt, aber du bist immer auf Abstand geblieben."

Raul schaute mich wieder an, der entspannte Zug des Wiedererkennens legte sich über sein Gesicht. Er nahm meine Hand und legte sie sich auf die dürren Rippen, dann lehnte er seinen Kopf sachte an meine Seite.

Ich brachte Rosen, Wein und die neuesten Platten aus den Top Ten mit. Wir schauten Marx Brothers und Charlie Chaplin, Chevy Chase und Goldie Hawn, und nicht selten rauchten wir Gras. Mätti verfiel in eine Art Starre, wohl weil mein Auftritt für ihn der Blasphemie gleichkam, aber als er merkte, daß zwar der Körper seines Geliebten dahinschwand, sein Geist jedoch sprudelte, wenn man ihn nur ließ, entspannte Mätti sich.

Soll ich schreiben: „Wir hatten eine gute Zeit"? Klingt das glaubwürdig? Nein, wir redeten nicht über die Dünen von Gran Canaria, zerrissen uns nicht das Maul über diese oder jene Trine, auch *Gucci* und *Prada* waren nie ein Thema, und gerade deshalb sage ich genau das: „Wir hatten eine wunderschöne Zeit, Mätti, Raul und ich!"

Anstatt neue Pflegefälle anzunehmen, ging ich fast nur noch zu den beiden. Und weil die Krankheit bald keinen Unterschied mehr zwischen Tag und Nacht machte, schlief ich das eine ums andere Mal in ihrer Wohnung. Anfangs noch im Gästezimmer, später im selben Bett: Mätti am Fenster, ich an der Tür, Raul in unserer Mitte. Es war so selbstverständlich, daß ich gar nicht darüber nachdachte.

Zu behaupten, daß Mätti aufblühte, wäre in Anbetracht der Umstände unangemessen, aber gerade weil die Umstände so schrecklich waren, bleibt mir nichts anderes übrig, als Mättis Veränderung mit „Aufblühen" zu bezeichnen. Manchmal kam ich nach Hause – zwar behielt ich meine Wohnung, aber mein Zuhause waren Mätti und Raul –, und Mätti hatte gekocht. Er liebte es, ausgefallene Gerichte zu zaubern und bei Kerzenschein aufzutischen. Raul und ich blinzelten uns dann zu. Das war Mättis Welt, seine Träume, seine Erfüllung.

Längst mußte man das, was zwischen uns abging, eine Beziehung nennen – Mätti und ich, die Liebhaber; Raul, unser schwindendes Kind –, wenngleich ihr doch ein Element fehlte, das man gemeinhin als essentiell ansieht: der Sex. Sex hatten wir erst, nachdem Raul gestorben war.

Ich erwachte, weil das Bett schaukelte. Und wie frisch gebakkene Eltern nach dem Neugeborenen greifen, schaute ich sogleich nach Raul. Er atmete nicht mehr. Das Schaukeln verursachte Mätti.

Ich beobachtete ihn im kargen Schein der Straßenlaternen. Er lag auf dem Rücken, die Tränen liefen in einem dicken Strom aus seinen Augen, und er rieb mit aller Gewalt an sich. War es die Befreiung? War es der Impuls, dem Allmächtigen die Stirn zu bieten? Ich stand auf, ging um das Bett herum und gab Mätti den ersten Kuß.

Es war nur konsequent zu bleiben, als Raul ging.

Beziehungen sind wie Wohnungen: Man zieht ein, stellt sein Zeug hierhin und dorthin, diskutiert, stellt um, wirft das eine weg und schafft anderes an, und spätestens nach ein, zwei Jahren findet man ein Arrangement, in dem man sich wohlfühlt. Mätti und mir gelang das nicht. Wie wir die Dinge auch drehten, das Gefühl, daß etwas nicht stimmte, blieb, wenn auch nicht stark genug, um zu trennen, was zusammengewachsen war. Nein, auseinandergehen kam nicht in Frage. Wir brauchten uns.

Männer halfen. Mätti lockte sie über Anzeigen, ich schleuste sie von der Straße, vom Supermarkt und von der Tankstelle zu uns ins Bett. Wir hatten Sex zu dritt, zu viert, einmal sogar zu fünft. Und wenn wir einen Kerl übernachten ließen, nutzte ich die Gelegenheit, daß Mätti von einem anderen gehalten wurde, kroch aus dem Bett, setzte mich ins Wohnzimmer auf meinen Lesesessel und lauschte der Stille. So ging es. So ging es gut.

Es dauerte Jahre, bis Mätti so weit war, sich von einigen Dingen zu trennen: Der Schrank mußte gehen und die Musiktruhe auch, jede Menge Lederklamotten von Raul, die keiner von uns hätte tragen können, geschweige denn wollen. Wir wollten alles mit Hilfe einer Anzeige loswerden – statt dessen bekamen wir Gerald.

Mätti öffnete einem zierlichen Jungen die Tür, dessen dunkles, kräftiges Haar etwas wirr auf dem Kopf herumstand; seine blauen Augen suchten mehr als die angebotenen Gegenstände. Ich zeigte Gerald den Schrank, und Mätti kochte Tee. Da war nichts Außergewöhnliches an all dem, und dennoch spürte ich, wie sich zwischen uns ein Netz spann. Es liegt so viel Schönheit in dem Moment, da Menschen sich ineinander verlieben. Ich schenkte Tee nach, lauschte, und mein Herz pochte im Rausch.

Gerald kam wieder, und weil jeder Partner ein anderes Kapitel im Leben eines Menschen aufschlägt, entwickelte der mittlerweile fast vierzigjährige Mätti den Spaß an einer neuen, inzwischen viel jüngeren Szene, genoß Clubs und Diskotheken, bei deren Erwähnung er früher theatralisch seine Zeigefinger über Kreuz gelegt und hoch vor sich gehoben hätte. Ich konnte zu Hause bleiben und lesen, meinen Rachmaninov genießen, den ich nie bereit war, mit irgend jemandem zu teilen.

Es dauerte, bis wir Sex hatten. Nach vier Wochen lag es zum ersten Mal in der Luft, und selbst dann vergingen noch Tage, bevor ich, nach einem weiteren der vielen Abendessen zu dritt früh zu Bett gegangen, in das Eßzimmer trat und Mätti und Gerald in einer komplizierten Stellung vorfand. Kompliziert nicht aufgrund des Bedürfnisses, verwegen zu sein, sondern schlicht, weil die Kacheln des Bodens sehr kalt und hart sind, sich weder Eckbank noch Stühle zum Näherkommen eignen und der Tisch viel zu wackelig ist. Gerald sprang schuldbewußt auf, Mätti hielt ihn fest.

„Warum kommt ihr nicht einfach ins Bett?" fragte ich.

Ich streichelte ihre Rücken, küßte die Nacken und leckte bebende Hautpartien – so am Rande erkannte ich erst, wie wunderschön es ist, sich zu vereinigen.

Gerald in unserem Leben brachte viele Vorteile: Ich hatte endlich einen Partner, der mit mir in die Oper ging und ähnlich zu Tränen gerührt neben mir saß. Auch schlüpfte er willig in die Rolle des Adjutanten in der Küche. Und was die Nacht anbelangt, so konnte ich mit ihnen schlafen, mußte es aber nicht.

Das Gästezimmer bezog ich. Geralds Schreibtisch bauten wir im Eßzimmer auf und stellten ein Bücherregal daneben, damit er lernen konnte. Wieder wurde alles umgemodelt: Möbel, Inhalte, Zuständigkeiten (Wer kümmert sich um den Müll? Wer um Geralds Zukunftssorgen? Und wer hatte wann mit wem Sex?). Es war neu, es war aufregend. Plötzlich paßte alles zusammen.

Vielleicht zwei Jahre lang. Da lief mir ein quirliger Argentinier über den Weg, und weil Mätti und Gerald nach dem Hauptgang vorgaben, satt zu sein, verschwand ich mit ihm allein in meinem Zimmer.

Was für eine Nacht! Und wie still war es am nächsten Morgen beim Frühstück. Sobald Gerald zur ersten Vorlesung verschwunden war, sagte Mätti: „Ich glaube, er kommt damit nicht zurecht, Peter. Er liebt dich."

„Aber ich liebe ihn doch auch!"

Beim nächsten Sex setzte sich Gerald in meinen Schoß, nahm mich auf und schaute mir tief in die Augen. So hatte er mich nie zuvor geküßt. Ich fühlte, vielleicht zum ersten Mal, daß er auch mich wirklich liebte.

Um ihn zu schonen und auch, um ihm Zeit zu geben, seine Gefühle zu ändern, hatte ich Sex wieder wie früher „draußen", aber ich kam mir wie ein Dieb vor, wenn ich meine Freuden für mich behielt. Wozu hatte ich denn eine Beziehung?

Björn lernte ich in der U-Bahn kennen und nahm ihn sofort mit nach Haus. Der kleine Däne lispelte, was Mätti und mich unweigerlich an unsere Kindheit mit Vivi Bach erinnerte, allein der Sprache wegen, aber selbst im Aussehen war eine gewisse Ähnlichkeit nicht zu leugnen. Den ganzen Abend kicherten wir still vor uns hin, nur Gerald nicht; er ging früh zu Bett. Nein, er machte keine Szene, und doch war der Grund für seinen Rückzug nicht zu verkennen.

„Er wird sich schon noch dran gewöhnen", sagte Mätti in der Küche dann, und ich hörte den Zweifel in seiner Stimme, sah die Hoffnung in seinen Augen. „Gib ihm einen Gute-Nacht-Kuß, bevor du schlafen gehst!"

Unser kleiner Theologiestudent hatte sich eingerollt. Ich strich ihm über den glatten Rücken, der nur bei Unschuldigen so geschmeidig ist, mit der anderen kniff ich ihm scherzhaft in die Nase. Sie war feucht. Auch das Kissen.

„Was ist nur mit dir los, mein Kleiner?" fragte ich leise.

„Ich kann es nicht, und ich will es nicht."

„Warum?"

„Ich weiß nicht." Er setzte sich auf, zog die Decke über seine weiße, zarte Brust, und sein Gesicht verzog sich im Schmerz. Ich beugte mich vor und nahm ihn in den Arm, er weinte an meiner Schulter.

Wir verloren uns. Irgendeine Strömung trieb Gerald von uns ab, Mätti und ich konnten nur hilflos danebenstehen. Er verbrachte immer mehr Zeit außer Haus, beim Essen führte er sein Messer aggressiver gegen das Fleisch, und dann kam er sogar betrunken nach Hause. Natürlich war er mit vierundzwanzig alt genug zu trinken, nur war es in den fast drei Jahren davor nie vorgekommen. Und ich weiß nicht, wie er sich sonst verhielt, aber mit uns zusammen schien er plötzlich immer in Eile. Seine Lust auf Sex nahm ab, bald fiel es ihm gar schwer, mich zu küssen. Und wenn ich ihn hielt, entwand er sich.

An einem Sonntagmorgen beim Frühstück, Mätti träumte gerade davon, mit uns in einem *VW Käfer* auf den Spuren seiner Kindheit durch Italien zu reisen, sagte Gerald: „Ich gehe heute zum Lernen zu Thomas." Da war es dann raus.

Das ist gerade mal drei Monate her. Nun ist dieser Thomas zum Essen gekommen, und Geralds Kopf glüht im Versuch, seinen Gast möglichst gelassen vorzustellen. Dann panscht er einen Aperitif: Prosecco auf Eis mit *Red Bull*. Himmel! Mätti und ich rollen die Augen, die Buben werfen sich einen verschämten Blick zu – ein weiteres Zeichen ihrer Vertrautheit, die Mätti mit einer dampfenden Schüssel Pasta zu stören sucht. Ein Töpfchen mit geschmolzener Butter geht von Hand zu Hand, Mätti spritzt geviertelte Knopftomaten auf die Teller und jagt Blätter von frischem Majoran und grobgemahlenen Pfeffer hinterher, während ich mich um das Was-machst-du?-Wer-bist-du? kümmere.

Thomas ist erschreckend schüchtern und farblos, schon nach einer Viertelstunde möchte ich ihn an den dürren Beinen packen, um die Antworten aus ihm herauszuschütteln. Und wer trägt heutzutage seine Haare in wulstigen Zotteln?

Mätti fängt meinen Blick ein und bedeutet mir, mich zu beruhigen. Hatte man mir meine Meinung etwa schon angehört?

„Der Vater von Thomas ist Architekt und hat die Kuppel vom Reichstag mitentwickelt."

Ach. Macht das seinen Sohn beziehungskompetent?

„Und was hat dich hierher verschlagen?" fragt Mätti Thomas, und ich würde am liebsten hinzusetzen: „Was müssen wir dir zahlen, damit du wieder dorthin gehst, wo der Pfeffer wächst?"

Mir wird plötzlich sehr warm. Ich springe auf, um das Fenster zu öffnen, und stoße dabei mein Weinglas um. Der Rebensaft schießt quer über den Tisch, gewinnt in Thomas' bereits geleertem Teller neuen Schwung und rinnt dann, nicht ohne eine gute Ladung Tomatenkleckerei auf seinem Rücken zu tragen, auf die Hose unseres Gastes. Nicht viel, denn Gerald ist schnell und fängt das meiste mit der Hand. Die Serviette folgt, und bald ist das Event vergessen.

Wie aufmerksam von Gerald. Diese Geste entsprang nicht angelernten Manieren, sondern ehrlicher Fürsorge; er hat seinen Thomas beschützt. Unser kleiner Gerald, er ist verliebt. Ich sehe dieses Gefühl zwischen den beiden, als wären es Kletterrosen, die sich ineinander verschlingen, und es erinnert mich an die Sehnsucht meiner frühen Tage. Genau so hatte ich mir die Liebe ausgemalt – und dann nie zugelassen.

Der Abend zieht sich in die Länge, der Wein versöhnt, einmal nimmt Mätti sogar meine Hand und küßt sie – ich weiß gar nicht, ob er das zuvor je getan hatte –, bis Thomas auf seine Uhr schaut und erschrickt: „Es ist ja schon halb zwölf! Ich hab völlig die Zeit vergessen. Wenn ich nicht gleich gehe, kriege ich meinen Bus nicht mehr."

Wo er wohnt, hatten wir gar nicht gefragt.

„Aber du kannst auch hier schlafen", sagt Gerald, ohne uns anzusehen. Warum auch?! halte ich meinem aufschäumenden Gemüt entgegen.

Mätti schiebt den Stuhl zurück: „Ich bin todmüde. Entschuldigt ihr mich? Ihr findet ja alles." Dann steht er auf und geht. Einfach so. So abrupt, daß ich nicht verstehe, warum. Erst später werde ich begreifen, daß dieses blasse Wesen Thomas dabei war, ein neues Kapitel in unser aller Leben aufzuschlagen. Und ich hatte geglaubt, schon genug über uns gelesen zu haben.

Thomas schaut Gerald an und Gerald ein wenig hilflos mich. Ich könnte aufstehen und den Blick übersehen. Ich könnte einfach in mein Zimmer gehen und ihnen überlassen, ob sie hier im Wohnzimmer auf dem Boden schlafen oder ihre Liebe mit einem von uns teilen. Denke ich zumindest. Aber ich bringe es nicht fertig. „Ihr könnt mein Zimmer nehmen", sage ich, und mein Herz wird schwer.

Thomas schaut zu Boden, Gerald strahlt.

Obwohl ich sie ins Bett schicke, helfen sie mir noch, den Tisch abzuräumen, die Kerzen aber lösche ich schon allein. Solange sich die Jungs im Bad bettfertig machen, zappe ich durch die letzten Nachrichten im Teletext, erst als ich ihre kleinen nackten Hintern in mein Zimmer huschen sehe, gehe auch ich Zähneputzen.

Als ich eintrete, schreckt Mätti hoch; sein Blick, ein ganzer Schwall von Fragen: Warum kommst du und nicht Gerald? Werden wir ihn verlieren? Ist Thomas der Richtige für ihn? Aber anstatt sie zu stellen, zischt er: „Also Manieren hat er keine! Hast du gesehen? Er hat in den Tauben schon rumgestochert, noch bevor ich fertig aufgelegt hatte."

Ich ziehe mich aus und merke, daß ich am liebsten in Mättis Tirade einfallen möchte. Es wäre ein Leichtes: Thomas' Erscheinung, die Ziellosigkeit, seine Vorstellungen vom Leben ... Einfach unreif!

„Und obendrein ist er ungepflegt! Findest du nicht?" fährt Mätti fort. „Was die heute für Sachen tragen. Ph! Also, ich weiß nicht. Vom Wein versteht er jedenfalls nichts. Mit keiner Silbe hat er diesen Unterton von Peperoni angesprochen. Dabei ist der so ausgeprägt."

Sobald ich nackt bin, krieche ich zu Mätti hinüber, decke ihn ab und pflanze mich auf seine aufgeplusterte Brust. Dann stütze ich mich auf seine Hände und halte sie fest. Die Fragen verschwinden, ein Lächeln kommt.

„Am besten gefiel mir sein Mund", sagt er dann, und seine Augen blitzen.

Ich grinse, und auch Mätti kann nicht mehr ernst bleiben. Seine Bauchmuskulatur zieht sich zusammen, ich lasse mich fallen und lege mich auf ihn, wir rollen auf die Seite, mein Kopf in seiner Armbeuge, unsere Körper gebeutelt vom Lachen.

„Wir müssen ja nicht mit ihm leben."

„Du hast recht", sagt Mätti und streicht mir über die Stirn. Ich kann seine Augen nicht sehen, weil die Nachttischlampe hinter seinem Kopf sein Gesicht dunkel macht, aber ich weiß, daß er lächelt.

„Komm, laß uns schlafen!" sage ich.

„Soll ich dich kuscheln?" fragt er; es ist eine Bitte.

Ich sehne mich nach meinem Bett, aber darin aalen sich nun die Jungs. „Ja", sage ich. „Ich schalte nur noch das Licht aus."

Ich drücke mich mit dem Rücken gegen Mättis Bauch, er schließt mich in die Arme, dann schiebe ich die Kissen unter unseren Köpfen zurecht, dabei steigt der süße Duft von Gerald auf.

Warten auf Tessa

Karen-Susan Fessel

Wenn Tessa zu einer ihrer zahlreichen Konzertreisen aufbrach, lag Matilda halbe Nächte wach, das Kinn grimmig ins Kissen gestützt und die Fäuste geballt, und stellte sich vor, wie alle Tessa angafften. Und ihre Eifersucht wurde durch die Tatsache noch geschürt, daß Tessa beim Singen wahnsinnig sexy aussah und dabei die Augen ähnlich zu Schlitzen zusammenkniff wie manchmal beim Sex.

Karen-Susan Fessel, geboren 1964 in Lübeck, lebt in Berlin; seit 1994 Schriftstellerin; Veröffentlichungen: *Bilder von ihr* (1996); *Was ich Moira nicht sage* (1998); *Ein Stern namens Mama* (1999); *Steingesicht* (2001); *Bis ich sie finde* (2002) u.a.

Warten auf Tessa

„Huhu! Ich bin wieder zurück!" rief Tessa und zog die Wohnungstür hinter sich zu. „Na, wie war dein Vormittag?"

„Langweilig", sagte Matilda und versuchte, so mürrisch wie möglich auszusehen, aber Tessa sah sie ohnehin nicht an. Sie war schon dabei, ihre Einkäufe im Kühlschrank zu verstauen. „Grauenhaft langweilig", murrte Matilda. „Wo warst du denn nur so lange?"

Tessa klappte den Kühlschrank zu und knüllte eine Papiertüte zusammen.

„Ich mußte was erledigen", sagte sie leichthin und warf die Tüte in Richtung Papierkorb, aber sie traf nicht. Die Tüte fiel genau vor Matilda zu Boden, und Matilda bückte sich seufzend danach und hob sie auf.

„Du sollst doch nicht immer diese blöden Papiertüten kaufen", sagte sie streng. „Die halten einfach nichts aus."

Tessa kam auf Matilda zu, beugte sich vor und legte die Arme um sie. Ihre hellgrauen Augen waren jetzt dicht vor Matildas, und Matilda mußte blinzeln, weil sie so schön waren. Tessas vertrauter Duft stieg ihr in die Nase, und sie spürte, wie ihr Mißmut augenblicklich verflog.

„Mein Schatz", sagte Tessa und betrachtete Matilda noch einen Moment ganz genau. „Komm, wir gehen essen."

„Heute? Ich dachte, wir gehen morgen!"

„Wir gehen heute und morgen", bestimmte Tessa und küßte sie auf den Mund. „Und jetzt komm."

Draußen, auf der in der mittäglichen Winterkälte wie ausgestorben daliegenden Straße, mußte Matilda sich bemühen, mit Tessa Schritt zu halten. Eigentlich war Matilda die größere und auch die kräftigere von beiden, aber Tessa neigte dazu, schnell und mit weitausholenden Schritten zu gehen. Munter vor sich hin pfeifend, eilte sie voran, die Hände tief in die Taschen ihrer Daunenjacke vergraben. Während Matilda neben ihr herhastete, merkte sie, wie der vormittägliche Verdruß wieder von ihr Besitz ergriff. Und ihre stets schwelende Eifersucht noch dazu.

„Wo warst du denn nun?" fragte sie mißtrauisch und betrachtete Tessa von der Seite. „Gestern hast du noch gesagt, du hättest bis heute abend frei und den ganzen Tag Zeit für mich. Und dann wach ich auf, und du bist nicht da und kommst erst nachmittags wieder."

„Mittags", sagte Tessa und kickte vergnügt eine leere Coladose aus dem Weg. „Es ist mittags, gerade mal kurz nach eins."

„Aber trotzdem warst du die ganze Zeit weg", maulte Matilda. „Und das, wenn ich endlich mal frei hab."

„Ich mußte etwas erledigen." Sie bogen um die Ecke, und Tessa sah voller Vorfreude zum thailändischen Imbiß auf der gegenüberliegenden Straßenseite. „Mmh, heute eß ich die 76." Sie setzte zielstrebig über die Straße, und Matilda folgte ihr, nachdem sie sich eilig versichert hatte, daß von keiner Seite Autoverkehr drohte.

„Und was mußtest du erledigen?" bohrte sie weiter, während sie Tessa die Tür zum Imbiß aufhielt.

Tessa blieb mitten im Türrahmen stehen und sah Matilda mit einem verschmitzten Lächeln an.

„Ein Geheimnis", sagte sie. „Ein Geheimnis, das Leute, die morgen Geburtstag haben, nichts angeht. Kapiert? Bist du so lieb und bestellst mir schon mal die 76? Ich muß kurz aufs Klo." Sie legte für einen Moment ihre Wange an Matildas, und Matilda nickte besänftigt.

„Okay", sagte sie. „Mach ich. Aber es war trotzdem langweilig so ganz allein. Ohne dich."

Der Imbiß war nur halb gefüllt. Rasch vergewisserte Matilda sich, daß keine potentiellen Rivalinnen zugegen waren – eine beinahe instinktive Vorsichtsmaßnahme, die sie sich gleich zu Beginn ihrer Beziehung mit Tessa angewöhnt und nie wieder abgelegt hatte, reservierte ihre beiden Lieblingsplätze am Fenster, indem sie Besteck bereitlegte, und ging zum Tresen hinüber. Als Tessa zurückkam, stand schon ein goldgelber Mango-Lassi für sie bereit, und Tessas Augen begannen zu leuchten.

„Ach, ein Mango-Lassi! Danke, Schatz. Den hatte ich ganz vergessen." Zufrieden sog sie an ihrem Strohhalm und lächelte Matilda über den Rand ihres Glases hinweg zu. Plötzlich verlegen, rutschte Matilda vom Hocker und ging zum Tresen hinüber, um die beiden Gerichte zu holen, die die schmächtige Asiatin von der Kasse soeben dorthin gestellt hatte. Nach all den Jahren passierte es Matilda immer noch, daß Tessas Blick sie in Verlegenheit stürzte. Tessa behauptete stets, daß ihr das gelegentlich genauso erging, aber Matilda glaubte ihr nicht. Sie hatte Tessa jedenfalls seit Jahren nicht mehr dabei ertappt.

Vielleicht war das die niemals zu tilgende Erblast ihres Kennenlernens, dachte Matilda nicht zum ersten Mal, während sie die beiden Teller zum Tisch balancierte und mit einem tiefen Seufzer darauf abstellte. Es hatte sie soviel Mühe gekostet, Tessa für sich zu gewinnen, daß sie vermutlich insgeheim immer noch nicht recht glauben konnte, es wirklich geschafft zu haben. Und immer noch verspürte sie eine tiefsitzende Angst davor, Tessa würde sie eines Tages ansehen und unvermittelt feststellen, daß sie sich all die Jahre über geirrt hatte, daß sie nur geblendet gewesen und Matilda eigentlich doch nicht die Richtige für sie war.

Das Essen schmeckte vorzüglich, und sie aßen beide mit großem Genuß. Während sie mit halbem Ohr Tessa zuhörte, die gutgelaunt von ihren Überlegungen zu Matildas morgigem Geburtstag erzählte – „Ich finde, wir sollten mal wieder zum Grunewald fahren und ordentlich spazierengehen. Was hältst du davon?" –, mußte Matilda unwillkürlich daran denken, wie sie Tessa kennengelernt hatte. Es war vor sechs Jahren auf einer unsäglich langweiligen Frauenparty gewesen, und Matilda war Tessa augenblicklich verfallen. Sie hatte beinahe ein Jahr gebraucht, um Tessa überhaupt auf sich aufmerksam zu machen, und zwei weitere, um sie endlich für sich zu erringen, was für alle Zeiten den Höhepunkt in Matildas Leben darstellen würde, ganz egal, was noch auf sie zukam.

„Morgen soll nämlich auch gutes Wetter sein, weißt du. Da ist es am Grunewaldsee besonders schön", erklärte Tessa und nahm eine Gabel voll Reis.

Erst jetzt drang Matilda richtig ins Bewußtsein, wovon Tessa eigentlich redete.

„Aber am Grunewaldsee wimmelt es nur so von Hunden", sagte sie.

Tessa und sie sahen sich an. Sie mußten Ruby nicht erwähnen, um zu wissen, daß sie jetzt beide an sie dachten. Ruby war eigentlich Tessas Hund gewesen, aber Matilda vermißte sie mindestens ebenso sehr wie Tessa. Von Kindheit an hatte Matilda sich nach einem eigenen Hund gesehnt, einem Boxer oder einer Bordeaux-Dogge am liebsten, einem Hund mit einem zerknautscht wirkenden Gesicht jedenfalls. Aber sie war einfach zuviel unterwegs gewesen, um sich einen eigenen zu halten. Und dann hatte sie Tessa kennengelernt, und schließlich waren sie zusammengezogen, und Ruby hatte mit ihnen gelebt, bis vor vier Monaten. Ruby war zwar keine Bordeaux-Dogge gewesen, sondern ein gelbbrauner Schäferhundmischling mit einem ganz und gar nicht zerknautschten Gesicht, aber Matilda hatte sie unendlich geliebt. Und jetzt war sie tot.

„Vielleicht tut uns das gerade gut", sagte Tessa und trank einen Schluck von ihrem Mango-Lassi.

Matilda zuckte mit den Schultern. Als sie sich wieder ihrem Gericht zuwenden wollte, fiel ihr Blick zufällig auf eine rothaarige Frau in einer orangefarbenen Bomberjacke, die schräg hinter ihnen an einem der Stehtische stand und Tessa mit einem faszinierten Gesichtsausdruck anstarrte.

Matilda plusterte sich auf, aber die Rothaarige senkte den Blick und begann, ihre Frühlingsrollen zu zerteilen, ohne Matilda überhaupt bemerkt zu haben.

„Was ist denn?" erkundigte sich Tessa, der Matildas finsterer Gesichtsausdruck nicht entgangen war.

„Die hat dich angeguckt!" sagte Matilda halblaut.

„Wer denn?" fragte Tessa gleichmütig und begutachtete ein Stück Bambus, bevor sie es sich in den Mund schob.

„Die Rothaarige da schräg hinter dir."

Tessa sah sich um, musterte die Rothaarige, die immer noch dabei war, ungeschickt ihre Frühlingsrolle zu zerteilen, und widmete sich dann wieder ihrem Essen.

„Ach Quatsch", sagte sie, „das bildest du dir ein."

„Ich hab es genau gesehen. Sie hat dich angeguckt! Richtig angestarrt hat sie dich!"

„Vielleicht kennt sie mich von einem Konzert", sagte Tessa achselzuckend und aß weiter.

Matilda warf der Rothaarigen, die gerade in diesem Moment den Kopf gehoben hatte, einen weiteren bösen Blick zu, registrierte mit Befriedigung deren verwirrten Gesichtsausdruck und widmete sich wieder ihrem Tofugericht.

Möglich, daß Tessa recht und sie sich geirrt hatte. Aber genausogut möglich war es auch, daß die Rothaarige Tessa tatsächlich angestarrt hatte, und zwar nicht nur, weil Tessa so süß aussah, sondern weil sie sie wiedererkannt hatte. Tessa war Sängerin, ausgebildete Opernsängerin ursprünglich, die seit Jahren mit einem eigenen *Rock'n'Soul*-Programm im Rampenlicht stand. Gerade in Lesbenkreisen war Tessa mit ihrer Band, den *HoggaGirls*, ziemlich bekannt, ein stetes Ärgernis für Matilda und ein dauernder Unruhefaktor für ihr ohnehin nicht gerade vor Selbstsicherheit strotzendes Seelenleben. Abgesehen davon, daß Tessas Beruf für Matilda, die Unmusikalität in Person, eine permanente persönliche Kränkung darstellte, abgesehen davon kam noch hinzu, daß Tessa bei ihren häufigen Konzerten immerzu von schmachtenden Verehrerinnen und damit potentiellen Matilda-Konkurrentinnen umgeben war. Matilda verspürte in der Öffentlichkeit selten das Gefühl, Tessa für sich allein zu haben – etwas, wonach sie ein tiefsitzendes Bedürfnis hegte. Andauernd wurde Tessa angestarrt und angehimmelt. Wenn sie wenigstens nicht so auffällig gut ausgesehen hätte, wäre das alles nicht so schlimm gewesen. Aber Tessa sah gut aus. Verdammt gut sogar, mit ihren hellen Augen, den langen, schwarzen Wimpern darüber, den dunklen Locken und dem wunderschönen Kußmund. Genau deswegen hatte Matilda sich ja auch in Tessa verliebt. Und genau das trieb sie jetzt zur Eifersucht.

„Meine Güte, das arme Tofu", sagte Tessa, die aufgegessen hatte und mit einer Mischung aus Belustigung und Verwunderung zusah, wie Matilda, tief in ihre finsteren Gedankengänge verstrickt, grimmig auf ihre letzten beiden Tofustücke einstach. Matilda schwieg verbissen und steckte sich beide Stücke zugleich in den Mund. Dann blies sie die Backen auf und verdrehte die Augen. Tessa grinste. Die Rothaarige hinter ihr starrte Matilda irritiert an, die Gabel mit einem Rest Frühlingsrolle halb erhoben.

Draußen war die Sonne zwischen den Januarwolken hervorgebrochen und tauchte die Bergmannstraße in ein freundliches Licht.

„Morgen wird es schön, siehst du. Genau das richtige Spaziergeh-Wetter", sagte Tessa und steuerte zielstrebig auf *Barcomi's* zu, das amerikanische Café schräg gegenüber. „Komm, noch einen Milchkaffee, ja? Zur Feier des Tages."

„Ich wüßte nicht, was es zu feiern gäbe", murrte Matilda, ließ sich aber willig mitziehen. „Oh, guck mal! Guck mal da!" Direkt vorm *Barcomi's* ging ein junger Mann mit einer Bordeaux-Dogge an der Leine vorbei. Matilda blieb mitten auf der Straße stehen und starrte entzückt das gemütlich dahinschaukelnde Tier an, aber Tessa zog sie rasch weiter, nachdem sie entdeckt hatte, daß von links ein Auto auf sie zukam.

„Guck mal, wie niedlich", seufzte Matilda und betrachtete verliebt den Hund, der sie seinerseits keines Blickes würdigte. „Ach, ist der niedlich! Komm mal her!" rief sie mit zuckersüßer Stimme und schnalzte verführerisch mit der Zunge, aber die Bordeaux-Dogge scherte sich nicht im geringsten darum. Gemächlich schritt sie weiter hinter ihrem Herrchen her, und Matilda betrachtete hingerissen die schlaff herabhängenden Pausbacken und das schaukelnde Hinterteil.

„Ich werd nie begreifen, was du an solchen häßlichen Viechern findest", sagte Tessa kopfschüttelnd und hakte sich bei ihr ein.

„Häßlich?" fragte Matilda entrüstet. „Wieso häßlich? Bordeaux-Doggen sind doch nicht häßlich! Die sind total niedlich! Dieses knuffige Gesicht!"

„Eine einzige verunglückte Knautschzone, das Ganze, häßlich wie die Nacht, wenn du mich fragst", sagte Tessa wie schon so oft zuvor. Dieses Gespräch hatten sie im Laufe der Jahre schon zigmal geführt, eigentlich jedesmal, wenn sie eine Bordeaux-Dogge sahen, und immer mit demselben Ergebnis. „So ein Hund käme mir nie im Leben ins Haus", sagte Tessa auch jetzt und zog die Eingangstür auf.

„Aber wenn, dann würdest du ihn lieben", sagte Matilda leise und sah sich noch einmal nach der niedlichen Bordeaux-Dogge um. Aber die war längst um die Ecke verschwunden. Und dann zog Tessa sie auch schon mit sich, hinein zu *Barcomi's* und in den betörenden Duft nach Kaffee und frischgebackenen Keksen.

In schweigender Eintracht tranken sie einen Milchkaffee, und Matilda rauchte unter Tessas leicht mißbilligenden Blicken genüßlich zwei Zigaretten. Als sie aufbrechen wollten, blieben Tessas Augen so sehnsüchtig am Käsekuchen in der Vitrine hängen, daß Matilda kurzerhand zwei weitere Milchkaffee und zwei Stück Käsekuchen bestellte. Es wurde fünf, bis sie wieder zu Hause waren, und dann blieb nicht mehr viel Zeit. Tessa mußte sich für ihren Auftritt umziehen, und Matilda setzte sich in die Küche und sah mit leichtem Groll zu, wie Tessa aus ihren überweiten Workerjeans schlüpfte, sie im Flur zu Boden fallen ließ und im Badezimmer verschwand, um eine Viertelstunde später frisch geduscht und geschminkt wieder daraus hervorzukommen.

„Na toll", sagte Matilda grimmig, während sie Tessa von oben bis unten beäugte. „Klasse. Mach dich nur noch hübscher. Man könnte denken, du suchst händeringend nach einer Geliebten."

„Mach dich doch nicht lächerlich, Schatz." Matilda kniff die Augen zusammen.

„Stimmt das etwa? Triffst du dich mit irgendwem?"

„Ja, allerdings. Mit meinem Publikum nämlich." Tessa rauschte an ihr vorbei in ihr Zimmer, und Matilda lehnte sich verärgert zurück. Einen Moment lang spielte sie mit dem Gedanken, sich hier und jetzt eine Zigarette anzuzünden, obwohl sie auf Tessas Wunsch hin ausschließlich auf dem Balkon rauchte. Aber dann ließ sie es doch lieber.

„Ausgerechnet heute mußt du zu einem Konzert", murrte sie, als Tessa wieder an ihr vorbeikam, jetzt mit einer schwarzen *G-Star* bekleidet, die ihren knackigen Po noch deutlicher zur Geltung brachte als die Workerjeans von vorhin. „Ausgerechnet am Abend vor meinem Geburtstag."

„Das ist mein Beruf", rief Tessa aus dem Badezimmer. „Und ich komm ja rechtzeitig wieder."

„Um kurz vor zwölf, ha!" maulte Matilda. „Wieso dauert das überhaupt so lange? Sonst bist du doch meistens früher zurück. Wo ist das Konzert eigentlich?"

„Im ... äh ... in der *Reichmann-Bar* in Lichtenrade."

Matilda betrachtete mürrisch ihre Fingernägel. „*Reichmann-Bar?* Hab ich ja noch nie gehört."

„Ich vorher auch nicht", sagte Tessa und drehte den Wasserhahn auf.

Mißmutig dachte Matilda nach. Als das Wasser wieder zu rauschen aufhörte, sagte sie laut: „Soll ich mitkommen, Tessa?"

Aus dem Badezimmer kam Schweigen. Dann, gerade als Matilda ihre Frage noch einmal wiederholen wollte, erschien Tessa im Türrahmen und sah verwundert zu ihr herüber.

„Das willst du doch gar nicht, Schatz", sagte sie langsam und knöpfte sich ihr Hemd zu. „Du kommst doch seit Jahren schon nicht mehr mit zu meinen Konzerten."

„Ja, aber ich könnte ja mal wieder", sagte Matilda ohne rechte Überzeugung. „Nachher denkst du noch, ich interessiere mich nicht für deine Musik."

„Das denke ich sowieso", sagte Tessa grinsend und griff nach ihrer Jacke. „Aber das ist auch völlig okay. Ich interessiere mich ja auch nicht besonders für deinen Beruf."

Matilda war Autoverkäuferin. Das war ihr Traumjob gewesen, den sie nur unter großen Mühen als Quereinsteigerin bekommen hatte, und insgeheim wünschte sie sich manchmal, daß Tessa sich mehr dafür begeistern könnte. Aber Tessa war Matildas Job so ziemlich egal. Umgekehrt stimmte das allerdings nicht. Daß Matilda Tessas Sangeskarriere so offenkundig gleichgültig gegenüberzustehen schien, hatte ganz andere Gründe, von denen Tessa nichts ahnte. Und wenn es nach Matilda ging, sollte das durchaus so bleiben.

Matilda sah verstimmt zu, wie Tessa ihre Jacke anzog und einen letzten Blick in den Garderobenspiegel warf.

„Du willst gar nicht, daß ich mitkomme, oder?"

Tessa wirkte für einen Moment schuldbewußt, aber die Türklingel enthob sie einer Antwort.

„Da sind sie ja schon. Tschüß, Schatz. Bis nachher!" Sie drückte Matilda einen Kuß auf den Mund und lief zur Tür. Sehnsüchtig und beleidigt zugleich betrachtete Matilda ihren knackigen Hintern.

„Und was soll ich in der Zwischenzeit machen?" fragte sie maulend.

„Dich auf deinen Geburtstag freuen. Und außerdem, kommt Carl nicht noch vorbei?" fragte Tessa, warf ihr einen Kußmund zu und verschwand. Nur ihr Duft blieb zurück.

Matilda wartete, bis Tessas Schritte auf der Treppe verklungen waren, dann eilte sie durchs Wohnzimmer zur Balkontür, öffnete sie und beugte sich vorsichtig über die Brüstung, während sie sich gleichzeitig eine Zigarette anzündete. Unten stand Angelika, die Bassistin der *HoggaGirls*, rauchend an ihren *Ford*-Kombi gelehnt. Soweit Matilda erkennen konnte, war der Wagen ansonsten leer; das war schon mal beruhigend. Keine fremden Frauen, die auf dem Rücksitz umherrutschten und Tessa während der Fahrt lüstern und verstohlen von hinten anstarren konnten.

Matilda schüttelte den Kopf, um ihre Gedanken zu verscheuchen. Als Tessa aus dem Haus kam, warf Angelika ihre Zigarette weg und stieg ein, und Tessa nahm auf dem Beifahrersitz Platz. Angelika fuhr los, ehe sie die Beifahrertür ganz zugeschlagen hatte. Matilda verrenkte sich fast den Hals, aber Tessa sah nicht noch einmal zum Balkon auf.

Matilda seufzte frustriert, nahm ein paar hastige Züge und sah fröstelnd zum Himmel hinauf. Hinter milchigweißen Wolken hing die Wintersonne und strahlte ihr dunstiges Licht auf die Stadt herab. Matilda drückte ihre halbgerauchte Zigarette im Blumenkasten aus und ging wieder hinein.

Ruby, dachte sie, während sie gelangweilt durch die Wohnung strich und halbherzig nach dem *Spiegel* der vergangenen Woche suchte, Ruby hätte ihr jetzt Gesellschaft geleistet beim Warten auf Tessa. Gesellschaft und Beistand. Matilda seufzte noch einmal, und der Seufzer hallte in der leeren Wohnung noch eine ganze Weile nach.

Carl kam gegen neun für eine Stunde vorbei, auf dem Weg zu einer seiner heißgeliebten Safer-Sex-Partys, die er Woche für Woche frequentierte.

„*Reichmann-Bar* in Lichtenrade? Kenn ich ja gar nicht. Ist das was Schwules?" fragte er und trank gluckernd von seinem Bier, das Matilda ihm zur Einstimmung auf die Party hingestellt hatte.

„Keine Ahnung. Ich glaube, sie wollte nicht, daß ich mitkomme", sagte Matilda mit Trauermiene.

„Aber du gehst doch nie mit. Seit Jahren nicht mehr. Bestimmt war sie nur verblüfft, daß du jetzt auf einmal doch mitwillst."

„Hm", grunzte Matilda und zuckte mit den Achseln. „Oder sie hat was mit einer anderen und will deshalb nicht, daß ich mitkomm."

Carl verdrehte seine schrägstehenden Augen zur Decke. „Matilda, du spinnst. Die Frau ist dir völlig ergeben."

„Beweise. Zeig mir Beweise."

Carl breitete die Arme aus.

„Alles hier. Die Wohnung und die Tatsache, daß sie mit dir, diesem Ausbund an Eifersucht, immer noch zusammen ist."

Matilda nahm einen Schluck Bier. „Ich habe immer Angst, daß sie mich verlassen könnte. Daß sie eines Tages eine andere kennenlernt und mich verläßt. Eigentlich weiß ich nie so richtig, was sie an mir findet."

„Du bist gut im Bett", schlug Carl vor.

„Haha."

„Und du hast schöne Augen."

„Die hat sie selber."

„Und du bist zuverlässig und eigentlich auch ziemlich lieb, wenn man sich's recht überlegt."

„Na toll! Klingt ja überaus spannend. Langweiliger geht's ja wohl nicht. Sonst noch was?"

Carl zuckte mit den Schultern und trank sein Bier aus. „Also, ich finde, du bist eine interessante Person. Und offensichtlich findet Tessa das auch."

Matilda brummte vor sich hin.

„Sie fehlt mir schon wieder", sagte sie und trank ihr Bier aus.

„Wie kann es bloß sein, daß man so lange mit jemandem zusammen ist und ihn immer noch vermißt?" fragte Carl kopfschüttelnd „So was ist mir wirklich ein Rätsel. Aber ich bin ja auch keine Lesbe."

„Nee, Gott sei Dank. Sonst müßte ich auf dich auch noch eifersüchtig sein."

„Müßtest du nicht. Im Gegensatz zu dir bin ich nämlich scheiße im Bett", sagte Carl und fing schallend an zu lachen.

Als er, immer noch in bester Laune, gegangen war, marschierte Matilda schnurstracks ins Schlafzimmer, warf sich aufs Bett und roch an den Kissen, die immer noch leicht nach Tessa dufteten. Hoffentlich hatte Carl recht und Tessa war ihr tatsächlich so treu ergeben wie Matilda ihr. Und hoffentlich trieb Matildas Eifersucht Tessa nicht eines Tages von ihr fort. Matilda bemühte sich, Tessa es tunlichst nicht merken zu lassen, aber sie war wirklich bodenlos eifersüchtig. Auf alles und jeden, der mit Tessa zu tun hatte. Sie war sogar eifersüchtig auf jeden, der Tessa nur ansah. Und das war auch der Grund, weshalb Matilda Tessa nicht mehr zu ihren Konzerten begleitete. Sie ertrug es einfach nicht, zuzusehen, wie Tessa ungeniert angestarrt wurde. Bei früheren Gelegenheiten hatte Matilda mitten im Publikum gestanden und das unbändige Bedürfnis verspürt, jedem, der Tessa anhimmelte, eins aufs Maul zu hauen. Und das ging ja wohl schlecht. Also blieb sie lieber zu Hause. Aber auch das war nicht leicht.

Wenn Tessa zu einer ihrer zahlreichen Konzertreisen aufbrach, lag Matilda halbe Nächte wach, das Kinn grimmig ins Kissen gestützt und die Fäuste geballt, und stellte sich vor, wie alle Tessa angafften. Und ihre Eifersucht wurde durch die Tatsache noch geschürt, daß Tessa beim Singen wahnsinnig sexy aussah und dabei die Augen ähnlich zu Schlitzen zusammenkniff wie manchmal beim Sex.

Matilda vergrub ihr Gesicht in den Kissen und sog Tessas schwachen Duft in sich ein. Das Bett war unendlich weich.

Sie erwachte vom Klappen der Haustür. Schnell fuhr sie sich durchs Haar und sprang auf.

„Schatz?" schrie Tessa aus dem Flur. „Schatzi, wo bist du?"

„Hier!" Matilda sprang hastig aus dem Bett. Aus dem Flur kam ein merkwürdiges Geräusch. Matildas Nackenhaare stellten sich auf. „Tessa?" rief sie alarmiert. „Tessa, was ist denn? Alles okay?"

„Warte!" sagte Tessa. „Einen Moment. Nicht reinkommen, warte hinter der Tür!"

Matilda blieb stehen. Tessa murmelte etwas, dann folgte ein Rascheln.

„Ist es schon zwölf?" fragte Tessa.

Matilda sah auf die Uhr an der Wand, deren Zeiger eben auf Mitternacht sprang.

„Genau jetzt", sagte sie.

„Dann darfst du jetzt kommen!"
Matilda bog um die Ecke und prallte zurück. Tessa stand breit grinsend mitten im Flur und trug etwas in den Armen, ein braunes, wackelndes Etwas mit riesigen Ohren, vier Beinen und einem zerknautschten Gesicht.

„Herzlichen Glückwunsch zum Geburtstag, mein Schatz!" sagte Tessa und hob Matilda die kleine Bordeaux-Dogge entgegen. Matilda war sprachlos. Mit zitternden Händen nahm sie den Welpen auf den Arm und hielt ihn vorsichtig fest. Der warme Körper war überraschend schwer.

„Wo hast du den denn her?" fragte Matilda ungläubig. Der kleine Hund leckte ihr quer übers Gesicht und winselte freudig.

„Dieses häßliche Vieh? Von Züchter Reichmann in Lichtenrade", sagte Tessa vergnügt.

Matilda drückte die Nase in den weichen Hundekopf und schloß die Augen. Im nächsten Moment spürte sie, wie ihr Hemd am Bauch feucht und warm wurde. Der Welpe leckte ihr wieder übers Gesicht und fing an zu zappeln. Matilda sah mit verschwommenem Blick zu Tessa.

„Danke", sagte sie mit rauher Stimme und zog die Nase hoch. Die kleine Bordeaux-Dogge fing an, an ihrem Hemdkragen zu knabbern, und Matilda drehte den Hals ein wenig zur Seite.

„Und morgen", sagte Tessa und lachte sie an, „morgen fahren wir zum Grunewaldsee. Morgen soll's schön werden, weißt du?"

Eine Liebe nebenbei

Jan Hiding

„*Du hast ja ewig gebraucht, um mich anzuquatschen. Andere waren da heute schon viel schneller.*"
„*Und warum hast du nicht mit denen geredet?*"
„*Die waren mir zu schnell.*"

Jan Hiding, geboren 1939 in Thüringen, ist Schriftsetzer, Journalist, Rundfunkmoderator; Veröffentlichungen in Jim Baker (Hg.): *Hiebe und Triebe. Sexgeschichten* (Band 1: 2000, Band 2: 2002).

Eine Liebe nebenbei

Die Wirklichkeit vergangener Tage und die Erinnerung an sie decken sich nicht immer. An dieser Unschärfe im Gedächtnis sind die Jahre schuld. Nicht nur im Spiegel erkennt man, daß die Zeit kein Kavalier ist und uns nichts zurückgibt. Sie überläßt uns bestenfalls hilfreiche Erfahrungen – zu Recht das schlechte Gewissen, daß man aus manchem, was war, nicht mehr gemacht hat, aber auch die dankbare Besinnung auf das Schöne. Und die wiegt alles auf.

Da stand ein junger Kerl, sehr schlank, irgendwie zerbrechlich, an eine Großstadtkastanie gelehnt, die ihre schüttere Krone über einen kleinen Parkplatz breitete. Die Arme auf der Brust verschränkt, blickte er mit seitlich geneigtem Kopf in den blassen Sternenhimmel. Etwas sehr elegisch und nicht ganz ernstzunehmen, fand ich. Was um ihn herum vorging, schien ihn nicht zu interessieren. Männer stiegen Männern nach. Er suchte nicht, ließ sie kommen. Das rechte Bein hatte er an die rissige Borke gestützt.

Ich hatte geahnt, daß mein Freund Robert hier auftauchen und seinen Wagen abstellen würde, denn auf der anderen Straßenseite befand sich eine bei Schwulen sehr beliebte Diskothek. Ich wollte unbemerkt beobachten, wie er und der Neue sich an dem fetten Türsteher vorbeischoben. Als ob ich es hätte verhindern können. Wie sollte ich etwas gegen einen Seitensprung haben! Wer mir gefiel und mit mir einverstanden war, den nahm ich ja auch mit. Ich gab mich mit einer Nacht im Bett oder den paar Minuten im Freien zufrieden und scheute emotionalen Aufwand. So abwechslungsreich ein Abenteuer auch war und nicht selten zur Wiederholung einlud, ich wollte nicht von Robert ertappt werden, Ärger mit ihm vermeiden. Nur – bei Robert war es anders. Aus meiner Sicht, und ich wußte genau, daß es so war, investierte er immer viel zu viel Gefühl. Dadurch hielt so eine Affäre quälend lang, war neben mir wie ein Zweitverhältnis. Das warf ich ihm nachtragend vor.

Ich war drauf und dran, ebenfalls in die Disco zu gehen, ließ es aber sein, weil ich befürchtete, als Verlierer wieder herauszukommen. Aber der war ich ja bereits. Robert war und ist immer noch der Typ, in den sich alle gleich verlieben. Das schmeichelte ihm, und ich konnte es sogar irgendwie verstehen, mißgünstig natürlich, daß er der Verlockung nur zu gern nachgab. Ich hatte selten diese leichten Erfolge. Aber das alles trieb nicht wirklich einen Keil zwischen uns. Für Robert und mich war wichtig, daß wir uns hatten. Wir gehörten einfach zusammen, haben nie daran gedacht, uns zu trennen, und immer gemeinsam entschieden, was den Alltag unseres Zusammenlebens gefährden könnte oder was sich ändern mußte.

Trotzdem. In mir nagten an jenem Abend ratlose Ohnmacht und rachsüchtige Eifersucht. Ich brachte nicht die geduldige Größe auf zu warten, bis er die Eroberung wieder laufen ließ. Kann man das verstehen? Es fiel mir einfach nichts Intelligenteres ein als „Auge um Auge ...". Also suchte ich, was Robert gerade genoß, einen Fremdgang. Und das noch in dieser Nacht. Ich würde hinterher kurz angebunden Andeutungen machen und Robert zappeln lassen. Er wollte nämlich immer alles ganz genau wissen. Und außerdem würde ich ihm auftrumpfend vorwerfen, daß ich ihn mit dem anderen gesehen habe, zufällig natürlich.

Über den Parkplatz strichen Typen, die nicht anbissen oder mich anwiderten. Es blieb nur der an dem Baum. Groll ändert Sichtweisen. Er stand da immer noch wie ein Storch, fiel aber leider nicht um, weil er an der Kastanie lehnte. Er war für mich inzwischen nicht mehr zart und zerbrechlich. Dürre Ziege, dachte ich, zog die Kreise aber immer enger, blieb dicht vor ihm stehen, breitbeinig, und musterte ihn. Es war anmaßend und sollte überlegen wirken. Er ließ sich nicht beeindrucken. Noch immer reckte er den Kopf himmelwärts. Er war etwas größer als ich und blickte aus tiefliegenden, hellen Vogelaugen in mein Gesicht. Nicht herablassend, sondern mit einer Mischung aus Spott und Sympathie. Die Mundwinkel zuckten. Augen wieder nach oben. Sein Schweigen sperrte mich aus.

Ich holte tief Luft. „Das ist doch unbequem, so wie du hier stehst, wie angewurzelt. Möchtest du dich mit mir unterhalten? Ich heiße Thomas."

„... wie die meisten. Aber mir geht's auch nicht besser, Matthias. Ich bin mit Mats zufrieden." Er grinste, nahm das Bein von der Kastanie und gab mir die Hand. „Du hast ja ewig gebraucht, um mich anzuquatschen. Andere waren da heute schon viel schneller."

„Und warum hast du nicht mit denen geredet?"

„Die waren mir zu schnell. – Ist was mit meiner Hand?"

Ich ließ sie los. „Entschuldige. Ich steh auf schöne, große Hände."

„Danke, aber an mir gibt es noch mehr, was groß und schön ist."

„Das weiß ich nicht, oder noch nicht."

Mats lachte, klatschte mir auf den Rücken. „Komm, wir hauen hier ab."

„Und wohin?"

Er kam gleich zur Sache. „Kann man zu dir laufen?"

„Notfalls ja. Taxe wäre besser."

„Dann gehen wir zu mir. Ist nicht weit. Meine Eltern sind verreist." Er lächelte mich von der Seite an und sagte fast entschuldigend: „Wir können in ihren Betten schlafen. In meinem Zimmer steht nämlich nur eins."

Diese Unschuld, so harmlos und völlig unbekümmert sagte er das. Mit Söhnchen in Mamas und Papas Bettchen! Eine Vorfreude, die trunken machen konnte. Aber bloß nichts anmerken lassen. Vorsichtig rantasten.

„Wie alt bist du denn?"

„In ein paar Tagen achtzehn. Und du?"

„Du könntest mein Sohn sein."

„Wieso, hast du schon als Kind rumgemacht?"

Ich blieb stehen, zog Mats an mich und küßte ihn dankbar, lang und heftig. Er ließ es sich gefallen und streichelte mit den Fingerspitzen seiner schönen Hände meinen Nacken. Ich verlangte nach mehr schmeichelnder Bestätigung: „Macht dir das nichts aus?"

„Weder das Küssen auf der Straße noch das andere. Wenn du mir zu alt wärst, hätte ich gar nicht erst mit dir geredet. Ich kann nämlich stinkig arrogant sein. Und wie alt bist du nun?" Mit einem Lächeln verschwieg ich meine sechsunddreißig.

Die Wohnung der Eltern in einem ehemals herrschaftlichen Haus der Gründerjahre war geräumig, hatte Stuckverzierungen an den hohen Decken und zeigte Wohlstand, keinen Protz. Papa war Direktor einer Bibliothek, glaube ich, Mutter Dolmetscherin. Mats zündete Kerzen an und spielte Musik. Violinkonzert von Bruch, Chansons, Platten aufmüpfiger Liedermacher? Ich kann mich nicht erinnern. Vielleicht sogar alles hintereinander, denn wir redeten fast bis zum Morgengrauen. Auch über Musik und Poesie, vor allem aber über den Alltag. Wir hatten die gleichen Ansichten. Seine ein bißchen extrem, er war eben jünger.

Mats erzählte, daß ihm gerade die Beziehung mit einem populären Schauspieler in die Brüche gegangen war. Die Gründe habe ich vergessen. Mats fühlte sich jedenfalls sehr schlecht behandelt. Aber das empfindet wohl jeder, der gehen muß. Ich sprach von meiner mehrjährigen Freundschaft mit Robert, schüttete mein Herz aus wegen seiner aufwendigen, zu intensiven Seitensprünge. Ich selbst ließ mich besser wegkommen, indem ich lieber nicht sagte, wie ich mit meinen umging. Ein wenig kam es mir wie Desinteresse vor, daß Mats nicht weiterfragte. Ich war aber auch erleichtert. Und ich glaube jetzt, daß ich nicht den Mut aufgebracht hätte zu sagen, ich will keinen Ärger mit Robert, also nur das eine Mal heute. Es hätte ihn bestimmt gekränkt. Mats war ja wieder allein und suchte eine neue Freundschaft. Mußte ich ihm erklären, daß ich dafür nicht in Frage kam?

Wir tranken vom besten Wein seines Vaters und überließen uns der Wirkung. Sie beflügelte die Erwartungen, die wir ineinander setzten. Wir lachten, Mats küßte mich, war zärtlich, und ich spürte, daß er dabei war, sich in mich zu verlieben.

Laß dich nicht zu sehr darauf ein, der ist einfach zu lieb, dachte ich. Hier kommst du schwer wieder raus. Romantik stört die Vernunft. Und ich brach die Stimmung.

„Bist du nicht müde? Komm, wir wollen ins Bett gehen."

Als er sich nackt an mich schmiegte, war er mir fremd. Wir mußten uns aneinander gewöhnen. Zwischendurch dachte ich an Robert, der jetzt auch in irgendeinem Bett lag. Es schien nicht die

Nacht der Nächte zu werden. Zögernd glitten Fingerspitzen über Gesicht und Körper. Wir schlugen die Bettdecken zurück, betrachteten uns mit lächelnder Neugier, küßten uns und ertasteten alles nach und nach. Der Mund löste die Hände ab. Alles brauchte seine Zeit. Unsere Hingabe entfaltete sich mit viel Verzögerung und wurde wohl erst dadurch unersättlich. Doch irgendwann zog ich die Waffe zurück.

Es war schon hell geworden. Kühler Wind bewegte die halb geschlossene Gardine. Gelbes, fast orangefarbenes Sonnenlicht mit den Silbertönen des frühen Morgens schwebte in schmalen Streifen über das zerwühlte Bett.

Mats beugte sich über mich und grinste: „Was, nur dreimal, geht's wirklich nicht mehr? Bei mir wären noch zwei möglich. Scheinbar doch zu alt."

Ich wollte ihn mit dem Kissen ersticken. Er wehrte sich erfolgreich. Erschöpft und übermüdet blieben wir bis zum frühen Nachmittag in den Betten seiner Eltern. Ich glaube, es war Sonntag, und er hatte nichts zu Essen im Kühlschrank. Dafür tranken wir fröhlich den Rest des Weines, der vom Abend übriggeblieben war, und noch eine neue Flasche. Ich verriet meine Prinzipien und gab ihm meine Telefonnummer.

Wenn ich Mats anrief, war manchmal seine Mutter am Apparat. Sie wollte von ihm natürlich wissen, wer ich bin. Er muß ihr gesagt haben, daß wir miteinander schliefen. Obwohl wir uns nie gesehen haben, kann sie mich bis heute nicht leiden. Wahrscheinlich verurteilte sie die Freuden, die Mats mit mir noch lange teilte, als besondere Schändung des anschmiegsamen Söhnchens, weil sie und ich ungefähr im gleichen Alter waren.

Mats hatte sich wirklich in mich verliebt und wollte alles besser machen als Robert, nur noch für mich da sein. Und ich mochte ihn sehr. Unsere heimlichen Verabredungen reichten Mats nicht. Er wartete in der Nähe meines Hauses und traf mich dann wie zufällig auf der Straße. Nur um mich zu sehen. Ich war in dieser Hinsicht froh, daß ich noch nicht mit Robert zusammenwohnte. Er bekam deshalb auch nichts mit von den Briefen, die mir Mats schrieb. Sehr schöne, kluge, schmerzerfüllte, selbstbewußte Briefe. Mats konnte heiter, manchmal auch altklug sein. Er wollte mich haben, für immer. Allmählich wurde mir bewußt, wie nahe wir uns gekommen waren. Ja, leichtfertig auch von mir gewollt. Ich begann zu spät, mich gegen mich selbst zu wehren, versuchte zögernd, meine Zuneigung zu überwinden und seine Hoffnungen zu dämpfen. Ich deutete an, daß es mir zuviel wurde, wenn Mats ständig so präsent war, verglich ihn scherzhaft mit einer Besatzungsmacht.

Der Spielraum, den ich gewinnen wollte, ergab sich von selbst. Mats mußte zum Militär, und wir konnten uns lange nicht sehen, nur kurz, wenn er Urlaub hatte. Aber wir schrieben uns sehr oft. Doch dann kam sein letzter Brief. Mats hatte mich aufgegeben. Mir ersparte er das quälende Schlußwort, um das ich mich schäbig gedrückt habe. Dafür hätte ich Mats eigentlich dankbar sein müssen. Trotzdem, ich fühlte mich schlecht. Aber das empfindet wohl jeder, der gehen muß. Zum ersten Mal sprach er von unserem Altersunterschied und daß er sich allein um sich kümmern müsse. Eigenartig, je mehr Zeit vergangen war, um so deutlicher sah er diesen Abstand. Sicher auch begünstigt durch die Einsicht, daß ich mich doch nicht von Robert trennen würde. Und dazu kam noch, daß Robert und ich endlich zusammenzogen in eine schöne Wohnung mit Dachterrasse am Stadtrand, was auch das Ende von Roberts und meinen Seitensprüngen war.

Ich blicke gern ironisch auf Vergangenes zurück, bekomme dann leichter Abstand zu Geschehnissen, die mehr oder weniger unangenehm auf dem Gewissen lasten. Bei Mats gelingt es mir nicht. Er war, was ich Robert immer vorgeworfen hatte, eine Liebe nebenbei. Und das hatte Mats nicht verdient.

Die beiden haben sich übrigens kennengelernt. Robert war von ihm anfangs nicht gerade begeistert und fand ihn sexuell überhaupt nicht anziehend. Ich habe wohl nie danach gefragt, was Mats von Robert hält. Vielleicht habe ich auch vergessen, was er über ihn gesagt hatte. Es kann nichts Schlechtes sein, denn die Fronten sind geklärt. Sie gehen freundlich miteinander um. Wir drei sehen uns ab und zu. Selten rufe ich auch mal an. Er wohnt noch bei seiner Mutter.

„Hallo, ich wollte nur mal fragen, wie's dir so geht. Hast du Arbeit? Das freut mich für dich. Ja ja, wer welche hat, der hat meistens zu viel davon. Ich kann auch ein Lied von singen. Wir müssen uns unbedingt mal treffen und wieder so richtig quatschen. Ja, Robert geht es auch gut. Ich grüße ihn gern von dir."

Mats ist immer heiter und herzlich. Kleine Anspielungen auf vergangene Zeiten aber überhört er. Ich vermeide, mich danach zu erkundigen, mit wem er zusammenlebt oder ob er überhaupt jemanden hat. Latente Eifersucht? Ich weiß es nicht. Mit Robert spreche ich nicht darüber. Er kann ungeheuer großzügig, manchmal aber auch nachtragend sein. Wir halten übrigens nichts vom fleckenlosen Einerlei einer Bilderbuchliebe, in der nicht gestritten wird. „Der Sünder ist der Wahrheit oft näher als der Heilige." Man kann diesen gefälligen Aphorismus umdenken: „... der wahren Liebe näher ..." Das soll aber kein Freibrief sein. Ich liebe Robert so sehr, daß der Gedanke, er könnte vor mir gehen, mich in eine quälende, dunkle Leere fallen läßt. In verwirrenden Umrissen bedrängt mich manchmal dieses bange „Was wäre, wenn ..." Besonders dann, wenn Robert nicht bei mir ist. Es ist nicht die Angst vor dem Alleinsein, der ratlosen Vereinsamung. Es ist eine Liebe, die ich nicht beschreiben und auch nicht immer zeigen kann. Ich nähere mich einem Alter, wo mir so etwas durch den Kopf geht. Ich denke es aber nicht zu Ende, kann es mir einfach nicht vorstellen. Ich weiß, wie schwer ich zu ertragen bin. Gibt es überhaupt jemanden außer Robert, der es mit mir aushalten könnte? Wenn nicht so viel Zeit vergangen wäre, Mats vielleicht.

Er schickte mir neulich eine SMS: „Alles Liebe zum Geburtstag!" Ich habe vergessen, wann er seinen hat. Aber ich könnte ihm trotzdem etwas schenken, wenn ich ihn wieder einmal sehe. Vielleicht dieses Buch. Einfach so.

Ein Tag mit ihr

Karin Rick

Sie zieht mich in den dämmrigen Raum und streift mit flinken Fingern meine Jacke ab, sie beginnt, mich langsam und leidenschaftlich zu küssen, mit spitzer, zustoßender, durchdringender Zunge, ihre Lippen gleiten zu meinen Schläfen und zu meinen Ohren, ihr heißer, heftiger Atem bewegt die schwarzen Straußenfedern am Ausschnitt des Kleides.

Karin Rick, geboren 1955, Schriftstellerin und Übersetzerin, lebt in Wien; Veröffentlichungen: *Böse Spiele* (1991); *Sex, Sehnsucht und Sirenen* (1991); *Sex ist die Antwort* (1996) u.a.

Ein Tag mit ihr

I

Sie ist wieder für eine Woche in Wien, und wir spielen Alltag, als ob sie immer hier leben würde und es normal wäre, gemeinsam ins Café *Eiles* zum Mittagessen zu gehen, wo der Kellner immer den sonnigsten Fensterplatz für uns reserviert. Sie steht freudig auf, sobald sie mich sieht, nimmt mich in die Arme und hält mich mit anhaltendem Nachdruck an sich, so daß es mir heiß durch den Körper läuft und die kartenspielenden Großtanten am Nachbartisch mißtrauisch aufschauen. Hatten uns schon mehrmals gerügt, weil wir so laut lachten, jetzt umarmen wir einander auch noch und wollen gar nicht mehr damit aufhören. Ihre glatte Wange fühlt sich seidig an, und ich wage es nicht, ihre Lippen in der Öffentlichkeit zu küssen, aus Angst, die Lust könnte mich davontragen, wie der wildgewordene Gaul den Fiaker mit den französischen Touristinnen unlängst vor der Oper.

Es ist Frauen oft nicht anzusehen, wie sanft sie sein können, vor allem jenen nicht, auf die ich stehe: ruppige, drahtig burschikose, scharf antwortende, laute Frauen, mit hallenden, dunklen Stimmen, ausladenden Schritten, die sich nichts gefallen lassen. Wenn sie mich jedoch küssen oder halten, sind sie von einer betäubenden Zartheit.

Sie ist die filigrane, aristokratische Variante dieser herben Frauen. Mit ihrem kantigen Kinn und den turbulenten Löckchen. Wenn sie mich in den Arm nimmt, strömt gleichmäßige Wärme durch all meine Glieder, als hätte mich jemand an ein Kraftfeld angeschlossen, all ihr Wollen ist bei mir. Diese Liebe hält mich wach und trägt mich wie ein Luftkissen durch die grau verhangene Realität der Wochen, in denen wir uns nicht sehen. Eine Zeit, in der mein Körper unausstehlich unruhig ist, unausgelastet, weil in seinen sexuellen Wünschen nicht erhört. Und ich bin nicht einmal imstande, mich schnell einmal auf ein Abenteuer einzulassen, mich eventuell auch mit einem Mann zu befriedigen, um Dampf abzulassen, nein, bei dem Gedanken allein schon rümpfe ich die Nase, runzle ich die Stirn. Früher war ich nicht so wählerisch.

Ich esse Grammelknödel und sie Wiener Schnitzel. Mein Lieblingskellner läßt die Teller beflissen und zufrieden murmelnd, weil er endlich wieder uns beide zu versorgen hat, im Vorbeisegeln auf unseren Tisch gleiten, wünscht ergebenst „Guten Appetit", und wir kommentieren Zeitungsartikel, die Börsenkurse oder einen neuen Text von mir.

Auch wenn wir keine gemeinsame Arbeit haben, nicht in der gleichen Stadt wohnen, nicht die gleiche Sprache sprechen, scheint der Austausch über die Vorkommnisse des Lebens selbst ein Lebensprojekt zu sein. In dieser kurzen Zeitspanne ihres Aufenthaltes will ich sie alles wissen lassen, was in Wien vor sich geht, und übersetze hastig und nach Worten ringend die Glossen aus dem *Standard*, die mich zum Lachen bringen.

Ich liebe sie für ihr Urteil. Für mich hat sie ein tiefes Wissen um Zusammenhänge, aber vielleicht ist mein Vertrauen in sie auch nichts anderes als ein Zeichen meiner Zuneigung. Ich erzähle ihr mit Vorliebe Geschichten und Geschichtchen über Freundinnen, Freunde und Bekannte, über deren Freuden und Schmerzen, Glück und Pech, Vorkommnisse, die mich beunruhigen oder sorgen, wütend, hilflos oder traurig machen. Ich sage: „Du, der Hansi nervt mich mit seiner Sammelwut, jetzt hat er schon vier Wohnungen voller Gerümpel und verbringt sein Leben damit, von einer zur anderen zu fahren und darin zu wühlen, anstatt seinen Lebensunterhalt zu verdienen", oder: „Die Marie hat sich schon wieder in einen Mann verliebt, mit dem es nicht klappen kann, sie hat ihn noch nicht einmal gesehen, sondern nur mit ihm telefoniert, das wird der nächste Reinfall, das seh ich jetzt schon", oder: „Trudi ist aus ihrer Firma hinausgeekelt worden, dabei arbeitet sie gewissenhafter als alle anderen, ich versteh das nicht."

Und sie wird aufmerksam zuhören, ihre blauen Augen werden dabei in hemmungsloser Liebe an meinen Lippen hängen, und dann wird sie beginnen, mir zu erklären, warum das so ist, warum die Trudi nicht anerkannt wird, der Hansi sich sein Leben mit Krempel verstellt und Marie von der Realität nichts wissen will, und ich werde mich aufseufzend zurücklehnen und mich geborgen fühlen in ihrer Weisheit.

So ein Tag mit ihr ist, als ob ich blau machen würde. Und manchmal machen wir auch blau. So wie jetzt. Ich sage ihr, daß wir heute nachmittag zu einer Hochzeit gehen könnten, wenn wir wollten. Es ist aber keine echte. Eine italienische Freundin von mir heiratet einen Türken, wegen der Staatsbürgerschaft. Sie ist lesbisch, er ist schwul. Wir sind unschlüssig, Hochzeiten mögen wir nicht sonderlich. Aber zehn Minuten, bevor die Trauung beginnt, siegt unsere Neugier. Wir hasten aus dem Café zum Blumenstand an der Ecke, ich schnappe mir eine exotische, distelartige Blume mit etwas Unkraut für die Braut, dann laufen wir die Josefstädterstraße hinauf in Richtung Standesamt, und ich finde meinen Lippenstift nicht.

„Geht es auch ohne?" frage ich sie, was sie bejaht.

„You look naturally beautiful", ist sie überzeugt, aber ich bin mir dessen nicht ganz sicher. Ich drücke ihr die Distel in die Hand und verschwinde für ein paar Sekunden im Drogeriemarkt, komme mit kirschrotem Mund wieder heraus, freue mich, daß sie so verblüfft ist, als sie mich sieht. Diese weibliche Koketterie versetzt sie zu meiner großen Genugtuung immer wieder in Erstaunen. Mein schneller Wechsel zwischen sportlichem Unisex und Femininem, meine kleinen Improvisationen, um in allerletzter Minute doch noch geschminkte Lippen zu haben. Ihr genügen für sich ein frisch gebügeltes Hemd und ein Spritzer *Fahrenheit* von *Dior*.

Sie drückt meine Hand fester, als wir die Treppen des Standesamtes hinauflaufen, nun korrekt vorbereitet, passend zurechtgemacht und mit Blumen. Am Treppenabsatz eine trauungsunübliche, lärmende Runde. Die Braut, normalerweise eine Rabaukin der Lesbenszene mit Bewegungen wie eine Dampflok, trägt heute zum ersten Mal in ihrem Leben einen Rock und zwar einen beige quergestreiften, knöchellangen, à la Vorstadtfriseuse der siebziger Jahre, sogar ihre Haare sind wegen der Hochzeit gewachsen und ringeln sich brav unterhalb des Kinns. Der Mund ist travestitisch angemalt. Sie brüllt herum und lacht und schließt uns in eine dicke Umarmung. Eine ihrer Freundinnen, eine mächtig große, vollbusige Chansonsängerin mit Schmollmund hat herzerlförmige Luftballons mitgebracht. Wir tänzeln alle in den Trauungssaal hinein, zu den bekannten Klängen eines Hochzeitsmarsches. Vorher wurden wir von der Beamtin angewiesen, in den Räumlichkeiten kein Konfetti zu verstreuen.

Das Brautpaar sitzt, von den jeweiligen richtigen PartnerInnen links und rechts flankiert und deren Hände haltend, aufmerksam grinsend da. Obwohl es um absolut nichts geht, fängt die Chansonsängerin zu schluchzen an, als beide aufstehen und „Ja, ich will" sagen und sich danach richtig auf den Mund küssen.

Und sie, meine Geliebte, flüstert mir „This is too much, ich bin so gerührt, das macht mich so sentimental, gleich weine ich auch" ins Ohr.

Ich schaue sie voller besitzergreifender Zärtlichkeit an.

„Es ist ein Fake, Julie", sage ich streng. „Ein Fake. Vor einer Stunde warst du selber noch abfällig und dagegen."

„I know", schnieft sie. "But a wedding is so nice."

"Willst du mich heiraten?" frage ich sie.

„Das weißt du doch."

„Also gut, dann heirate ich dich halt", sage ich, „damit eine Ruh' ist."

Nach fünf Minuten ist es vorbei, Blitzlichtgewitter, die nächsten warten, wir stürmen den kleinen Platz vor dem Gebäude, ein grauer, milder Februartag, der Bräutigam läßt die Luftballons fliegen und stellt sich so ungeschickt dabei an, daß sie sich sofort in schwarzen Ästen verfangen. Die Konfettidose wird aufgestellt und die Lunte angezündet, das Brautpaar steht zu weit weg, um den bunten Papierregen richtig abzukriegen. Der Brautstrauß fliegt in die Luft, die Chansonsängerin und ich starten los. Sie will ihn unbedingt haben, aber ich bin wendiger, und er segelt mir direkt in die offenen Arme. Ich juble, springe und schwinge ihn wie eine Trophäe, obwohl ich nie in meinem Leben an eine Vermählung gedacht habe, auch in meinen frühen Heterozeiten nicht.

Julie küßt mich und sagt: „Jetzt mußt du heiraten, da gibt es keinen Weg zurück." Dann ergeht sie sich in tiefschürfenden Überlegungen, warum wir hier in Österreich „Ja, ich will" sagen und nicht wie sie in Schottland oder in allen anderen englischsprachigen Ländern der Welt „I do".

„‚Ich will' ist weniger verbindlich als ‚I do'", behauptet sie.

„‚Ich will' ist ein stärkeres Versprechen als ‚I do'. Was soll ‚I do' schon heißen, außer einer Feststellung von Tatsachen", antworte ich.

II

Wir verlassen das Hochzeitsfest um zwei Uhr früh, als der Höhepunkt vorbei ist. Ich bringe sie nach Hause, und beim Abschied im Auto, als ihre Hand wie von selbst unter meinen kurzen Rock gleitet, flüstert sie mir ins Ohr, ob ich vielleicht noch mit hochkommen möchte. Genaugenommen fragt sie mich scherzhaft, ob ich mir ihre Briefmarkensammlung anschauen möchte, wobei sie auf Englisch nicht Briefmarken sagt, sondern „etchings", auf Französisch wären es „les estampes japonaises". Sie erwartet ob der späten Uhrzeit eine ablehnende Antwort von mir und zuckt freudig zusammen, als ich schlicht „Ja, gut" sage und sie angrinse.

„Ich habe sturmfreie Bude heute nacht, meine Gastgeberin ist weggefahren", fügt sie hinzu, als sie das Haustor aufsperrt. Ich folge ihr in den Flur, die Treppe hinauf in ihr Zimmer, mein Herz pocht aufgeregt. Sie zieht mich in den dämmrigen Raum und streift mit flinken Fingern meine Jacke ab, sie beginnt, mich langsam und leidenschaftlich zu küssen, mit spitzer, zustoßender, durchdringender Zunge, ihre Lippen gleiten zu meinen Schläfen und zu meinen Ohren, ihr heißer, heftiger Atem bewegt die schwarzen Straußenfedern am Ausschnitt des Kleides. Ich lasse mich auf dem Bett nieder, stütze mich auf einen Arm und spreize die Beine in meinem Mini, damit sie mich betrachten kann und später dann ficken – in einer Wohnung, die mir nicht ganz fremd ist, weil sie meiner Schwester gehört.

„Ja, wohnt Julie denn nicht bei dir, wenn sie dich besuchen kommt?" fragen meine Freundinnen verblüfft.

„Nein", sage ich und merke, daß ich verlegen werde, denn nun folgt ein Fragenkatalog, mit dem versucht wird, diese merkwürdige Beziehung zwischen uns beiden in den Griff zu bekommen. Eine Liebhaberin, die in einer anderen Stadt in einem fernen Land lebt und, wenn sie in Wien ist, nicht einmal bei mir wohnt. Zu Beginn ist sie in einem nahegelegenen Hotel abgestiegen, was uns eine schöne Stange Geld gekostet hat, dann schlug meine Schwester vor, sie könne zu ihr ziehen, in das Mädchenzimmer ihrer Tochter, die vor kurzem eine eigene Wohnung bekommen hat.

„Aber warum?" haben bisher alle meine Bekannten gefragt, und Sylvia, eine ganz enge Freundin von mir, eine, mit der ich vor Jahren selbst eine Beziehung hatte, brachte es auf den Punkt. „Deine Wohnung ist so groß, ihr seht euch so selten, und dann darf Julie gar nicht bei dir wohnen? Die Arme!" schloß sie rügend und mit Nachdruck.

„Sie will auch gar nicht bei mir wohnen, sie will sich zurückziehen können nach einem ganzen Tag mit mir", sage ich, aber diese Feststellung bleibt ungehört. Für Sylvia bin ich das Monster, das Julie nicht an sich heranläßt, und Julie ist die schmachtende Liebhaberin, die unter meiner Fuchtel steht und sich nicht wehren kann.

Offensichtlich brechen wir ein hartnäckig verteidigtes Tabu mit dieser Trennung von Tisch und Bett. Die Freundinnen würden eher tolerieren, daß eine Heterofrau nach gescheiterter Ehe getrennt vom neuen Partner leben will, als daß zwei Frauen für ihre Beziehung zwei Wohnorte brauchen.

Wenn wir uns fortwährend streiten würden, wenn eine von uns, sobald die andere weg ist, eine Liebhaberin hätte, wenn wir nach einer Weile keinen Sex mehr hätten, wie so viele Frauen in so vielen Beziehungen, dann würde das mit Verständnis bedacht werden. Die Freundinnen würden das als „normal" ansehen, bei „einer solchen" Entfernung, so selten wie wir einander sehen. Daß wir nicht miteinander einschlafen und aufwachen wollen, ist jedoch eine Ungeheuerlichkeit, die jedesmal widersprüchlichste Gefühle bei unserem Gegenüber hervorruft. Meine Erzählungen, wie glücklich wir miteinander sind, werden mit einem Schlag unglaubwürdig, sobald diese Wahrheit ans Licht kommt.

„Na, ich würde das nie im Leben tun. Allein im Hotelzimmer schlafen, wie schrecklich", ruft Sylvia aus und schüttelt sich, „da würde ich mir ganz und gar verlassen vorkommen." Und ihre Freundin fügt hinzu: „Und nicht einmal fernsehen könnt ihr da miteinander im Bett, furchtbar ist das!"

„Habt ihr denn überhaupt Sex, wenn ihr nicht zusammen wohnt?" fragt Sylvia weiter.

„Habt Ihr denn Sex, wenn ihr im Bett fernseht?" frage ich zurück.

„Das müssen wir ja nicht. Aber kuscheln können wir."

„Kuscheln tun wir sowieso den ganzen Tag, warum müssen wir das ausgerechnet in der Nacht vor dem Einschlafen?"

„Wo kuschelt ihr denn bitte?"

„Überall. Auf der Wiese, im Auto, im Wohnzimmer..."

„Aber nicht im Schlafzimmer..."

„Nicht so oft."

„Aber wann seht ihr euch dann?"

„Na ja, den ganzen Tag lang."

Sylvia schaut bedrückt. Keines meiner Argumente überzeugt sie. Und das nächste Mal, bei Julies nächstem Aufenthalt in Wien, wird ihre allererste Frage sein: „Darf sie jetzt schon bei dir wohnen?"

Um langen Diskussionen zu entgehen, werde ich sie anschwindeln und „Ja" sagen.

„Gott sei Dank", wird Sylvia erleichtert aufseufzen.

„Ich könnte nie mehr wieder mit jemandem zusammenleben", sagte unlängst ein schwuler Freund zu mir. „Das habe ich lang genug gemacht. Jetzt ist Schluß damit."

„Ich auch nicht", pflichtete ich ihm bei. „Wenn meine Freundin aus Edinburgh zu Besuch kommt, wohnt sie auch nicht bei mir."

„Was?" rief er bestürzt aus. „Nicht einmal dann? In zwei verschiedenen Städten leben und dann auch noch getrennt wohnen, wenn man sich sieht, das ist wirklich selten."

Letzten Sommer nahm ich an einer Erhebung über schwule und lesbische Paare, die in Fernbeziehungen leben, teil. Welche Schwierigkeiten diese haben, mit Einwanderungsbehörden, Arbeitsbewilligungen, allerlei Arten von Diskriminierungen, Sprachbarrieren usf. Den Wunsch, finanziell unabhängig voneinander zu sein, wenn wir uns im Land der Partnerin aufhalten, schienen Julie und ich mit vielen anderen Schwulen und Lesben gemeinsam zu haben, im Gegensatz zu Heteropaaren, in denen die Abhängigkeit eines Partners oder einer Partnerin oft als gegeben hingenommen wurde. Daß wir aber nicht miteinander leben wollten, überraschte sogar den Interviewer aufs Äußerste, in Anbetracht der Tatsache, daß wir einander ohnehin so selten sehen und die vielen Reisen allein schon große Hürden darstellen.

Nur meine Schwester, die mich und in gewisser Weise auch Julie liebt, versteht uns. Ohne zu fragen, weiß sie, was wir beide wollen und warum es zwischen uns so sein muß. Und natürlich hat sie zu Julie, ihrem Gast, nun ein ganz bestimmtes, vertrautes Verhältnis, das entsteht, wenn man als gute Freundinnen einen Haushalt miteinander teilt, etwas, das zwischen uns beiden, den ewigen Liebhaberinnen, nie entstehen wird. Ich wundere mich über mich selber, daß ich auf diese Konstellation eingestiegen bin. Früher hätte ich Angst gehabt, auf die Vertraulichkeit meiner Partnerin einer anderen gegenüber, auch wenn es die eigene Schwester ist, eifersüchtig zu werden. Aber mit Julie paßt es so, wie es ist. Es ist angenehm zu wissen, daß sie in Wien einen Ort der Geborgenheit hat, wenn wir uns am Abend voneinander verabschieden.

III

Ja, möglicherweise haben wir beide Angst vor Nähe, schon die Fernbeziehung deutet darauf hin, oder vielleicht sind wir auch nur vorsichtig damit. Und ja, wir haben auch Angst, daß der Alltag alles zerstört, diese plötzliche Anwesenheit der geliebten Person, die für fünf, sechs Wochen unerreichbar war und nun rund um die Uhr dasein soll. Vielleicht wollen wir aber nur so lange und so oft wie möglich das erste Rendezvous täglich aufs Neue erfinden.

Nie würden wir diese innigen Abschiede am Abend missen wollen, wenn sie mich nach Hause bringt, oder ich sie, und wir uns noch ein letztes Mal fest aneinander schmiegen, bevor wir uns trennen, und wissen, diesmal wird es nur für den nächsten Tag sein, schon morgen werden wir einander in derselben Stadt wiedersehen, für einige Zeit wird das Wiedersehen am nächsten Tag zur Realität gehören.

Nie würden wir das aufgeregte Klingeln des Telefons am Morgen missen wollen, die erste SMS mit „Did you sleep well, my darling? Can't wait to see you again. Kiss you tenderly, XXX J."

Oder den Samstagmorgen, etwa um elf, wenn das Wochenende noch vor uns liegt. Sie läutet pünktlich an der Tür, und ich bin spät dran und komme gerade aus der Dusche, habe nur das Badetuch um, was sie schon durch das Glas der Eingangstür sieht und daraufhin ungläubig zu lächeln beginnt. Ich lasse sie ein, und während sie sich Schuhe und Mantel auszieht, beobachte ich sie aufmüpfig, die Hände erhoben und links und rechts am Türrahmen abgestützt, so daß sich der Knoten des Badetuches zu lockern beginnt und der Stoff, als sie aufblickt, langsam über meine Brüste, an meinen Hüften und Beinen entlang zu Boden rutscht. Ihre kühlen Hände wärmen sich schnell auf, als sie der Form halber versucht, das Tuch wieder an meinen Körper zu legen oder einfach nur zwischen mich und die Wand zu klemmen, damit ich weich aufkomme, wenn sie mich jetzt im Stehen nimmt.

Oder die Nachmittage auf einer Sommerwiese, wenn der Himmel nahe scheint und die Wolken schnell und unerreichbar dahinziehen und ich nach dem Sex einschlafe, an ihre Brust gelehnt, den Arm um sie geschlungen, und in einen tiefen, von Träumen durchzuckten Schlaf sinke, so tief, wie ich ihn in der Nacht nie herbeisehnen könnte.

Halb und halb

Tilman Janus

Da trabte der Zentaur vorbei. Oben herum trug er ein schwarzes Reitjackett. Ein muskulöser Hüne. Sein blondes, lockiges Haar flog leicht im Wind. Unten herum hatte er schwarz glänzendes, schweißbedecktes Fell, und zwischen den kräftigen Hinterschenkeln lugte sein mächtiges Begattungswerkzeug hervor.

Tilman Janus ist Biologe und Bibliothekar; 1949 als Mädchen geboren, lebt er heute als schwuler Mann glücklich mit Mann und Kind in Berlin (tilmanjanus@aol.com); Veröffentlichungen u.a. in Jim Baker (Hg.): *Hiebe und Triebe* (Band 1: 2000, Band 2: 2002) und in den Magazinen *Freshmen* und *Men*.

Halb und halb

An einem Sonntag im Mai verliebte sich David in einen Zentauren. Ein Zentaur ist ein Pferd, das vorne wie ein Mensch – nein. Ein Zentaur ist ein Mensch, der von der Hüfte an – nein. Ein Zentaur ist ein Wesen, das halb Mensch ist und halb Tier. Ein ganz normales Lebewesen also wie wir alle.

David hatte auf seinem Fahrrad den Wald erobert. Sonntagsausflug. Ganz allein. Warum immer mit allen möglichen und unmöglichen Leuten in verqualmten Lokalen sitzen? Warum nicht einmal allein durch den Wald radeln? Irgendwann hatte er eine schöne, lange Pause eingelegt, sich unter einen Baum gesetzt, die mitgebrachte Banane zärtlich ausgezogen und aufgegessen, und nun lauschte er dem Gesang der Vögel. Eine Hummelkönigin brummte um seinen Kopf, respektvoll machte er ihr Platz. Tief atmete er den harzigen Waldduft ein, blinzelte durch die märkischen Kiefern zur Sonne hinauf, lehnte sich wohlig an die sommerwarme Rinde des Stammes.

Da trabte der Zentaur vorbei.

Oben herum trug er ein schwarzes Reitjackett. Ein muskulöser Hüne. Sein blondes, lockiges Haar flog leicht im Wind. Das scharf geschnittene Gesicht war vom Aufenthalt im Freien gebräunt, wirkte dennoch nicht dramatisch männlich. Vielleicht lag das am etwas runden Kinn – und an seinem Mund. Der Mund war beispiellos schön. Noch niemals hatte David einen Mann mit einem solchen Bilderbuchmund gesehen.

Unten herum hatte der Zentaur schwarzglänzendes, schweißbedecktes Fell. Zwischen den kräftigen Hinterschenkeln lugte aus der Vorhaut gerade knapp die dicke, dunkle Eichel eines mächtigen Gliedes hervor, eines Begattungswerkzeugs, das, wie David mutmaßte, bei Bedarf bestimmt einen Meter weit ausgeschachtet werden konnte.

Starr und atemlos sah David den Reiter hinter den Kiefernstämmen entschwinden und wußte nichts mehr, nicht einmal mehr seinen eigenen Namen. Das sollte doch ein Sonntagsausflug sein, eine Erholung! Und jetzt starb er hier im märkischen Sand den Liebestod!

Ruckartig erhob er sich, griff nach dem Lenker seines Fahrrades, wollte aufsteigen, stürzte um. Er atmete tief durch. Er mußte kühl bleiben, mit Verstand vorgehen! Der Zentaur war nach Norden gelaufen. Soweit sich David erinnerte, gab es dort einen Reitstall, einen kleinen, exklusiven, privaten Club mit nur zwanzig oder dreißig Pferden. David ging in diese Richtung. Das plötzlich lästig gewordene Fahrrad schob er neben sich her als unpassenden, peinlichen Fremdkörper. Wie sollte er mit diesem ungelenken Drahtesel einem schwarzschimmernden, schaumbedeckten Zentauren unter die Augen treten?

Er lehnte das Fahrrad an den Zaun des Clubgrundstücks. Wie von ungefähr schlenderte er die Auffahrt entlang zum Stallgebäude. Es mußte alles ganz zufällig wirken.

In der Stallgasse stand ein schweißnasser Rapphengst angehalftert, dösend, müde vom anstrengenden Ausritt. Er hatte den Hals lang ausgestreckt, vollkommen locker. Sein beinahe armdicker, wie aus schwarzem Gummi glänzender Penis, normalerweise dezent im Unterbauch verborgen, war nun tatsächlich ganz und gar aus der Vorhaut ausgefahren und hing im Bogen weit hinab, fast schlapp, ohne Absicht, bloß so zur Entspannung.

David verharrte, verlor sich in diesen paradiesischen Anblick. Und dann passierte etwas, das so viele sich wünschen, das nur in Pornos vorkommt und angeblich niemals in Wirklichkeit geschieht: Der Besitzer des Pferdes, der Hüne, dieser ganz fremde Mann, dieser halbe Mensch, das Oberteil des Zentauren, kam langsam auf ihn zu, dicht heran, stand direkt vor ihm und sah ihn an, tauchte seinen Blick in Davids Blick und verschmolz mit ihm, in Sekunden. Sie kannten sich, sie wußten alles und hatten sich nie vorher gesehen.

Der blonde Reiter hob die Hand, strich mit den Fingerspitzen sanft über Davids Lippen. Wie Feuer floß es durch Davids Körper und Seele. Er küßte die Finger, saugte sie in seinen Mund. Der Fremde legte seine Hand zwischen Davids Schenkel und nahm Davids Hand und legte sie sich zwischen seine eigenen Schenkel, auf die enge, schwarze Reithose. David fühlte ein baumstarkes Zentaurenorgan unter dem Stoff und spürte nur noch undeutlich seine eigene Erektion, die war jetzt nicht so wichtig. Er folgte dem Zentauren benommen in eine halbdunkle Seitenkammer, ließ sich an einen ledernen Sattel drängen, sah, wie die schwarze Reithose sich öffnete, der feucht glänzende Pferdephallus heraussprang, und riß sich die Hosen vom Leib und zitterte dabei und drehte sich um – denn immer werden die Stuten von hinten besprungen, sicher war es bei den Zentauren auch so. David spürte das Eindringen, brennend, rasch und gierig, nicht vorsichtig, aber – Herr im Himmel – er wollte es auch nicht vorsichtig, er wollte gepfählt, zerrissen werden von diesem schweißtriefenden Zentauren, von diesem schwarz schäumenden Riesenhengst. David hing stöhnend über dem Sattelbaum, drückte das Hinterteil nach oben wie eine rossige Stute, gab sich seinem rasenden Beschäler hin, hörte ihn ächzen, fühlte sein Zusammenkrampfen, das Herausreißen, und dann die hitzige Flut von Zentaurensperma auf seinem nackten Rücken, Schub um Schub, nicht endend, spürte es an den Seiten warm hinablaufen, biß in seine Finger, preßte sich an das Sattelleder und kam selbst, ohne sich überhaupt angefaßt zu haben, wollte schreien und wimmerte nur.

Der Zentaur sank an Davids samennassen Rücken, und David spürte den Bilderbuchmund an seinem Nacken und zärtliche Arme und warmen Atem und heiße Küsse, lange, lange. Und dann erst sprachen sie das erste Wort miteinander.

Sie trennten sich von dem Moment an, als kochendes Sperma sie in der Sattelkammer zusammengeschmiedet hatte, keinen Tag mehr. In Sekunden waren sie sich vertraut geworden, und sie vertieften diese Vertrautheit, indem sie ihre beiden Leben nahtlos miteinander verschweißten. Bei allem, was sie in Vergangenheit, Gegenwart und Zukunft interessierte und bewegte, waren sie sich einig. Sofort zog David in Birgers Wohnung ein – keine einzige Nacht hätte einer es ohne den anderen ausgehalten. David, der noch nie einen festen Partner gehabt hatte, fand es normal, daß Birger seinen vorherigen Freund kurzerhand in die Wüste schickte.

„Es ist so anders mit dir, so ganz anders", murmelte Birger, und dabei nestelte er an seinem Reißverschluß, preschte vor und fuhr – überaus potent, wie Zentauren bekanntlich sind – wieder naß tropfend hinein in diese enge, bukolische Lustgrotte, die offenbar extra für ihn und nur für ihn von Zeus erschaffen worden war, während der verstoßene Lover gerade noch im Nebenzimmer seine Koffer packte.

So also begann Davids gemeinsames Leben mit einem Zentauren. Sie waren beide kerngesund, und es war keine Frage, daß sie sich absolut treu blieben. Alle Spielarten, alle Genüsse konnten sie gefahrlos auskosten bis zur Neige.

David lernte reiten. Auf einem Pferd. Das Reiten auf einem Zentauren konnte er schon gut.

„Ein Hengst ist für Anfänger zu gefährlich", hatte Birger gesagt. „Wir kaufen einen netten Wallach für dich."

„Okay", hatte David geantwortet und ein bißchen gelacht. Armes Pferd, keine Freude mehr am Leben!

David war auch für das Reiten auf einem Pferd außerordentlich begabt und lernte schnell. Schon nach wenigen Wochen ritten sie zusammen ins Gelände. Die Pferde hatten dabei ein faules Leben, denn statt stundenlange Gewalttritte ertragen zu müssen, standen sie häufig angebunden im Wald, während ihre Reiter sich ausdauernd und endlos unter freiem Himmel miteinander vergnügten.

Es war im November, als alles anders wurde. Birger und David ritten, wie immer, gemeinsam aus. Nebel zogen durch den Kiefernwald, der Himmel war grau. Urplötzlich tauchte vor ihnen, auf einem kaum sichtbaren Forstweg, ein Auto auf und hupte. Birgers Rapphengst, sonst ziemlich beherzt, erschrak zu Tode. Er bäumte sich auf und machte in Panik einen gewaltigen Satz zur Seite. Birger, eigentlich ein guter Reiter, hatte nachlässig im Sattel gesessen, weil er David verliebt betrachtet hatte. Er wurde vom Pferderücken geschleudert und prallte mit dem Rücken hart auf einen Stein. Er schrie auf. Es war der Schrei eines tödlich getroffenen Giganten. David sprang von seinem Wallach und hastete zu Birger hin, und dabei wußte er schon, daß alles vorbei war, oder fast alles.

Der Anruf bei der Feuerwehr, die rasende Fahrt zum Krankenhaus, das Warten, die Angst, das Alleinsein, das alles lief wie hinter einem Schleier ab, das drang nicht richtig ein in Davids zermartertes Gehirn. Dann hatte er Gewißheit. Ungewißheit ist quälend, Gewißheit gibt Kraft, auch, wenn sie schrecklich ist.

David kaufte Blumen, dunkelrote Rosen, und fuhr zum Krankenhaus. Er wußte alles, und er konnte alles, er fühlte sich stark wie Herkules.

Birger hatte ein Einzelzimmer, doch er lag nicht im Bett. Zentauren leiden nicht, sie schäumen vor Wut.

„Wenn ich wenigstens tot wäre!" schrie er David aus einem Rollstuhl entgegen. „Tot und aus und vorbei! Aber gelähmt! Sich in die Hosen scheißen und pissen! Und es noch nicht mal merken! Und das über Jahre und Jahrzehnte! Keine Rede von Sterben! Kopf und Herz prima in Schuß! Und unten sitzt man in der Scheiße!"

„Ich liebe dich!", sagte David ruhig. „Ich mach dir Windeln um und fahr dich im Rollstuhl in die Kneipe. Oder durch den Wald."

Birger verbarg das Gesicht in seinen Händen. „Das ist dir nach drei Wochen so zuwider, daß du mich abschießen wirst."

„Nein", widersprach David einfach. „Ich weiß, daß ich das kann. Bei einem andern nicht. Aber bei dir kann ich das."

Plötzlich krampften sich Birgers breite Schultern zusammen. Er begann zu weinen. Noch nie hatte er geweint, so lange sie sich kannten, wahrscheinlich sogar noch nie im Leben, nicht mal als Kind. David umfaßte ihn von vorn, über Birgers von der Krankenhausdecke verhüllte Knie hinweg.

Da betrat Schwester Lara mit einem Tablett das Krankenzimmer, doch Birger bemerkte sie nicht, denn im selben Moment stieß er David von sich weg und brüllte wie besessen: „Das ist noch nicht alles! Ich krieg keinen mehr hoch! Ich kann dich nie wieder ficken! Verstehst du? Dich-nie-wie-der-fi-cken!!!"

Schwester Lara riß die Augen auf und verließ fluchtartig den Raum.

„Das weiß ich", sagte David nur.

Birger starrte ihn an, dann schloß er die Lider. „Das ist kein Leben", flüsterte er. „Das ist die Hölle! Für uns beide. Laß uns Schluß machen! Ich gehe in ein Heim, und du suchst dir einen Mann, der richtig funktioniert. Vergessen wir alles, was war."

„Ja, vergessen wir alles! Fangen wir neu an! Als erstes verkaufen wir die Pferde. Dann müssen wir uns eine neue Wohnung suchen, mit Fahrstuhl. Außerdem –"

„Hör auf! Es ist Blödsinn! Nach ein paar Tagen kribbelt dir so der Arsch, daß du dich vom Gemüsehändler ficken läßt. Das halte ich nicht aus! Besser, du bist ganz weg, als daß du zu andern gehst."

„Ich gehe nicht zu andern. Wir kaufen uns einen Dildo, der genauso ist wie dein Schwanz, und du machst es mir damit."

„Du bist ein Idiot!"

„Der Idiot bist du! Sind wir denn all die Zeit bloß deswegen so glücklich gewesen? Denkst du, du bestehst nur aus deinem Schwanz? Da ist doch noch viel mehr!" David holte kurz Atem und fuhr dann viel leiser fort: „Denkst du etwa, du reizt mich nicht mehr? Weißt du nicht, daß ich verrückt bin nach dir wie am ersten Tag? Nach allem an dir, nach jedem Haar, nach jedem Quadratmillimeter Haut, nach deiner Wärme, nach deinem Mund, nach deinen Händen, nach jedem Tropfen Schweiß! Ich halte dich fest, ich leck dich ab, von oben bis unten, ich fress dich auf, ich –"

„Du saudummer Idiot!" unterbrach ihn Birger mit einem halb erstickten Schluchzen. „Das schaffst du nicht, das schaffst du nicht!"

David richtete sich gerade auf. „Laß dein Gejammer!", befahl er streng. „Wir haben viel zu tun. Wenn du hier entlassen wirst, komme ich mit in die Reha-Klinik, damit du nicht ausflippst da. Und vorher muß ich das andere organisieren, Wohnung und so." Er nahm Birgers Hände und küßte zärtlich die Fingerspitzen, wie er es so oft getan hatte, eine nach der anderen, und dabei sagte er: „Vielleicht funktioniert später wieder was bei dir – das soll es geben. Wenn man es von Anfang an trainiert, soll es möglich sein, sagte mir ein Arzt. Die versuchen heutzutage sogar schon, die Nerven zusammenzukleben. Und dann gibt's auch noch Viagra."

Birger schwieg und sah David an. Seine blauen Augen wirkten dunkler als sonst.

„Steck mir deinen Schwanz in den Mund!" flüsterte Birger. „Ich wollte ihn nie im Mund haben. Ich weiß, daß du es immer gerne gehabt hättest, aber ich hatte nie Lust dazu. Jetzt habe ich Lust! Hol ihn raus!"

David war zumute, als würde sich sämtliches Blut seines Körpers in einem einzigen Punkt sammeln. Birger faßte David um die Hüften, zog ihn etwas zu sich, und dann nahm er ihn in den Mund, ihn, diesen schmächtigen, dürftigen Möchtegernphallus, dessen sich David sein Männerleben lang geschämt hatte und den er von sich aus nie in den Bilderbuchtraummund hineinzustecken gewagt hätte. Verschwommen sah er Birgers Gesicht, in dem sein Kümmerling verschwand, sah Lust auf diesem Gesicht, richtige Lust, und gab sich hin wie ein winziges Boot den mächtigen Wogen des Ozeans. Da öffnete Schwester Lara erneut die Tür.

Kein Erschrecken, dafür war es viel zu spät. Süßes Überströmen, hinein in den Traummund, die Traumkehle, unbändiges sich Ergießen über die Traumzunge. Am Rande irgendwo ein entsetztes Schwesterngesicht.

David saß dicht neben Birgers Rollstuhl. Sie hielten sich eng umarmt, reglos, stumm.

Schwester Lara hatte es nun endgültig aufgegeben, das Essen zu servieren.

„Ich verstehe nicht", sagte Birger nach einer langen Weile leise, „daß ich das vorher nie gemacht habe. Dieses Zeug schmeckt richtig gut. Es ist ein Aroma wie ... ach, wirklich mit nichts zu vergleichen."

„Mein Schwanz ist so verflucht winzig", murmelte David und zitterte dabei innerlich, weil er an das Gefühl dachte, das er eben gehabt hatte, an dieses Bilderbuchtraummundgefühl.

„Das ist doch egal", sagte Birger. „Er muß jetzt für uns beide reichen. Vielleicht gebe ich dir auch mal was ab von diesem herrlichen Gesöff, das du mir da gerade eingetrichtert hast – die Hälfte für dich und die Hälfte für mich." Er versuchte zu lächeln.

So begann das neue Leben von David mit seinem Zentauren. Ein Zentaur ist ein Mensch, der von der Hüfte an – nein. Ein Zentaur ist ein Wesen, das halb Verzweiflung ist und halb Hoffnung. Ein ganz normales Lebewesen also wie wir alle.

Bangkok, nicht Frankfurt

Bettina Hasselbring

Eine Nacht voller Magie begann, und erst als die aufgehende Junisonne die Stadt in ein zartrosa Licht tauchte, verabschiedeten sie sich voneinander. Verändert. Zwei kopflose Wesen auf Gummibeinen, in ihrer Mitte ein rotes Plüschherz mit goldenen Flügeln.

Bettina Hasselbring, geboren 1963, lebt in München, organisiert im *Bayerischen Rundfunk* das Historische Archiv und Ausstellungen, gibt Kataloge und Dokumentationen heraus, u.a. mit Margot Hamm und Michael Henker: *Der Ton. Das Bild. Die Bayern und ihr Rundfunk* (1999).

Bangkok, nicht Frankfurt

Die Palme im hinteren Teil des Gartens raschelt laut. Heute ist wieder einer dieser Abende, denkt Paula. Sie weiß, was gleich passieren wird, und wartet. Auf den Moment, wenn der warme Südwind ihre Haut streift und in jede Pore dringt. Sie spürt einen Stich im Bauch und Lust aufsteigen, die ihr den Atem nimmt und das Blut pulsieren läßt. Paula steht auf, geht ins Haus, in die Küche, um sich ein Glas Rotwein zu holen. Sie versucht, ruhig zu bleiben und an ihre Arbeit zu denken. Der Artikel muß bis nächste Woche fertig sein, die Redakteurin ist schon verärgert genug. Später sollte sie noch die Pflanzen und Tiere versorgen und wenigstens kleine Vorarbeiten leisten für das morgige Abendessen mit ihren Kolleginnen. Doch wieder berührt eine sanfte Brise ihr Gesicht, und sie riecht diesen geheimnisvollen Duft. Wie von Zauberhand werden die vielen Verschnürungen gelöst, öffnet sich langsam das Paket in ihrem Inneren, um die Erinnerungen zu befreien, die sie in den letzten Jahren immer wieder sorgfältig sortiert und versteckt hat. Schicht für Schicht, das Leichte des Anfangs nach oben, das Schwere, Schmerzhafte nach unten, dazwischen Alltagsleben. Es ist, als ob die eingesperrten Gefühle, Bilder und Stimmen aus ihrem Gefängnis in die warme Sommernacht drängen, sich in Paulas Garten ausbreiten und Luft holen, für Stunden lebendig im Strom der Gegenwart. Paula schließt die Augen, atmet tief ... und plötzlich ist Helena da, ganz nah. Bei ihr. Wie in ihrer ersten Nacht, als sie sich auf Helenas Dachterrasse bis zum Sonnenaufgang liebten. Bis es weh tat. Der Vollmond ließ Helenas blonde Haare hell schimmern, während Paula jede Stelle ihrer weichen Haut langsam entdeckte. Sie fühlte, wie ihr Leben neu begann, ihr gemeinsames Leben ... bis daß der Tod .... Was für ein seltsamer Gedanke, dachte sie kurz und spürte Schmerz, bevor eine Welle der puren Lust sie wieder überrollte. Die Himmelstore öffneten sich weit, als sie durch ihre Augen ineinander verschwanden und hinausflogen in die klare Sternennacht.

Fest verschnürte Angst, die mit viel Geduld betäubte Sehnsucht, Glücksperlen und Lügen purzeln durcheinander in den Garten. Alles, was sie doch vergessen wollte, weil Schmerz und Verlust zu groß waren, zu groß sind. Wie Gefühle beschreiben, für die es alle Worte der Welt gibt oder gar keines? Immer wieder wacht Paula auf in ihrem Bett, neben sich Helena im Arm, nach Traumnächten ganz nah. Diese Morgen sind nie einfach.

Wunsch- und Schmerzfilter trüben Erinnerungen. Nicht die Anfangsbilder, damals in Bangkok, als sie sich beim *afternoon tea* in der eleganten Hotellounge kennenlernten. Der Pianist im Frack spielte für die europäischen Gäste *To All the Girls I've Loved Before*, eines ihrer Lieblingslieder. Paula mußte schmunzeln und an ihre Vergangenheit denken. Genußvoll strich sie die *clotted cream* auf ihre *scones*, als sie einen intensiven Blick spürte und hochsah, direkt in strahlende braune Augen. Eine Frau am Tisch gegenüber lächelte sie an. Auch sie saß vor einem riesigen silbernen Tablett mit Sandwiches, Gebäck und Tortenstücken. Paula grinste zurück. Sie fühlte sich liebevoll ertappt in ihrer Lust und Schwäche fürs Essen. Wie selbstverständlich wechselte sie den Tisch, begann zu sprechen. Und hörte dieser fremden Stimme zu mit dem tiefen, leicht sarkastischen Lachen. Ohne zu bemerken, daß die tropische Nacht wie ein schwarzer Vorhang schnell auf die Stadt und den Fluß fiel. Später stiegen sie auf ein Boot, das vor dem Hotel auf Gäste wartete. Paula atmete tief die warme Luft ein, die nach Asien roch, süßlich schwer, und jetzt auch nach Helena. Dabei wollte sie sich nicht verlieben. Die letzten Jahre waren anstrengend genug gewesen. Mehrere Beziehungen und Affären hintereinander, ohne Pausen zur Verarbeitung. Sie wollte frei sein und ihre neue berufliche Existenz als Reisejournalistin in vollen Zügen genießen – ohne feste Partnerin. Aber während die Skyline von Bangkok vorbeizog und Paula der warmen Stimme gebannt lauschte, wußte sie, daß es bereits zu spät war. *„Like the touch of falling snow"*, dachte sie, ohne sich zu erinnern, aus welchem Song dieser Vergleich stammte.

Schon nach den wenigen Stunden war sie dieser Frau verfallen. Helena hatte Humor, eine ähnliche Lust auf die Welt und das Neue, Unentdeckte. Paula fühlte sich wohl in ihrer Nähe, leicht und schwebend. Es war Helenas letzter Abend nach drei Wochen Urlaub. Als Paula am nächsten Morgen auf der Terrasse des Hotels frühstückte, saß Helena schon im Taxi Richtung Flughafen.

Paula war orientierungslos. Ihr Herz klopfte laut. Doch die Welt schien plötzlich himmelrosarot und begann sich neu zu drehen. Der Fluß summte leise. Gut, daß sie gestern nacht die Handynummer gespeichert und in letzter Minute eine Visitenkarte ergattert hatte: Dr. Helena Meister, Literaturdozentin, Uni Heidelberg. Seltsam, mehr als seltsam, dachte sie, daß sie in derselben kleinen Stadt lebten, ohne sich jemals begegnet zu sein. Paula verbrachte noch zwei Tage in Bangkok, opferte dem Buddha der Zukunft im Tempel am Fluß einige Räucherstäbchen und ließ sich in ihrem Lieblingshotel verwöhnen, bevor sie weiter nach Kambodscha flog, um an einem internationalen Frauenprojekt mitzuarbeiten. Von Helena bekam sie eine SMS. Sie sei gut in Deutschland angekommen und sehr erfreut über ihren letzten Abend.

Die Organisation des neuen Frauentherapiezentrums in Phnom Penh verlief erfolgreich. Paula arbeitete viel, trotz einer oft lähmenden Hitze, fasziniert von der melancholischen Schönheit der alten Kolonialstadt. An den Wochenenden fuhr sie an Reisfeldern entlang in einsame Dörfer, besuchte die historischen Tempelstädte, die mitten im Urwald aus einer fernen Zeit verloren in die Gegenwart ragten, mit ihren lachenden Steingesichtern und den Jahrtausendbäumen, die sich fest an die Mauern klammern, als hätten sie Angst.

Sie schrieb ihre besten Reisereportagen seit langem. Texte über die Zerbrechlichkeit des Lebens und den Mut und die Kraft, immer wieder neu zu beginnen. Doch oft schweiften ihre Gedanken in die Ferne und landeten bei Helena, ihrem lachenden Gesicht mit den goldenen Augen, das ihr sofort vertraut war und die Tür zu ihrem Herzen geöffnet hatte. Helena inspirierte sie, auch zu kitschigen Ideen. Sie schickte, wie einer ihrer Schnulzensänger, kleine, weiße Wolken übers Meer, in der Hoffnung, daß sie zusammen mit dem tropischen Nachtwind ankommen würden. Sie kamen an, denn fast täglich erreichte sie eine Nachricht von Helena, die von ihrem Alltag und ihrer Arbeit erzählte und von ihrer Trennung. Nach zwei Monaten unterbrach Paula ihre Reise. Sie wollte Helena sehen – und spüren. Manchmal schrie ihr Körper vor Verlangen, und dann dachte sie, wie gut, daß Asien laut ist, sonst würden alle Menschen mich verwundert ansehen. Kurzentschlossen buchte sie einen Flug. In Heidelberg angekommen, überfielen sie Zweifel. Was ist, wenn Helena in ihrer Welt keinen Platz für mich hat? Ich kenne sie ja gar nicht.

Helena wirkte sehr überrascht, aber auch erfreut, und lud Paula für den Abend zum Essen ein. Vielleicht war es Zufall, aber was anderes als ein gutes Zeichen konnte es sein, daß die Kirchturmglocken wild Alarm läuteten, nachdem sie ihr Gespräch beendet hatten? Paulas Herz schlug im gleichen Takt, und sie trank zur Beruhigung einen Gin Tonic.

Dann nahm die Zeit ihren eigenen Lauf. Kaum hatten sie auf der großen Dachterrasse mit Blick auf den Neckar gegessen, als Helena sie küßte. Minutenlang oder stundenlang, auf jeden Fall eine Ewigkeit lang. Wie gut sie sich anfühlte! Eine Nacht voller Magie begann, und erst als die aufgehende Junisonne die Stadt in ein zartrosa Licht tauchte, verabschiedeten sie sich voneinander. Verändert. Zwei kopflose Wesen auf Gummibeinen, in ihrer Mitte ein rotes Plüschherz mit goldenen Flügeln. In Helenas Anwesenheit blieb die Zeit stehen. Sonne, Mond und Sterne schauten zu, wie Bäume in den Himmel wuchsen.

Helenas Trennung machte Probleme. Es tat weh, einen gemeinsamen Hausstand nach acht Jahren auseinanderzudividieren. Jede Tasse, jeden Teller, die vielen Bücher, Urlaubsfotos. Immer wieder kam es in der ersten Zeit zu Eifersuchtsszenen von Maren, Helenas Ex-Freundin. Da Paula aber viel reiste, konnte Helena ihre Geschichte langsam abschließen und neu ordnen.

Am liebsten sieht Paula die Anfangsbilder und die vielen Glücksmomente ihrer Traumwelt: Helena und sie auf einer thailändischen Insel. Das Bett, eine runde Badewanne und die Bar mit gekühltem Champagner standen auf einer Terrasse über dem Meer. Der Kellner servierte nach Zitronengras und Koriander duftende Häppchen. Der Wind wehte Helenas Haare zurück, offenbarte im Licht der untergehenden Sonne ihr Profil und machte Lust auf die vollen Brüste unter dem engen Top. Ein Ort, um zu den Sternen zu schauen. Helena vor dem Schloß in Cornwall mit dem wilden Rosengarten, der betörend roch. Helena im rückenfreien Kleid in der griechischen Taverne mit den türkisfarbenen Tischen und Stühlen. Helena im Liegestuhl auf der Schweizer Berghütte vor dem schneebedeckten Matterhorn. Eine Band spielte *Beatles*-Songs, während sie den besten Schokoladenkuchen der Welt aßen. Helena auf Sylt, wo sie, filmreif und zu Paulas großer Belustigung, mit dem Tablett samt Flasche und den Weingläsern der Länge nach in den Sand gefallen war und sie sich anschließend im Strandkorb liebten, ohne daß es den anderen Menschen aufgefallen wäre. Helena und sie in Andalusien, im Zimmer ihres maurischen Palasthotels, von dem aus sie zusahen, wie die Sonne über der Alhambra aufging. Helena im Schatten eines Baumes lesend, weit und breit nur die weiße Finca, ein Esel und mit den Glocken am Halsband bimmelnde Schafe. Das gehörte zu ihren Ritualen: magische Plätze der Welt zu suchen und in sich zu speichern. Und dabei die Zeit anzuhalten, für Stunden, Sternstunden zu zweit.

Zwischen das Leichte und das Schwere hat Paula einige Schichten Alltagsleben gepackt. Ein Alltag in getrennten Wohnungen, viel Arbeit und die mit den Jahren größer werdende Unlust, das Leben in Hörsälen, Bibliotheken, Archiven oder Redaktionsbüros zu verbringen. Die Einladungen zum Abendessen und viele Auseinandersetzungen über Nähe und Distanz, die sie immer wieder führten. Meist, wenn eine sich veränderte oder verändern wollte. Oder wenn Paula sehr viel unterwegs war und Helena sich alleingelassen fühlte. Aber für größere Konflikte erfanden sie ein Spiel: Beide mußten eine kurze Geschichte über das aktuelle Problem schreiben. Jede hatte den Text der anderen zu lesen und über die Aussagen genau nachzudenken. Bei einer Diskussion im Bett, mit Spaghetti und Rotwein, versuchten sie dann, eine Lösung zu finden. Was anfangs erstaunlich oft gelang. Später nicht mehr. Überall taucht Helenas Blick auf, der Paula noch nach Jahren mitten ins Innerste trifft, meist sogar ein Stück tiefer. Wie ein Blitz brennt der

Körper lichterloh in Sekundenschnelle aus von innen. Alles Schutt und Asche. Rauch über Rauch. Und große Wärme.

Nur dann ... ein schöner Frühlingstag im Mai ... die Sonne fiel aus allen Wolken ... der Schock ... Endzeitbilder mit einem offen schreienden Abgrund ... Sie wollten doch gemeinsam alt werden und später endlich alle Bücher lesen, die sich im Laufe der Jahre angesammelt hatten. Dachte sie. Aber der Anruf ... ein Unfall ... veränderte das Leben von einer Sekunde auf die andere. Tausend Pfeile durchbohrten Paulas Seele. Ihr Leben verlor seinen Sinn. Helena ist tot. Hat sie verlassen. Ohne Worte ... Paula zog sich zurück, taub und stumm, baute Mauern um ihr Inneres, die sie einigermaßen schützten und die Wahrheit gut verborgen hielten. Ein Netz aus Tränen und Illusionen. Und Wut. Sie zerschnitt alle Gedanken, bis kein einzelner Buchstabe mehr übrigblieb. Doch nach einer Zeit verkaufte sie ihre Heidelberger Wohnung. Verreiste aus ihrem Leben. Sie ging nach Italien, um den Plan zu verwirklichen, den sie mit Helena immer geschmiedet hatte: in einem Bauernhaus auf dem Land zu leben, zu lesen, zu schreiben. Sie versuchte aus Worten Stufen zu formen, um am Rande wieder hochzugehen.

Paula spürt erneut den Wind und träumt von Helena, die hinter ihr steht und ins Ohr flüstert, wie sehr sie sie liebe, ein Leben lang. Wie in vielen Nächten. Wie in der letzten Nacht, in der sie mal wieder eine Auseinandersetzung hatten, bis der Südwind sich einmischte und sie, ihre Haut umschmeichelnd, versöhnte und an die Leidenschaft erinnerte. Sie blickt in den tiefblauen Abendhimmel und auf die silbrig schimmernden Olivenbäume, seufzt tief. Immer wieder dieselben Fragen, seit Jahren: Was kann sie mehr tun, als die Dämonen der Nacht zu besiegen und ihre Träume weiter zu leben. Der Vollmond tritt hinter einer Wolke hervor und taucht das Tal in ein gespenstisches Licht. Der Wind und sein geheimnisvoller Duft sind weitergezogen. Paula weiß, daß sie wieder keine Antworten finden und daß es lange dauern wird.

Sie gießt sich noch ein Glas Rotwein ein und beginnt langsam, ganz langsam, das Paket wieder sorgfältig zu verschließen. Doch auch diesmal bleiben ein paar Erinnerungen zurück, wollen sich nicht mehr einsperren lassen und verstecken sich wie kleine Kobolde in Paulas Blumentöpfen und in der großen Palme, die sie vor Jahren in ihrem Garten gepflanzt hat und die jetzt im Vollmondlicht bedrohlich wirkt. Paula geht schnell ins Haus, versucht die schwarzen Gedanken zu verdrängen und ihre Angst, beim nächsten Mal die Bilder zu finden, die sich im Paket ganz unten ausgebreitet haben. Die sich dort festhalten und ihr eine andere Geschichte erzählen werden: „Helena lebt mit Hans-Peter und den zwei Kindern in der Nähe von Frankfurt und schickt dir jedes Jahr zu Weihnachten und zum Geburtstag eine Karte!"

Frühstück im November

Mario Wirz

In Zukunft werde ich alle mit Souveränität überraschen", beschließt Martin. „Kein Baum hat mich erschlagen, auch kein böser Glatzkopf. Bis jetzt auch kein Herzinfarkt!"

„Allenfalls erste Anzeichen eines sich allmählich ankündigenden Nervenzusammenbruchs", scherzt Sven grimmig.

Mario Wirz, geboren 1956, ist freier Schriftsteller in Berlin; 1991 erhielt er den *Ersten Preis des PEN-Clubs Liechtenstein*, 1997 den *Förderpreis des Landes Brandenburg*; letzte Veröffentlichung: *Sieben Leben hat die Woche* (2003); „Frühstück im November" ist ein Auszug aus einem Roman, der im Herbst 2003 erscheint.

Frühstück im November

Für André

„Du hast heute nacht schon wieder im Schlaf geschrien. Schrecklich laut und dramatisch. Es wundert mich, daß die Nachbarn nicht die Polizei rufen." Sven gähnt und lächelt nachsichtig, aber seine Stimme klingt gereizt.

Martin weiß, daß Sven ihn für hysterisch hält, und wahrscheinlich hat er sogar recht, doch an diesem Sonntagmorgen haben die Gespenster keine Macht über das Zimmer.

Jetzt, in diesem Bett, an der Seite von Sven, schaut er furchtlos auf das Novemberdunkel, das kläglich vor dem Fenster hockt, als müsse es dort ein Unglück brüten. Weit entfernt scheinen in diesem Augenblick all die vielen Tage, an denen er sich alt und wehrlos fühlt. Sven muß nicht wissen, wie oft sein Freund jämmerlich auf ihrem Doppelbett herumliegt, nur noch eine Geisel der Angst, unfähig, sich zu rühren, bis die unheimlichen Trommelschläge unter seiner Brust ermüden und wieder in jenen Herzrhythmus fallen, den man als normal bezeichnet.

„Auf die Gleichgültigkeit der Menschen ist Verlaß", murmelt Martin und rutscht etwas näher zu Sven, der ihn mit halbwacher Nachdenklichkeit betrachtet.

„Wieder einer deiner Alpträume?"

„Kann mich nicht erinnern", lügt Martin und wünscht sich, daß Sven ihn umarmt. Seine warmen Hände. Der zerknitterte Pyjama. Der vertraute Geruch zweisamen Schlafes. Alles verspricht Sicherheit. Gutmütig und harmlos, das sonntägliche Glockengetöse.

Der imaginäre Gott lärmt beschwichtigend. Vielleicht auch nur klerikaler Hokuspokus. Jedem den Gott, den er braucht, um nicht verrückt zu werden.

„Würdest du aufhören, wie ein Irrer zu rauchen und zu saufen, könnten wir beide ruhig schlafen." Martin lacht leise, bis auch Sven widerwillig vor sich hinkichert.

Beide können den Refrain ihrer Vorwürfe und Besorgnisse auswendig aufsagen. Alle Sätze und Imperative, mit denen sie sich seit zwanzig Jahren störrisch umkreisen.
Fahr nicht so schnell! Zieh dich warm an! Hast du deine Pillen genommen? Du mußt mehr Obst essen! Geh nicht so spät ins Bett!
Die Wiederholung der Wiederholung verzichtet auf jedes Augenzwinkern, mit schwerfälligem Ernst vertreibt sie die Leichtigkeit. Beide wissen, daß sie den anderen zu oft mit dem Terror ihrer Fürsorglichkeit bedrängen, unbelehrbar wie ein altes Ehepaar, das abwechselnd gegen die Bevormundungen meutert, um dann friedlich und vergeßlich zu allen Verschrobenheiten zurückzukehren.

Glücklichmachende Unerträglichkeiten, denkt Martin manchmal, wenn Sven ihn in der Öffentlichkeit väterlich tyrannisiert und sich nicht darum schert, was Fremde oder auch die Freunde von diesem seltsamen Paar halten.

„Deine Fluppen sind keine Bonbons. Wie viele willst du heute noch rauchen?" schimpft er bei einem gemeinsamen Essen mit Freunden, und Martin ärgert sich über die feixenden Gesichter.

Zehn Minuten später führt er sich selbst auf wie ein despotischer Narr und will seinen Partner nötigen, sich die Jacke anzuziehen, weil jemand ein Fenster geöffnet hat.

„Hör auf, mich zu betütern", faucht Sven und ignoriert demonstrativ die Jacke, die Martin vom Garderobenständer geholt hat. Selbst der servile Kellner grinst hämisch.

„Eure Beziehung ist eine neurotische Zwangsverstrickung", lästert Jenny, und Martin widerspricht seiner besten Freundin nicht, die sich als überzeugter Single ab und zu einen potenten Mann gönnt, ohne sich an ihn zu binden.

„In Martin geistert immer noch das vaterlose Kind, unerlöst, und deswegen hat er sich einen strengen Daddy geangelt", psychologisiert sie mit druckreifer Anmut, und alle am Tisch ahnen, daß sie diesen Satz in einem ihrer nächsten Bücher nachlesen können.

„Vielleicht braucht eine berühmte Schriftstellerin wie du keinen, der sich um sie kümmert", sagt Sven mit giftiger Freundlichkeit und zieht sich nun betont langsam die Jacke an, die Martin über einen leeren Stuhl gehängt hat.

Jenny schweigt gekränkt und beugt sich über ihren Salat. Ihre Bücher erscheinen in einem kleinen Verlag, und Sven kennt ihren Kummer, daß das Feuilleton sie bis jetzt noch nicht entdeckt hat.

„Jede Liebesgeschichte ist auch eine Krankengeschichte", scherzt Martin hilflos, doch Jenny lächelt nur kühl. Ihr schlanker Körper, den sie täglich im Fitneßstudio trainiert, spannt sich sichtbar zum Pfeil.

„Zweisamkeit ist schön, wenn sie Lust spendet, aber ich werde keinem Kerl erlauben, mich im Namen der Liebe in ein Gefängnis zu sperren. Jede Zweisamkeit ist nach dem Orgasmus nur noch ein Knast", doziert sie klirrend laut und fixiert Sven mit funkelnden Augen.

Der hat sich entschieden, Humor zu beweisen, und applaudiert lachend. Auch die anderen am Tisch klatschen, und Jenny wendet sich nun mit gutem Appetit ihrem Thunfischsalat zu.

„Bravo", ruft Martin und bestellt beim Kellner, der gerade vorbeihuscht, sein viertes Kristallweizen, was Sven mit einem resignierten Kopfschütteln kommentiert.

„Immerhin zeigen wir, daß schwule Paare ein Recht auf jeden staatlichen Spießer-Bonus haben. Wir sind genauso komisch wie die Heten", sagt Martin mit leicht lallender Stimme und hebt sein Glas, um den anderen zuzuprosten.

„Was ist denn jetzt schon wieder so lustig?" mault Sven und äugt mißtrauisch.

Martin gluckst wohlig in sich hinein und wundert sich selbst über sein Glück.

Der Glockenkrawall ist verstummt, doch die aufkommende Sonntagsruhe bleibt vor dem Fenster. In der Wohnung sorgen Hund und Katze für sich stetig steigernden Radau. Beau jagt Belle mit hellwachem Gekläff über den Flur. Der gutmütige Beau kapiert auch an diesem Sonntagmorgen nicht, daß eigentlich er es ist, der gejagt wird. Belle ist ein raffiniertes Luder und stellt sich dumm und arglos, bis Beau das tut, was sie sich wünscht. Immer wieder fällt der täppische Hund auf ihre Tricks herein.

Vielleicht simuliert der verliebte Beau seine Dämlichkeit nur, weil er spürt, daß Prinzessin Belle den Triumph der Überlegenheit braucht, um sich wohl zu fühlen, sinniert Sven manchmal und ärgert sich ein bißchen, daß sein tolpatschiger Hund täglich von Martins Katze gefoppt wird.

Erstaunlicher als diese Vermutungen ist die animalische Liebesgeschichte. Sven und Martin haben sich vor fünf Jahren im Tierheim Lankwitz schnell entschieden, Sven sofort und ohne Zögern für den langbeinigen und mehrere Stammbäume verkörpernden Mischlingshund, Martin auf den ersten Blick für die stolze Schönheit der siamesischen Katze, die am Anfang kränklich und unnahbar gewesen ist, sich aber rasch erholt hat und seitdem die Wohnung der beiden Männer mit vornehmer Selbstverständlichkeit in Besitz nimmt. Mit hartnäckigem Eifer wirbt Beau um die Gunst der divenhaften Katze, die seine stürmischen Zuneigungsbekundungen huldvoll zuläßt, um sie dann wieder hochmütig abzuweisen. Beau jault und winselt herzergreifend, bis es der launenhaften Katze gefällt, erneut mit ihm zu spielen und ihn zu quälen, was der in sie vernarrte Hund offensichtlich genießt. Beide schlafen im Wohnzimmer auf dem Flokati vor dem Kamin, zwei schwarze Ungetüme auf weißem Untergrund, Seite an Seite, ein zärtliches Paar, so lange, bis ihnen anscheinend die sprichwörtliche Feindschaft zwischen Hund und Katze spielerisch in den Sinn kommt und sie kläffend und maunzend das alte Vorurteil parodieren.

Martin lauscht dankbar dem Krach, der verläßlich wiederkehrt wie seine Freude daran.

Das ist mein Leben, mein Zuhause, meine Familie, denkt er und bittet das Schicksal, noch lange gnädig zu sein.

„Beau braucht einen Baum und Belle ihr Frühstück", murmelt Sven und streckt sich mit lasziven Seufzern.

„Ja, wir sollten aufstehen", schnurrt Martin und umarmt seinen Freund, bis beide ein Körper sind.

Leichtfüßig und beschwingt geht Martin durch den grauen Novembertrübsinn, als wäre es ein Frühlingsmorgen. Wohlwollend und kraftvoll erscheinen ihm die dunklen Wolken und der eisige Wind. Er fröstelt, aber es ist eine gute Kälte, wach und alles bejahend. Ihm ist, als grüßten ihn die hellerleuchteten Fenster der Häuser vertraulich, als hätten auch sie den traurigen Schlaf der Nacht und alle Alpträume abgeschüttelt.

Alles ist an seinem Platz. Der gelbe Briefkasten, in den Martin seit vielen Jahren frankierte Liebesbotschaften für Sven wirft, dem solche Überraschungen gefallen, auch wenn er sie verschämt als Verschwendung von Porto bezeichnet. Der irische Pub an der Ekke, wo sie manchmal noch ein letztes Bier trinken, natürlich auch wegen Ingo, der sommersprossigen Tresenschlampe, die beide sehr sexy finden. Der Kiosk, bei dessen granteligem Pächter Martin Zeitungen und seine Zigaretten kauft. Die Reinigung. Der Supermarkt. Die Telefonzelle. Das französische Restaurant. Die Bäckerei. Der Blumenladen, in dem Martin jede Woche viel Geld ausgibt, um die Wohnung für Sven und sich selbst festlich zu schmücken. Alles ist auch an diesem Tag da und verspricht Wiederholung und tröstliche Kontinuität.

Martin zündet sich mit klammen Händen die erste Zigarette dieses Vormittags an und betrachtet dankbar die Kulisse seines friedlichen Glücks, das Jenny oft zu spöttischen Bemerkungen inspiriert. Sie lebt in Kreuzberg, jenem berüchtigten Kiez, in dem sie in ihrer wilden Studentenzeit Häuser besetzt hat. Die Tatsache, daß sie inzwischen brav Miete und Strom zahlt, hindert sie nicht daran, immer noch die rebellische Kreuzbergerin zu mimen. Beide, der Kiez und Jenny, verteidigen beharrlich ihren Mythos.

„Ich verstehe nicht, daß man sich in einer aufregenden Stadt wie Berlin ausgerechnet für so einen langweiligen und ereignisarmen Bezirk entscheidet. Steglitz, das ist etwas für Rentner und Scheintote. Dann könnt Ihr auch gleich nach Hildesheim ziehen", frotzelt sie und trifft sich mit Martin meistens am Prenzlauer Berg, wo seit dem Fall der Mauer vor allem snobistische Wessis wohnen, die von snobistischen Ossis verachtet werden.

„Vergiß nicht, daß ich seit fünf Jahren Erwerbsunfähigkeitsrente empfange. Ich habe einen Rentnerausweis und einen Schwerbehindertenausweis und somit das Recht, im Paradies der Scheintoten zu leben", kontert Martin und muß lachen, weil Jenny vor lauter Betroffenheit im Erdboden versinken will.

„Dich wird das verdammte Virus nicht umbringen. Du bist ein zäher Knochen und hast kein Talent für die Tragik eines frühen Todes. Steinalt wirst du werden und wunderlich und deinem despotischen Gatten auch noch hundertjährig die Eier vergolden", sagt sie und schnupft geräuschvoll in das Taschentuch, das Martin ihr reicht.

Auf der Schloßstraße erinnern die Sirenen mehrerer, dicht aufeinanderfolgender Polizeiwagen daran, daß Hiob auch am Sonntag nicht ruht. Bedrohlich flackert das schrille Blaulicht im novemberlichen Dunkel, doch Martin befiehlt sich großstädtische Gelassenheit.

„Alles ist in Ordnung. Es gibt keinen Grund, moribund herumzuspinnen", ruft er Beau zu, der promisk mit allen Bäumen flirtet, bis er sich vor seinem Lieblingsbaum in der Zimmermannstraße erleichtert. Nachdenklich, geradezu grüblerisch hockt er da, mit ernsten Augen, dann schüttelt er sich und springt langbeinig voraus, einmal kurz und vernehmlich sein Einverstandensein mit allem in den Sonntagmorgen bellend.

„Beau ist für mich die heilsamste Therapie", sagt Martin oft zu Sven, wenn der ihn mal wieder wegen der Panikzustände zum Psychologen schicken will.

Allen Jahreszeiten trotzt der Hund seine Lebensfreude ab, sein temperamentvolles Bekenntnis zum Dasein. Selbst Toni, der greise Dackel der alten Witwe aus der Rothenburgstraße, der sich nur noch langsam und widerwillig bewegt, beschleunigt sein Tempo, als er Beau sieht. Sein vom Alter gebeugtes Frauchen murrt und zerrt an der Leine, aber der Dackel zieht sie ungeduldig hinter sich her, bis er vor Beau stehenbleibt, der ihn schwanzwedelnd erwartet.

„Der macht mit mir, was er will", keift die Alte zärtlich und schaut gemeinsam mit Martin auf die zwei Hunde, die sich aufgeregt begrüßen und beschnuppern.

„Wo ist denn heute Ihr Freund?" fragt sie neugierig, denn sonntags gehen Sven und Martin fast immer zusammen mit dem Hund Gassi. Beide Männer findet sie interessant, aber Sven ist ihr besonders sympathisch, weil er sie bei jedem Treffen mit reizenden Komplimenten bezirzt.

„Was für ein entzückender Hut", schwärmt er mit verschlagenem Charme angesichts ihrer drolligen Kopfbedeckung, und die

Alte errötet lieblich und verjüngt sich vor seinen Scherzen und Artigkeiten. Martin ist manchmal neidisch auf die Hallodri-Leichtigkeit, mit der Sven auch Fremde sofort bezaubert, draufgängerisch und unwiderstehlich, so wie er Martin von Anfang an verhext hat.

Der magische Sonntagmorgen im November vor fast zwanzig Jahren. Ihr erstes gemeinsames Frühstück in der schmuddeligen Einzimmerwohnung in Wedding, in der sich das Chaos siegreich verselbständigt hat, das Martin im nüchternen Zustand keinem Besucher zumutet.

Im Vollrausch einer durchtanzten Samstagnacht läßt er es willenlos zu, daß der Medizinstudent Sven aus Hamburg, mit dem er in der Diskothek geflirtet hat, stur an seiner Seite bleibt. Zweisam sinken sie erschöpft und keusch vor Müdigkeit in einen kurzen Schlaf, bis die Kälte des ungeheizten Zimmers sie unsanft weckt.

„Ich sehe, du lebst in einem avantgardistischen Kunstwerk", sagt Sven mit jenem verführerischen Lächeln, mit dem er Martin auch nach all den vielen Jahren immer noch fängt, und improvisiert aus den Resten, die er im Kühlschrank findet, ein abenteuerliches Frühstück, das er neben der Matratze arrangiert, weil es in der Wohnung keinen Tisch gibt.

Martin, der sich befangen und verwirrt in seine Decke gewikkelt hat, schaut zu, wie sich der junge Hanseat mit Entschlossenheit und Anmut in der Unordnung bewegt, als wäre er hier schon lange zu Hause.

„Sex am Nordpol hat mich schon immer gereizt", kommentiert Sven die frostige Zimmertemperatur und legt sich auf Martin, damit es beiden wärmer wird.

„Ist Ihr Freund krank?" insistiert die alte Frau und ärgert sich, daß Martin mit blödem Grinsen neben ihr steht und unhöflich schweigt. „Bei dem Wetter holt man sich schnell etwas!"

Martin kehrt zu diesem Sonntag im November zurück und nickt zustimmend.

„Bei uns sind alle noch relativ gesund. Wir sind heute nur etwas spät in den Tag gekommen. Deswegen kümmert sich mein Freund jetzt um das Frühstück. Hoffentlich!" sagt er und gibt sich Mühe, besonders herzlich zu lächeln. „Ich wünsche Ihnen und Toni noch einen guten Sonntag", fügt er hinzu und wundert sich, wie steif und spröde seine Worte klingen.

„Grüßen Sie mir Ihren netten und gutaussehenden Freund!" sagt die Alte nicht ohne Boshaftigkeit und zieht ihren Dackel unwirsch mit sich, über den an der Seite seines Frauchens wieder die gramvolle Langsamkeit des Alters siegt. Martin schaut den beiden nach und empfindet eine wirre Traurigkeit. Die alte Witwe und ihr alter Hund erscheinen ihm wie ein Gleichnis für die unerbittliche Vergänglichkeit von allem.

Der mit Glockengeläut um sich schlagende Gott ist so sterblich wie die Furchtsamen, die ihn erfunden haben. Allmächtig nur der große Jammer, den jeder mehr oder weniger tapfer erträgt, allgegenwärtig nur die Trostbedürftigkeit zwischen Himmel und Erde.

Martin denkt an Rolf, der seit dem Tod von Felix alleine in der hundertfünfzig Quadratmeter großen Wohnung lebt, in der sich nichts verändert hat und jedes Detail Tag für Tag die Abwesenheit seines Gefährten beweist, mit dem Rolf dreiundzwanzig Jahre lang alles geteilt hat. Den störrischen Alltag und die Nächte, in denen manchmal der Höhenflug zu den Sternen gelingt. Der Absturz zu den Tatsachen ist auszuhalten, weil er gemeinsam geschieht, Seite an Seite, bis sich zweisam ein neuer Traum spinnt.

„Stellt euch vor, mein braver Rolf dreht durch. Er will irgendwo im tristen Osten eine Ruine kaufen, um sie dann mit Hilfe der Millionen, die er im Lotto gewinnen wird, in eine Nobelherberge zu verwandeln", sagt Felix bei einem Spaziergang am Schlachtensee, und alle lachen, auch der gutmütige Traumtänzer Rolf, der in einer kleinen Firma als Buchhalter arbeitet und gerne vor den anderen das verkannte Finanzgenie spielt.

Felix und Rolf. Martin und Sven. Zwei Paare, die sich regelmäßig treffen und einmal im Jahr gemeinsam ihren Urlaub verbringen. Gebannt auf Zelluloid die unbekümmerten Augenblicke ihrer Reisen nach Holland und Frankreich, Italien und Griechenland. Vier Freunde wetteifern in wechselnden Kulissen um die originellste Pose, albern herum und schneiden Grimassen, bis auch der nette Tourist, der sie fotografieren soll, nicht länger ernst bleiben kann. Verstreut in etlichen Schachteln die Schnappschüsse, die ihre sonntäglichen Spaziergänge in Berlin dokumentieren. Nachmittage am Wannsee oder im Grunewald. Felix mit Regenschirm vor dem Wolfsgehege im Zoo. Sven und Rolf mit Sonnenbrille im Schloßpark von Charlottenburg.

„Ein Freund, ein guter Freund, das ist das beste, was es gibt auf der Welt", singen Felix und Martin und tänzeln närrisch um ihre Partner, die gerade versuchen, praktische Fragen der nächsten Urlaubsreise zu klären.

„Meer oder Metropole, Wald oder Wüste, alles ist mir recht, solange wir in einem Luxushotel residieren", trällert Felix, scheinbar spaßend, doch Martin weiß, daß sein prinzlicher Freund ernst meint, was er als Scherz verkleidet.

Kühn lebt der zierliche Felix auf großem Fuß und ignoriert vornehm die überschaubaren Grenzen seiner Einkünfte, um sich teure Dinge zu kaufen, die er nicht braucht.

„Gib zu, mein neues Sakko ist umwerfend edel", schwärmt er mit kindlicher Freude und genießt es, wenn Martin alles wortreich bestaunt und bewundert.

Ritualisiert sind ihre Spaziergänge und Unternehmungen, das gemeinsame Essen einmal im Monat, so wie die täglichen Anrufe zwischen Martin und Felix, deren ähnliche Krankengeschichte ihre lange und treue Freundschaft auf besondere Weise vertieft. Unerschöpflich ist das öde Repertoire der maladen Unsäglichkeiten, der jähen Müdigkeiten und diarrhöischen Attacken, der Fieberschübe und lästigen Übelkeiten, stoisch kämpfen beide gegen die Nebenwirkungen all der vielen Pillen, die sie täglich schlucken.

„Ich erwarte, daß uns der Bundespräsident bald eine Medaille für außergewöhnliches Heldentum verleiht", witzelt Felix manchmal, wenn sie sich in der Schwerpunktpraxis ihres Arztes treffen. Sie müssen nicht ausführlich über ihre Befindlichkeiten lamentieren, um sich vom anderen verstanden zu fühlen. Eine Andeutung reicht, ein Seufzer, eine Anspielung, und beide wissen Bescheid. Das unheimliche Virus, das seine Schatten auf alle Tage wirft, schafft zwischen ihnen eine solidarische und tröstliche Intimität, von der auch Sven und Rolf profitieren, die oft hilflos überfordert sind von einem Elend, das sich der Mitteilbarkeit verweigert.

„Natürlich verdienen auch unsere heldischen Partner eine Tapferkeitsmedaille", sagt Felix und lächelt Martin an, der wieder einmal verquält schweigt.

Der larmoyante Lulatsch und der dionysische Dandy. Beide arbeiten als Lehrer auf Honorarbasis an einer privaten Sprachschule in Schöneberg, doch Felix schaut auf das Leben wie ein Bohemien. Selbst der Tod ist für ihn nur ein alter Schmierenkomödiant, der am Ende das letzte Wort hat.

„Das Leben ist eine schrille Posse, und niemand kann wollen, daß sie ewig dauert", philosophiert er boulevardesk bei einem zweisamen Besäufnis mit Martin, den der Alkohol in einen wehleidigen Schwätzer verwandelt.

„Du bist eine trübe Tasse", schimpft Felix. „Sei dankbar, daß ich dir die Gunst meiner Freundschaft gewähre."

„Ich bin ein kümmerliches Schulmeisterlein, das immer auf dem Teppich bleibt, aber wenn ich mit dir zusammen bin, kann sogar mein Teppich fliegen. Du bist der Silberlöffel, der die trübe Tasse beflügelt", improvisiert Martin, angesäuselt und ein bißchen verlegen, und Felix, der kleine Prinz von Berlin, nickt hoheitsvoll.

Es dauert nicht mehr lange, und beide singen laut: „Ein Freund, ein guter Freund ..."

Auch zwei Jahre nach dem Tod von Felix erträgt es Martin noch nicht, sich die Fotos anzuschauen.

Kläglich kauert er in seiner Sterblichkeit und fürchtet sich. Jeder Tag ist eine Androhung von möglichem Unheil. Mit seiner Angst, die ihn seit zwei Jahren machtvoll beherrscht, terrorisiert er Sven, der immer öfter aus der gemeinsamen Wohnung flieht.

„Hör auf, herumzuwinseln und dich zu ducken, als erwartetest du stündlich den nächsten Schicksalsschlag!" schreit Sven wütend und stürmt davon, um zehn Minuten später wieder zurückzukehren und Martin stumm zu umarmen, bis beide erschöpft von allem sich gegenseitig auf die Schulter weinen.

„Ich darf mich nicht so gehenlassen. In Zukunft werde ich alle mit Souveränität überraschen", beschließt Martin, doch nur kurze Zeit gelingt es ihm, sich zu verstellen und Gelassenheit vorzutäuschen.

„Kein Baum hat mich erschlagen, auch kein böser Glatzkopf. Bis jetzt auch kein Herzinfarkt!"

„Allenfalls erste Anzeichen eines sich allmählich ankündigenden Nervenzusammenbruchs", scherzt Sven grimmig, wenn Martin ihn zum wiederholten Male innerhalb weniger Stunden auf seinem Handy anruft.

Nicht immer erreicht er Sven, der als Anästhesist in einem Krankenhaus im Osten arbeitet. Eineinhalb Stunden von Berlin entfernt liegt die von Arbeitslosigkeit und Alkoholismus bedrängte Kleinstadt, in der Sven ein möbliertes Zimmer gemietet hat, weil er nach dem Dienst oft zu müde ist, um noch nach Hause zu fahren.

„Meine Arbeit ist auch ohne deine Paranoia anstrengend genug. Mir reichen die Patienten auf meiner Station. Gewöhne es dir bitte ab, mich mit deinen Sorgen zu verfolgen. Ich passe schon auf mich auf", sagt Sven, als Martin ihm am Telefon einen Zeitungsartikel über Neonazis in den neuen Bundesländern vorlesen will.

Martin weiß, daß er mit seinen Ängsten ihre Beziehung gefährdet, und immer wieder zwingt er sich, auf einen Anruf zu verzichten, bis die Hand von selbst die mit Svens Nummer gespeicherte Taste drückt.

„Ja, mein Schöner. Zeit fürs Frühstück!" murmelt Martin und streichelt Beau besänftigend, der an ihm hochspringt und ihn laut und fordernd in die Gegenwart dieses Sonntagvormittages bellt.

An einigen Fenstern funkelt bereits dreist die Weihnachtsdekoration, aufdringlich und dubios wie die nötigende Überpünktlichkeit der Schokoladenweihnachtsmänner, die in den Supermärkten schon im September geschäftstüchtig das Fest der Liebe androhen.

„Wer für diesen Kitsch Geld ausgibt, dem ist nicht zu helfen", lästert Sven, wenn sie gemeinsam einkaufen, und Martin heuchelt Zustimmung, was Sven schnell durchschaut. „Bist doch selbst so eine sentimentale Socke", sagt er und wirft schwungvoll eine Tüte mit Marzipankugeln in den Einkaufswagen.

Martin lächelt und betrachtet nachsichtig die glitzernden Engel und Weihnachtssterne, die ihm an diesem Novembermorgen wie einfältige Beschwörungen erscheinen, abergläubische Beschwichtigungen, als könnten die Menschen hinter den Fenstern das Unglück mit Niedlichkeit abwehren.

Jeder kämpft auf seine Weise gegen die Gespenster, denkt Martin und spürt eine Aufwallung von Zuneigung für all die anderen, die jetzt vielleicht in ihren Zimmern beim Frühstück sitzen und über harmlose Dinge sprechen, für die es taugliche Worte gibt.

„Guten Morgen, ihr Engel und Sterne", sagt Martin leise und folgt seinem Hund, der den Weg kennt und vorausläuft.

Gleich sind sie zu Hause.

Gartenzaun, regenbogenfarben

Mirjam Müntefering

„Meine Freundinnen!" hatte ich gesagt, als Sophie mich nach den Prioritäten in meinem Leben fragte.
„Und deine Familie?"
„Das sind meine Freundinnen."
„Und ist neben denen noch Platz für einen armen Wurm, der vor dir wunderbarer Frau im Staub kriecht?"

Mirjam Müntefering, geboren 1969, trainiert in der eigenen Hundeschule *HUNDherum fit!* im Ruhrgebiet Familienbegleithunde und ist Autorin von zahlreichen Büchern: *Ada sucht Eva* (1998); *Flug ins Apricot* (1999); *Apricot im Herzen* (2001); *Die schönen Mütter anderer Töchter* (2001); *Das Gegenteil von Schokolade* (2003) u.a.

Gartenzaun, regenbogenfarben

Wer kennt heute noch die *Waltons*? Sophie kann sich nicht mehr genau daran erinnern. Sie ist schließlich auch ein paar Jahre jünger als ich. Unwesentlich jünger, wie sie immer behauptet. Ich erzähle ihr manchmal von den *Waltons*. Wie am Ende einer jeden Folge abends das Haus im Dunkeln liegt und nur ein oder zwei Fenster noch erleuchtet sind.

Die ganze Großfamilie ist kurz vorm Einschlafen. Nur zwei unterhalten sich noch, reden über die Ereignisse dieser Folge. Und dann, am Schluß, sagen sie sich „Gute Nacht", und mit einem „Pling" geht das letzte Licht im Haus aus, und die Abspannmusik beginnt.

„Was ist mit Zucchini?" fragt Sophie und reißt mich aus meinen Gedanken. Sie ist schon dabei, den Frühstückstisch abzudecken. Irgendwie passiert mir das mit ihr häufig: Ich bin noch in Gedanken versunken und sie bereits auf eine pragmatisch fröhliche Art mit den notwendigen Verrichtungen des Alltags beschäftigt. „Wenn Jule kein Fleisch ißt, dann will sie sich vielleicht ein bißchen Gemüse grillen?"

„Meinetwegen", antworte ich und greife in meine Haare. Die liegen heute ja echt zum Verrecken nicht.

Sophie stellt die Kaffeemaschine aus und wirft die Eierschalen in den Müll.

„Guck dir doch bitte mal den Einkaufszettel an, ja? Fehlt da noch was?"

Ich starre einen Augenblick auf den Zettel. Sophies Handschrift bereitet mir auch nach einem Jahr, in dem wir uns jetzt als Paar definieren, immer noch Probleme. Wie kann eine Frau, die mit ihren Händen den Tasten eines Klaviers diese wunderbaren Melodien zu entlocken vermag, eine derartige Sauklaue haben?

„Irgendwas stimmt nicht mit deinen Fingern", urteile ich und deute auf die Kritzeleien vor mir.

„Gestern abend fandest du meine Finger völlig in Ordnung", erinnert sie mich mit einem Zucken ihrer Augenbrauen und einem kleinen Anflug des schelmischen Lächelns, das mich so magisch anzieht.

„Wenn deine Finger in Ordnung sind, dann stimmt was mit deiner Psyche nicht. So eine Schrift hat niemand, der klar im Kopf ist", grinse ich, stehe auf und gehe an meinen Schreibtisch. Die ungeöffnete Post liegt dort und winselt mich an. Ich greife zum Brieföffner, da erscheint Sophie hinter mir. Das Gesicht einer sauren Gurke.

„Damit das mal klar ist", sie tippt mit dem Zeigefinger gegen meine Schulter, „deswegen bin ich mit einer Frau zusammen!" und verschwindet aus dem Raum. Ich folge ihr ins Bad. Sie steht vor dem Spiegel und zupft an ihrer Frisur herum. Dabei gibt's da nichts zu zupfen. Sie sieht perfekt aus. Morgens um halb zehn. Ich trage das schwere Los derer, die eine echte Schönheit zur Freundin haben.

„Weswegen bist du mit einer Frau zusammen?" will ich wissen.

Sie wirft mir im Spiegel einen Blick zu, bei dem ich unwillkürlich den Kopf einziehe.

„Weil ich keinen Bock drauf habe, all unsere Freundinnen und Freunde einzuladen und dann den Einkaufszettel allein zu schreiben", mault sie. „Wär ich mit einem Typen zusammen, würde das automatisch zum Standardprogramm gehören: Er schleppt die Bierkästen und wendet das Grillfleisch, aber ich hab dafür zu sorgen, daß alles auf dem Einkaufszettel steht, was gebraucht wird. Auf diese Nummer hatte ich keinen Bock. Also bin ich mit Frauen zusammen."

Oha, das ist ja mal ein Argument, das ganz aus der Rolle fällt! Ich wette, sie ist die einzige, die aus diesem Grund lesbisch geworden ist.

Im Badezimmerspiegel sieht meine Frisur nach einer bemitleidenswerten Katastrophe aus. Auch das noch, seufze ich still in mich hinein. Eine Grundsatzdiskussion am Morgen unserer Party.

„Ich glaube nicht, daß es in allen Hetero-Beziehungen so zugeht", wage ich argumentativ schwach einzuwerfen. „Es gibt bestimmt auch Mann-Frau-Paare, die so was grundsätzlich gemeinsam machen, meinst du nicht?!"

„Mir fehlen da die Erfahrungswerte, aber wenn, dann haben diese Heteras es ja sogar besser als ich!" entscheidet Sophie schnippisch.

Ich kenne diesen Tonfall. Jetzt gibt es kein Pardon. Zwölf Monate reichen nicht, um einander so gut zu ergründen, daß frau sich wirklich in allen Einzelheiten kennt. Aber eins weiß ich inzwischen: Wenn Sophie diese Stimme bekommt, dann gibt es nur eine Chance, den Tag und womöglich die Woche zu retten, nämlich bedingungslose Kapitulation. Ohne ein weiteres Wort schleiche ich in die Küche und setze mich wieder an den Tisch.

Während ich hier und da den Zettel mit meinen eigenen Schmierereien ergänze, kann ich es nur schlecht ertragen, daß Sophie nicht länger beleidigt ist, sondern gleich wieder gute Laune bekommt. Sie ist in mancherlei Hinsicht eine ideale Partnerin für mich: indem sie mich und meine vielgestaltigen Launen amüsiert grinsend erträgt und nur dann sperrig wird, wenn es ihr wichtig ist. Dann allerdings wird sie zu einer Gegnerin, an der sich auch eine leidenschaftliche Diskussionspartnerin wie ich die Zähne ausbeißen würde. Sophie weiß einfach zu genau, was sie will, und ist dann wenig kompromißbereit. Im Falle meiner Einwilligung – wie jetzt vor diesem doofen Einkaufszettel – schmollt sie aber tatsächlich nicht weiter, wie es alle anderen, einschließlich meiner Person, tun würden. Nein, sie strahlt mich an, nickt, als wolle sie noch einmal bestätigen, daß ich durch mein Nachgeben tatsächlich den einzig richtigen Entschluß getroffen habe, und wendet sich sogleich neuen, erfolgversprechenden Aufgaben zu. Auf diese Weise prägt sie unsere Beziehung in ihrer sonst recht stillen Art doch ausgesprochen konsequent.

Sie ist die erste gewesen. Die erste nach Sandra. Nach diesen Jahren der Gemeinsamkeit, ganz eng und fast verheiratet – nur ging es damals noch nicht. Ganz knapp war es. Zu der Zeit, als das Gesetz dann schließlich doch rauskam, Ehe light, Verpartnerung, drehte sich Sandra plötzlich um und wurde zu einem anderen Menschen – und ich der Dreck unter ihrem Schuh.

„Wir waren lange die personifizierte Symbiose", hatte ich Sophie erzählt, als ich sie ein Jahr später kennenlernte. Natürlich sprachen wir auch mal über unsere Exen. „Es ging nichts ohne die andere. Unsere Zukunft war zementiert mit unserer Zweisamkeit. Nichts war denkbar ohne unser zur Gewohnheit gewordenes Wir."

„Das tut mir leid", hatte Sophie gesagt.

„Braucht dir nicht leid zu tun", war meine Antwort gewesen, gedankenverloren. „Auch solche scheinbaren Idealbeziehungen gehen halt dann und wann zu Ende."

„Nein", erwiderte sie, und ihre Augen blitzten zum ersten Mal so auf, wie sie auch vorhin im Bad geblitzt hatten. „Ich meine damit nicht, daß es mir leid tut, daß ihr auseinander seid ... dann wäre ich ja schön blöd ... ich meine, es tut mir leid, daß du so lange eine solche Beziehung gelebt hast."

Ich glaube, das war der Moment, in dem ich unter ihrer schönen Fassade etwas entdeckte, was ihre Augen, ihren Mund, ihre Locken und ihre Samthaut noch in den Schatten stellte.

Und deswegen bin ich bereit, mit leichtem Herzen das Handtuch zu werfen bei Dingen, die ihr wichtig sind. Vielleicht, weil ich die Beziehungsweisheit wahrlich nicht mit Löffeln gefressen habe. Und weil mir manchmal schwant, daß Sophie mir – trotz der fast zehn Jahre, die zwischen uns liegen – irgendwie um etwas voraus sein könnte.

Bewaffnet mit dem Einkaufszettel in zwei Handschriften machen wir uns kurze Zeit später auf den Weg zum Supermarkt und kommen beladen mit den leckersten Dingen wieder heim. Das sind die Highlights von Liebesbeziehungen. Gemeinsam in der Küche stehen, kochen, backen, auf schremmeligen Die-hab-ich-noch-von-meiner-Oma-Anrichteplatten die schmackhaftesten Dinge arrangieren, und das alles für die liebsten Freundinnen, die wir an diesem Abend zum ersten Mal durcheinanderwürfeln werden.

„Meine Freundinnen!" hatte ich gesagt, als Sophie mich nach den Prioritäten in meinem Leben fragte.

„Und deine Familie?"

„Das sind meine Freundinnen."

„Und ist neben denen noch Platz für einen armen Wurm, der vor dir wunderbarer Frau im Staub kriecht?"

Ich hatte sie angesehen, mitten in dieses Strahlen hinein, das sie seit einem Jahr reserviert hat für mich. Nichts an ihr hatte nach Staub ausgesehen. Aber ich fand es gut, daß sie von Anfang an wußte, daß nichts zwischen meine Liebsten und mich geraten kann.

Nicht, nachdem ich mit der Zweisamkeitsnummer derartig auf die Fresse gefallen war und meine Freundinnen mich aufgefangen hatten, gehalten, in einem großen warmen Schoß, in dem für uns alle Platz ist.

„Da ist ein Platz neben mir", hatte ich geantwortet. „Willst du den?" Sie hatte nicht lange überlegt.

Als am heutigen Abend nach und nach alle eintreffen, herrscht die ersten zwei Stunden ein derartiger Trubel, daß ich es fast bereue, die Idee zu der Party gehabt zu haben.

Aber irgendwann höre ich auf, mir Sorgen zu machen, daß das Essen nicht reicht, die Musik nicht die richtige ist oder irgendwer sich mit irgendwem zerstritten hat und ich das bei den Einladungen nicht bedacht habe. Sophie genießt das Event sowieso von der ersten Minute an. Sie führt ihre Freundinnen vor Partnerinnenbesitzerstolz strotzend durch meine Wohnung und auf die Terrasse, bietet ihnen Getränke an und stellt Unbekannte zwanglos einander vor. Immer wieder ist sie zwischendurch an meiner Seite, gibt mir einen Kuß, hält kurz meine Hand, schenkt mir nach, lächelt mich an.

„Euch geht's ja offenbar richtig gut miteinander", sagt Jule irgendwann mal. Da sind wir nur unter uns. Unter uns fünf richtig guten Freundinnen, die wir uns plötzlich alle im Schlafzimmer tummeln, weil sie alle auf einmal meine neue Stehlampe anschauen wollen. So eine Gelegenheit. Auf einer Party ein paar vertrauliche Worte. Unter denen, mit denen wir ganz innig sind. Wo jede von jeder weiß. Ganz viel. Manchmal beinahe alles.

„Ja, das tut es", lächle ich und sehe hinüber durch den kleinen Flur, in den anderen Raum, auf Sophies Rücken, der sich gerade biegt im Lachen über irgendeinen blöden Witz von Micha. „Obwohl wir heute morgen eine irrwitzige Diskussion hatten ... über Einkaufszettel."

„O nein!" stößt Jule heraus und wirft Elke einen raschen Blick zu. „Etwa eine Diskussion in der Art, wer den Zettel schreibt und somit dafür verantwortlich ist, daß alles im Haus ist und so?"

Elke knurrt unwillig.

„Sie sagt, bei den Heten ist das von Natur aus geregelt", erkläre ich. „Und daß sie deswegen lesbisch geworden ist. Ich glaube, sie hatte auch vor, euch heute abend alle zu befragen, wie ihr diese schwierige Sache so regelt in euren Partnerschaften."

Elke und Jule tauschen einen Blick aus, dem ich deutlich entnehme, daß sie sich gegenseitig warnen, ihr Einkaufszettel-Geheimnis preiszugeben.

„Schätze mal, sie glaubt, daraus auf mich schließen zu können. Irgendwie ist sie zu der Meinung gelangt, daß wir fünf wirklich so einiges gemeinsam haben und sogar derartige Gewohnheiten aneinander angleichen."

Jule will etwas sagen und erhält von Elke einen sanften, aber aussagekräftigen Stoß in die Seite.

„Das ist ja gar nichts gegen die Zeit, als Simone und ich uns kennengelernt haben", beginnt Joanna und senkt ihre Stimme, denn ihre Freundin plaudert nur wenige Meter entfernt von uns im anderen Raum. „Sie hat gemeint, du klammerst dich nur so total an mich, weil deine Beziehung mit Sandra in die Hose gegangen ist und du jetzt phobische Angst vor einer neuen festen Bindung hast."

„Unsere schnuckelige Gastgeberin hier klammert sich nicht nur an dich", stellt Marie latent gekränkt richtig und nimmt meine Hand. „Wenn hier überhaupt jemand klammert, dann tun wir das alle miteinander."

„Simone war ja nur eifersüchtig", erklärt Joanna, obwohl das nicht notwendig wäre. Über Simones Besitzansprüche in unpraktischer Koppelung mit einem überdimensionalen Minderwertigkeitsgefühl wissen wir alle bestens Bescheid.

„Ja, weil sie sich bis heute nicht vorstellen kann, daß du außer ihr noch einen anderen Menschen brauchst", kann Marie sich nicht verkneifen. Sie will ihre kritische Einstellung zur stets krisengeschüttelten Beziehung ihrer lieben Freundin nicht verhehlen.

„Wenn ihr mich fragt, ich glaub auch da dran", sagt Jule, während Elke sie von hinten in den Arm nimmt. „Ich meine diese Idealvorstellung von glücklicher Zweisamkeit. Die Liebe des Lebens. Das einzig wahre Glück. Die Erfüllung aller Träume in nur einer Person. Ich kann gar nicht anders als dran glauben. Damit bin ich groß geworden! Mit solchen Märchen und Filmen und *Bravo-Foto-Lovestories*."

Elke versucht, über ihre eigene Schulter, auf der plötzlich eine enorme Last zu ruhen scheint, zu ihrer Lebensgefährtin zu schielen. „Der ganze Scheiß sollte verboten werden!"

Jules romantische Ader ignoriert derartige Einwürfe.

„Deswegen verstehe ich auch gar nicht, wie man so leben kann wie du." Damit bin ich gemeint. „Nicht an die einzig wahre Liebe zu glauben, sondern immer nur von einer Woche zur nächsten zu leben, ohne Perspektiven."

„Vielleicht solltest du mal ein paar Jahre mit Sandra verbringen, die die gleichen Worte wie du benutzt hat und die mich dann ..."

„Wir kennen die Story!" unterbricht Jule mich. „Du hast schließlich 'ne ganze Therapie wegen der blöden Schnalle verbraten."

Ich seufze.

„Jule hat recht", meint Joanna. „Auch wenn man schlechte Erfahrungen gemacht hat, sollte man doch an seinen Lebensentwürfen festhalten. Ich meine, ihr wolltet doch ein Haus kaufen ..."

„Will ich immer noch", erwidere ich, bevor sie mit den Kindern und den Haustieren, dem geplanten gemeinsamen Arbeitsplatz daheim anfangen kann. „Aber ich kauf es allein."

„Und wenn du mal sechzig bist?" will Marie wissen, die die jüngste von uns fünf ist und sich seit ihrem zweiunddreißigsten Geburtstag Sorgen um Cellulitis und Hirnverkalkung macht. „Dann hängst du da ganz allein herum in deinem Haus?"

Hier sind wir, auf einer netten Abendparty, wo wir locker plaudern und klatschen, Musik hören und ausgelassen sein könnten. Aber wir sitzen mit den vertrautesten Menschen unseres Lebens in meinem Schlafzimmer auf dem Teppichboden und philosophieren über Lebensentwürfe.

„Kennt eigentlich eine von euch noch die *Waltons*?" frage ich, einer Eingebung folgend.

„Soll das ein Witz sein?" lacht Marie großkotzig. „Ich bin Mary-Ellen!"

„Und ich John-Boy!" trompetet Jule. Sie will einmal ein Buch schreiben und identifiziert sich gern mit Schreiberlingen.

„Ich fand die Oma und den Opa immer am besten", erinnert sich Joanna. „Sie hatte immer so einen trockenen Humor, das Leben dabei voll im Blick. Und er haut ihr noch manchmal auf den Hintern in der Kittelschürze. Cool."

Elke hat weiche Augen bekommen. „Wißt ihr noch, diese Folge, wo der Hund stirbt?"

„Vielleicht haben wir alle eine Rolle in so einer Serie", murmle ich mit meiner Erzählstimme. Sofort wenden sich ihre Gesichter mir zu. Das ist kein Märchen, das ich erfinde. Es hat etwas zu tun mit alternativen Wohnprojekten für lesbische Frauen – nicht nur im Alter. (Marie ist Sozialwissenschaftlerin.) Mit Partnerschaften, die sich so sehr genügen, daß sie genug Platz lassen für all die anderen Beziehungen im Leben. (Elke und Jule schmiegen sich aneinander.) Mit Finanzierungsplänen zum Kauf und Umbau. (Die Architektin Joanna nickt zu meinen Worten.)

Sie hören mir zu. Das ist ein Geschenk, das sie mir machen oder vielleicht auch ich ihnen. Sie hören mir gern zu, wenn ich Geschichten erzähle. Vielleicht, weil ich so genau weiß, wovon jede einzelne von ihnen heimlich träumt, was sie ausmacht in ihrem Kern, die liebsten Menschen in meinem Leben.

„So will ich leben!" sage ich und folge Elkes Blick hinüber zur Tür.

Sophie lehnt im Rahmen, in jeder Hand ein Weinglas. Sie bietet mir eins an und läßt sich neben mir auf dem Boden im Schneidersitz nieder.

„Meinetwegen", sagt sie schließlich gutmütig, während die anderen noch schweigend diesen Gedanken nachhängen, die ich angestoßen habe in ihnen. „Ich habe nichts gegen ein Farmhaus und dreizehn Kinder, und vielleicht können wir aus dem Altenheim ein Paar Großeltern adoptieren. Das wäre doch fein. Aber ich schätze mal, dann ist es vorbei mit deiner wunderbaren Definition einer Idealbeziehung: zwei autonome Frauen mit intensiven Berührungspunkten."

Joanna rückt nervös auf dem Boden herum. Weil sie von ihrer Simone die verrücktesten Diskussionen auch in aller Öffentlichkeit kennt, beunruhigen sie solche Gesprächsansätze. Sie hat sich noch nicht dran gewöhnt, daß sie bei Sophie so etwas nicht fürchten muß.

Jule dagegen hat das längst durchschaut. Sie mischt sich einfach ein: „Weißt du, Sophie, ich glaub, das ist ganz anders. Dreizehn Kinder, boah, stell dir das mal vor! Nein! Ich schätze, es ist eher so, daß ihr zwei zum Beispiel die Großeltern seid. Und Marie, wenn sie unbedingt will, Mary-Ellen. Ich bin auf alle Fälle John-Boy. Und Elke ..." Sie betrachtet ihre Partnerin scheinbar ratlos.

„Nur nicht der Hund", bittet Elke.

Marie zieht mit dem Finger Kreise auf dem Veloursteppich und hinterläßt Spuren.

„Träumen kann man ja ruhig mal", murmelt sie und löst damit in mir eine Welle von Trotz aus.

„Wenn wir's schon nicht so machen können wie die meisten mit ihrem deutschen Mittelklasse-Traum, dem kleinen Einfamilien-Reihenhäuschen, dem jährlichen Urlaub auf einer spanischen Insel, dann will ich es auf unsere Weise tun. Nicht nur davon träumen."

Ich kenne ihre Augenfarben alle ganz genau, auch im Dimmerlicht der neuen Stehlampe.

„He, was geht denn hier ab?" ertönt von der Tür her eine Party-Gast-Stimme. „Privates Meeting?"

Gott sei Dank keine von meinen Bekannten.

Sophie grinst und steht als erste auf. „So ist das, wenn frau nicht auf den altbekannten Straßen wandeln kann, sondern sich selbst neue Pfade suchen muß. Ich finde aber, Visionen sind dazu da, um umgesetzt zu werden." Da ist sie wieder, ihre Unerbittlich-Miene.

Wir alle erheben uns, nehmen unsere Gläser und gehen hinüber zu den anderen, klauben uns Gemüseburger oder Würstchen vom Grill und sind schon kurze Zeit später in Plaudereien verwickelt mit ganz anderem Inhalt. Aber was ich in Erinnerung behalte von diesem Abend, das sind ihre Blicke, hin und wieder quer durch den Raum. Blicke von Menschen, die bei der Geburt einer Vision dabei waren.

Keine Ahnung, wie wir das hinkriegen sollen. Aber Sophie sagt, sie macht mit, auf jeden Fall. Wenn sie nur weiterhin Klavier spielen kann, bis die Wände zusammenkrachen. Meinetwegen, sage ich. Ich brauche nur einen Gartenzaun, den braucht man heutzutage in Deutschland, ohne geht es irgendwie nicht. Aber um das Ganze zu entschärfen, können wir den ja regenbogenfarben anstreichen. In einer irren, freudenschweißtreibenden Aktion, bei der alle mitmachen. Und nach der wir dann zum Beispiel bei Joanna oder Jule oder Marie oder Elke oder einer der anderen, die vielleicht noch dazu kommen, in der Küche sitzen und Pfannkuchen essen, die hoffentlich irgendeine von ihnen hervorragend backen kann. (Ich jedenfalls nicht.) (Noch nicht!) Es wäre wie ein Abend bei den *Waltons*. Selbst da kann auch der eine den anderen mal nicht leiden. Aber im Grunde, na ja, im Grunde gehören sie zusammen. Und wenn ich dann rübergeh, nach Hause, dann ist vielleicht Sophie schon von der Arbeit zurück. Mal dran denken wagen, das kann ich ja. Nur hin und wieder kurz dran denken, was wäre, wenn sie es noch wäre, dann immer noch wäre, an meiner Seite, irgendwann. Auf alle Fälle laß ich das Gartentor hinter mir offen.

Ohne Worte

Peter Jungblut

Manchmal kam Tim nach besonders langweiligen Beichten über vorgetäuschte Orgasmen, heimliche Seitensprünge, Vaterschaftszweifel und Brustvergrößerungs-Ambitionen zum Fazit, daß zwischen Männern und Frauen ein Abgrund klaffte, über dessen Ausmaß sich alle Beteiligten lieber keine klare Vorstellung machten.

Peter Jungblut, geboren 1961, ist Historiker und Hörfunkkorrespondent in Berlin; Veröffentlichungen u.a. in Detlef Grumbach (Hg.): *Over the Rainbow. Ein Lesebuch zum Christopher Street Day* (2001) und in Jim Baker (Hg.): *Hiebe und Triebe 2* (2002).

Ohne Worte

„Wir haben uns endlich ausgesprochen", hatte Christine gestern nachmittag voller Erleichterung die Bürogemeinschaft wissen lassen. Tim interessierte sich weder für diese noch für irgendwelche anderen Einzelheiten aus dem Privatleben seiner heterosexuellen Kollegen in der Revisionsabteilung, aber gerade deshalb war er zur Vertrauensperson geworden. Keine Ehekrise, kein außer Kontrolle geratenes Problemkind, bei dem er nicht auf dem laufenden gehalten wurde. Allerdings fragte ihn keiner seiner Kollegen jemals um Rat. Tim war eher eine Klagemauer; ein Medium, dem man sich hemmungslos anvertraute. Wahrscheinlich ahnten alle, daß Tim von ihren privaten Sorgen gelangweilt war, die Geständnisse also niemals weitererzählt wurden. Gleichzeitig waren sie allesamt überzeugt, daß dieser nette schwule Kollege natürlich keinen Schimmer hatte von den wirklichen Herausforderungen des Alltags, von Schulproblemen, Hypotheken und Wechseljahren. Es schadete also nichts, wenn man ihm gelegentlich Einblick gab in den Sorgenkosmos, durch den sich heterosexuelle Menschen hindurchmanövrieren mußten.

Christine hatte – wie viele andere – Tim zu ihrem persönlichen Vertrauten gemacht. Seit Wochen hatte sie angeblich mit ihrem Freund kaum ein Wort gewechselt. Tim fühlte sich schon an eine Talkshow erinnert, die vor einiger Zeit nachts um drei wiederholt worden war. „Wir entkamen der Schweige-Hölle" war der Titel der Sendung gewesen. Die sechsundfünfzigjährige Kantinenbeschäftigte Gisela aus Kassel berichtete über einen dreijährigen Redestreik gegenüber ihrem Ehemann. Wegen einer Lappalie hatten sich die beiden angeblich zerstritten und nichts mehr zu sagen.

Friedhofsruhe legte sich über den häuslichen Bereich. Bis zu dem Tag, an dem Gisela bei der Lektüre der Fernsehzeitschrift ganz nebenbei ihr Schweigen brach und ihrem Mann mit tonloser Stimme die Laune verdarb: „Heute abend kommt nichts Gescheites." Von da an war die Ehe wieder normal, wie die jugendliche Talkshow-Moderatorin erleichtert vor der Werbeunterbrechung feststellte.

Christine hatte sich also mit ihrem Freund wortreich versöhnt. Tim fragte sich bei solchen Geständnissen regelmäßig, warum die meisten Heterosexuellen eigentlich einen derart unersättlichen Gesprächsbedarf in ihren Partnerschaften hatten. Viele schwule Paare vertrauten seiner Beobachtung nach sehr viel weniger der reinigenden Kraft der Wortgefechte.

„Ich werde aus ihm einfach nicht schlau", hatte Christine resümiert, nachdem sie zuvor eine mehrstündige Aussprache mit ihrem treulosen Lebensgefährten geschildert hatte. Offenbar lebten Heterosexuelle in der dauerhaften Angst, ihrem Partner nicht auf den Grund der Seele blicken zu können, ihn möglicherweise überhaupt nicht zu verstehen. Vielleicht hatten sie auch nur ein besonders skurriles, niemals erfüllbares Sicherheitsbedürfnis, das den meisten Schwulen völlig fehlte. Manchmal kam Tim nach besonders langweiligen Beichten über vorgetäuschte Orgasmen, heimliche Seitensprünge, Vaterschaftszweifel und Brustvergrößerungs-Ambitionen zum Fazit, daß zwischen Männern und Frauen ein Abgrund klaffte, über dessen Ausmaß sich alle Beteiligten lieber keine klare Vorstellung machten. Mit Worten war er natürlich nicht zu überbrücken, und doch versuchten immer wieder Unglückliche auf den wackligen Planken einer Aussprache die andere Seite zu erreichen. Christine hatte einen solchen Anlauf gerade wieder hinter sich, ausgerechnet jetzt, wo sie ihre Nerven und ihre Energie eigentlich für ihr Bewerbungsgespräch brauchte. Immerhin war sie als persönliche Assistentin des neuen Abteilungsleiters im Gespräch.

Einstweilen war sie noch ganz begeistert über ihren vermeintlich gelungenen Ausflug in die Männerpsyche, aber Tim wußte, daß er schon morgen den Satz hören würde, der alles zum Einsturz brachte: „Er versteht mich einfach nicht!" Christine war eine umgängliche und aufgeschlossene Kollegin, aber Tim fragte sich, warum sie und die meisten anderen Heteros im Büro so süchtig waren nach intimen Bekenntnissen aller Art. Vermutlich war das Leben für einige von ihnen zu einer andauernden therapeutischen Sitzung geworden, begleitet vom alltäglichen Psycho-Palaver, das ursprünglich mal die Langeweile vertreiben sollte, aber inzwischen selbst zur Quelle aller Trübsal geworden war.

„Schweiger sind gefährliche Menschen" stand als Spruch des Tages unter dem heutigen Datum im Abreißkalender. Je kürzer die Prominentenzitate, desto mehr wird der Tiefsinn zum Schwachsinn, dachte sich Tim. Er nahm einen Schluck aus seiner Teetasse und blätterte die Zeitungsseite um. Seine Finger spielten mit den Bröseln auf dem Teller. Diese ruhigen Momente am Morgen waren für ihn die schönste Zeit des Tages. Er sah hinüber zu Jens, der ebenfalls Zeitung las. Seit sechs Jahren waren sie nun zusammen. Fast genauso lange teilten sie eine Wohnung. Wäre Christine bei uns am Frühstückstisch Ohrenzeugin, so vermutete Tim, wäre sie wahrscheinlich schockiert von unserer Sprachlosigkeit. Jens saß einfach nur da, amüsierte sich still über die Prominenten-Berichte im „Vermischten" und schlürfte seinen Tee. Nebenbei plätscherte klassische Musik aus dem Radio, ziemlich leise, so daß die Melodie manchmal scheinbar ganz abbrach. Wunderbar, diese Ruhe, sagte sich Tim und schauderte bei dem Gedanken an Christine, die ihren Freund womöglich genau in diesen Minuten in bester Absicht wortreich über ihre Befindlichkeit aufklärte.

Ein Ehepaar, das morgens stillschweigend Zeitung liest: Bei Karikaturisten ist das die Illustration für zwei Menschen, die sich nichts mehr zu sagen haben. Tim amüsierte sich darüber. Schließlich hatte er das selbst genauso gesehen, vor zehn, fünfzehn Jahren. Mitten im Coming-out wäre ihm die nun alltägliche Frühstücksszene als beißende Satire erschienen. Zwei Männer, die stumm ihren Tee trinken, mit Zeitungspapier rascheln und gelegentlich in ein Marmeladebrötchen beißen – wie öde wäre ihm dieser Alltag damals vorgekommen. Tim hatte sich jahrelang vor und hinter diversen Tresen von Bars, Clubs und Schwulenzentren heiser geredet. Sein Mitteilungsbedürfnis hätte in den ersten Jahren seines schwulenbewegten Lebens ganze Selbsterfahrungsgruppen erbleichen lassen. Er hatte unsichere Neuankömmlinge in schlüpfrige Gespräche verwickelt. Mit den bösartigsten Transen hatte er die

Klingen gekreuzt. Der Umgang auch mit rasiermesserscharfen Vokabeln war ihm also durchaus geläufig. Doch Tim hatte sich dabei daran gewöhnt, mit den Worten Abstand zu halten, mit Schweigen dagegen Annäherung zu ermöglichen. Deshalb war er beim Chatten im Internet auch angetan vom oft gelesenen Hinweis kopulationswilliger Teilnehmer: „Bitte kein langes Gelaber". Tim dachte an die vielen Anbaggereien in Saunen, Darkrooms, im Park. Nirgendwo wurde sonderlich viel gesprochen. Jedes Wort störte die erotisch aufgeladene Stille. Ob Christine jemals verstehen würde, wie man sich ohne Worte in fast völliger Dunkelheit verständigen, wie man fein abgestuftes Interesse signalisieren konnte? Tim lachte bei dem Gedanken kurz auf, so daß Jens ihn fragend ansah.

„Hab nur an was Lustiges aus'm Betrieb gedacht", sagte Tim und schleckte Jens etwas Kirschmarmelade vom Finger. Fast immer war Tim bei seinen nächtlichen Aufreißversuchen ganz ohne Worte an sein Ziel gekommen. „Wie heißt du eigentlich?" war nicht selten der erste Satz, den er gesprochen hatte, nach dem Sex natürlich, sozusagen als Abschiedsfloskel. Auch das würde Christine wohl kaum sinnlich finden. Schließlich balzten Hetero-Männer gemeinhin mit viel rhetorischem Geplustcher in teuren Restaurants und lauten Clubs um ihre Sexualpartnerinnen. Endlose Wortgirlanden aus geschicktem Munde schlingen sich in solchen Fällen zu reißfesten Fangnetzen. „Find ich erotisch, wenn sich einer um mich bemüht", nannte das Christine. Wahrscheinlich fragte sie sich wie viele Heteros, woran sich Schwule eigentlich gegenseitig erkennen, ohne ein einziges Wort miteinander zu reden.

Tim belegte ein Brötchen mit Salami und sah auf die Uhr. Halb neun. In einer halben Stunde würde er wieder im Büro sitzen. Jens hatte etwas mehr Zeit. Er kellnerte zur Zeit in einem Café. Kennengelernt hatten sie sich beim Baden, am „schwulen" Strand. Jens war damals in einem Rudel von Freunden unterwegs gewesen, hatte ziemlich rumgekreischt, war der Mittelpunkt einer hysterischen Handtuch-Kolonie. Tim fand ihn äußerlich sofort attraktiv, aber auch etwas überspannt und nervig. Er war wie üblich hin und her gerissen. Eine schnelle Nummer im Stehen vielleicht hatte sich Tim damals von Jens erhofft. Könnte ja ganz geil sein. Aber bekanntlich ist es schwer, einen Kerl aus einer Gruppe aufzureißen.

Die Freunde werden aufmerksam, lästern, sind manchmal neidisch. Keine Kulisse für zufällige Blicke, für verführerisches Lächeln, für eindeutige Gesten. Jens schien ihn gar nicht zu beachten. Er war mit seinen Freunden vollauf damit beschäftigt, vorbeischlurfende Tucken zu mustern und lauthals ihre Besonderheiten zu diskutieren. Tim hatte sich daher geraume Zeit in eine andere Richtung gedreht, die Hauszeitschrift seiner Bank zur Hand genommen und versucht, sich mit dem Lesen der Personalien zu zerstreuen.

Als er aufstand, um ins Wasser zu gehen, hatten sich ihre Blicke getroffen. Tim schwamm einige Meter, in Rückenlage, damit er Jens im Auge behalten konnte. Schließlich war Jens auch ins Wasser gekommen, hatte aus zufälligen Blicken auffordernde gemacht und war am Seeufer entlang bis zur einer kleinen Bucht geschwommen, die vom Badeplatz nicht einsehbar war. Dort hatten sie ihren ersten Sex. Besonders erotisch war es nicht gewesen, erinnerte sich Tim. Jens war vor lauter Aufregung schon nach fünf Minuten fertig gewesen. Er hatte kein Wort gesagt und war peinlich berührt zurückgeschwommen an die Badestelle. Als Tim später seine Sachen zusammenpackte und aufs Rad steigen wollte, war Jens zu ihm gekommen, hatte ihm einen Zettel mit seinem Vornamen und seiner Telefonnummer gegeben und so leise wie möglich genuschelt: „Wenn du Lust hast, können wir uns ja mal treffen ... Würde mich freuen, wenn du anrufst ..." Tim nahm das als zweideutiges Zeichen. Wahrscheinlich wollte Jens nur die Scharte auswetzen und noch mal eine anständige Nummer durchziehen.

„Mal sehen. Ich bin übrigens Tim." Das war ihr erster Dialog gewesen.

Tim konnte sich nicht erinnern, daß sie über ihre Freundschaft jemals langwierige Gespräche geführt hatten. Im Gegenteil: Nichts war ihm angenehmer bei ihrem Zusammenleben als die vielen schweigsamen Stunden. Wenn er abends nach Hause kam, empfing ihn Jens mit einem Kuß, wuschelte ihm den spießigen Haarschnitt durcheinander – „So, jetzt siehst du nicht mehr nach Bank aus" – und fragte, ob's irgendwas Besonderes gegeben hatte in der Arbeit. Eine rhetorische Frage, denn wenn es in der Revision jemals eine echte, erzählenswerte Besonderheit gegeben hätte, dann wäre das gleichbedeutend gewesen mit der Pleite der Bank; schließlich war eine Revision dazu da, Unregelmäßigkeiten rechtzeitig aufzudecken und abzustellen. Manchmal redeten sie über die neu eingetroffene Post, meist Rechnungen. Wenn Jens freie Abende hatte, kochte er das Essen. Tim blätterte unterdessen mit müden Augen in Wirtschaftsmagazinen, wunderte sich darüber, wieviel mancher sechsundzwanzigjährige Bankangestellte im Börsenbereich verdiente, wurde dann regelmäßig schwermütig und schaltete die Fernsehnachrichten an, um noch mehr Katastrophen über sich ergehen zu lassen. Nach dem Essen setzte sich Tim gern an den Computer, surfte im Internet unter seinem schmeichelhaften Profil als „Sven, 22" oder versuchte sich an neuen Programmen. Jens legte sich aufs Sofa, wickelte sich in seine Wolldecke und schlief nach einer Viertelstunde vor dem Fernseher ein, übrigens immer so, daß er sich die Nerven von Arm oder Bein abklemmte und beim Aufwachen entsprechend ächzte.

Zwei-, dreimal in der Woche besuchten sie Freunde. Dort mußten sie sich dann von schwulen Singles anhören, wie langweilig sie angeblich geworden waren. Tim ging gern ins Kino. Jens bildete sich mächtig was darauf ein, einmal im Monat Theaterkarten zu besorgen – damit man „mitreden" konnte, was aber in ihrem Bekanntenkreis gar keiner wollte. Wenn sie mal auswärts essen gingen, mußte es wegen Jens immer ein besseres Restaurant sein. Schließlich arbeitete er selbst im Service und beobachtete gern Kollegen in gediegener Umgebung. Machten sie einen Fehler oder waren unaufmerksam, konnte Jens sie mit drei Sätzen zu Todfeinden machen. In solchen Situationen biß sich Tim auf die Lippen und suchte nach irgendwelchen Rotweinflecken, an denen sich sein Blick festsaugen konnte. Wenn der Kellner dagegen professionell arbeitete und vielleicht auch noch attraktiv war, sparte Jens nicht mit Lob und versuchte noch vor der Hauptspeise herauszufinden, ob der Mann schwul war. Beim Dessert hatte er nicht selten schon die private Telefonnummer in der Hand. Tim war dadurch anfänglich verunsichert, später nur noch amüsiert, denn er wußte, daß Jens diese Nummern meist in seiner Hosentasche vergaß. Irgendwann wurden sie dann mitgewaschen, rieselten als Fetzen auf den Teppichboden und waren damit zwar noch eine schöne Erinnerung, aber unleserlich.

Richtig eifersüchtig war Tim merkwürdigerweise noch nie gewesen. Das lag nicht an seiner Großmütigkeit, sondern daran, daß er selbst keinem Flirt aus dem Weg ging. Dabei wirkte es sicherlich stabilisierend auf seine Partnerschaft mit Jens, daß sie einen völlig unterschiedlichen Geschmack bei Männern hatten. Jens hatte ein Faible für muskulöse, herbe Typen, die möglichst cool in die Gegend schauen mußten. Tim war mehr von blonden, schmalbrüstigen Brillenträgern im Schlabberlook angetan. Es gehörte zu den Rätseln ihres sechsjährigen Zusammenlebens, daß sie ihren gegenseitigen Idealvorstellungen in keiner Weise entsprachen.

Trotzdem waren sie verliebt ineinander – wenn es nicht so kitschig klingen würde, hätte Tim gesagt: wie am ersten Tag. In ihrem Fall wäre das sowieso Hochstapelei gewesen, denn verliebt hatten sie sich nun wirklich nicht in dieser schlammigen Bucht am See, wo sie von den Mücken umkreist worden waren und sich an ihren Erektionen abgearbeitet hatten. Die Liebe hatte sich auf leisen Pfoten herangepirscht, keiner von beiden hatte sie ernsthaft erwartet. Ihre Freundschaft begann somit völlig streßfrei, also ohne stundenlanges Starren auf das Telefon, ob „er" anruft. Es fehlte anfänglich das Kribbeln im Bauch, das Bedürfnis, jede freie Minute mit dem Angebeteten zu verbringen. Im Gegenteil: Als Jens am dritten Tag nach ihrer ersten Begegnung unangemeldet vor der Wohnungstür stand, hatte Tim spontan eine abwimmelnde Ausrede überlegt, die er dann doch nicht über die Lippen brachte. Angerona, die leider zu Unrecht fast vergessene römische Göttin des Schweigens, hatte ihren Zeigefinger warnend vor den Mund gehalten und war mit dieser nicht unerotischen Geste zur frühen Schutzpatronin ihrer Zweisamkeit geworden. Immer wieder verhinderte sie in den folgenden Monaten und Jahren, daß die kleinen Mißhelligkeiten des Alltags mit großen Worten zu Existenzkrisen hochgeredet wurden. Tim hatte sich irgendwo angelesen, daß diese Angerona nebenbei auch zuständig war fürs Aufrichten und Erheben. Gerade bei mehrjährigen schwulen Partnerschaften war sie insofern eine zuverlässige Verbündete gegen die potenzfeindliche Macht der Gewohnheit. Allerdings erfuhr Tim später, daß sich die segensreichen Aufrichtungsarbeiten der Angerona im Altertum ganz allein auf die Sonne bezogen. Die Göttin wurde nämlich zur Wintersonnenwende gefeiert, war also zuständig dafür, daß die Tage länger wurden. Tim hatte es leider versäumt, Christine auf Angerona hinzuweisen. Immerhin erfreute sich die Göttin gerade in der modernen Frauenbewegung einer gewissen Wertschätzung. Sie galt dort als Beschützerin des geheimen Wissens, als Bewahrerin des machtvollen Schweigens, aber mit letzterem hätte Christine ohnehin wenig anfangen können.

Liebgewordene Menschen und Dinge erkannte Tim, wie die meisten Gewohnheitstiere, nicht bei ihrer An-, sondern erst bei ihrer Abwesenheit. Daß er zu seiner eigenen Überraschung im sechsten Jahr verliebt war, merkte er also vor allem dann, wenn Jens gerade nicht in der Nähe war. Besonders abends, wenn die Wohnung fast schon unheimlich verlassen wirkte. Er lauschte auf jedes Knacken, konnte schlecht einschlafen und hatte Alpträume, an die er sich leider auch genauestens erinnerte. Ohne den Freund im Bett zu liegen, das war für beide so ungewohnt geworden, daß sich jedesmal eine Schlafstörung einstellte, die den Biorhythmus zwei Tage durcheinander brachte. Tim erinnerte sich, daß er sich in früheren Partnerschaften über einsame Nächte auch mal gefreut hatte. Alleine ausgestreckt schläft es sich immerhin viel bequemer, weniger beengt und ohne Verrenkungen. Ein Vorteil, den er in seiner jetzigen Partnerschaft längst nicht mehr zu schätzen wußte. Er war beim Wegschlummern geradezu zwanghaft angewiesen auf die Wärme, den Atem, die nackte Haut des Geliebten, auch auf die Gefahr hin, später seinen tauben Arm im Halbschlaf wieder lebendig rubbeln zu müssen. Liebe war zumindest in ihrem Fall neunzig Prozent Nähe und zehn Prozent Sex – im Frühling fünfzehn, wegen der vielen Feiertage.

Tim verabschiedete sich wie immer recht zügig von Jens, also ohne Kuß und Umarmung. Er ließ sein gebrauchtes Geschirr auf dem Tisch stehen, weil er wußte, daß Jens das vorzeitige Wegräumen haßte, und ging zum Bus. Hoffentlich hatte Christine heute Glück bei ihrer Bewerbung. Noch kannte niemand den neuen Abteilungsleiter. Sein Name war bisher streng vertraulich. Soviel bekannt, kam er von einer Sparkasse aus Neustrelitz. Immerhin wußten nun alle in der Revision, daß dieser Ort in Mecklenburg-Vorpommern lag.

Gerüchte gab es viele. Der Mann sei im Gespräch als zukünftiges Vorstandsmitglied, eines Tages. Er sei ausgesprochen ehrgeizig, penibel, ein Erbsenzähler, eifersüchtig darauf bedacht, den ganzen Glanz seiner Abteilung aufs eigene Haupt zu lenken. Einer, dessen Selbstbewußtsein durch Midlife-crisis und Rückenschmerzen noch nicht zusammengeschnurrt war: Er war angeblich erst vierunddreißig. Kein Team-Arbeiter, sondern ein Eigenbrötler – so die Büro-Saga. Tim war es egal. Sollte sich Christine mit der Persönlichkeitsstruktur des künftigen Chefs befassen. Tim war ein kleines Licht in der Revision und hatte vor, sich demnächst für einen Posten in der Wertpapier-Abteilung zu melden. Dort wäre er allerdings einer der Ältesten gewesen.

„Es ist alles aus", schniefte Christine, als Tim das Büro betrat. Die Dinge hatten also ihren gewohnten Lauf genommen. Ihr Freund hatte gestanden, sich seit drei Wochen mit einer anderen Frau zu treffen, doch das sei nur eine harmlose Bekanntschaft – Christine glaubte ihm kein Wort.
„Männer sind verlogen und denken nur an sich. Wenn ihre Hinterhältigkeit wenigstens Stil hätte, so wie früher, du weißt schon: Casanova, Don Giovanni, große Gefühle, professioneller Charme!" nuschelte Christine grimmig und fügte deutlicher vernehmbar hinzu: „Wenn nur alle so wären wie du."
Tim reagierte etwas befremdet. Christine mußte über ihren Ausrutscher unwillkürlich lächeln, trotz ihrer Empörung. Tim ermunterte sie, jetzt vor allem an ihr Bewerbungsgespräch zu denken. Danach wäre noch genug Zeit, alle künftigen Aussprachen mit ihrem Freund vorzubereiten und über die Männer im allgemeinen und im Speziellen zu beraten.
„Hast du eigentlich nie Liebeskummer?" fragte ihn Christine unvermittelt. Tim hatte wenig Lust, um diese morgendliche Zeit und an diesem Ort über Herz und Schmerz zu sprechen. Also antwortete er ausweichend, aber korrekt, daß er schon länger keine Träne mehr wegen eines Mannes vergossen hatte. Christine wollte aber keine Aufmunterung, sondern ihren Kummer mit jemandem teilen, was natürlich voraussetzte, daß der Teilhaber diesen Kummer aus eigener Erfahrung zu würdigen wußte und dadurch erleichterte.

Tim hatte in den Jahren mit Jens tatsächlich noch keinen Tag um ihre Liebe gebangt und fragte sich gelegentlich, ob das ein Indiz war für die Oberflächlichkeit oder für die Tiefe ihrer Freundschaft. Liebeskummer hatte er vor allem vor dem Coming-out gehabt, seit der Schulzeit, als er jahrelang vergeblich einem Klassenkameraden hinterherschmachtete, bis dieser sich endlich erbarmte, Tim an den elterlichen Swimmingpool einlud und dort einige Male mit ihm rumgeilte – was Tims Liebeskummer natürlich weiter anheizte. In seinen zurückliegenden Freundschaften hatte Tim dagegen sehr selten mit Eifersucht oder der Angst vor Liebesentzug zu kämpfen gehabt. Seine beiden festen Partnerschaften vor der Begegnung mit Jens waren ohne große Szenen zu Ende gegangen. Bis heute hatte er freundschaftlichen Kontakt zu seinen beiden Ex-Männern und konnte mit ihnen unbefangen über die wechselseitigen Makken lachen. Letzteres hatte er mal ganz nebenbei Christine erzählt, die darüber leicht irritiert war. Sie war bemüht, ihre Verflossenen ganz und gar aus dem Gedächtnis zu tilgen, fand es unerträglich, an gescheiterte Liebesschwüre erinnert zu werden: „Ich gehe mit dem Mistkerl doch nicht ins Café und bleibe auf der Rechnung sitzen! Soll er doch das Bafög seiner Studentin anbohren."

Gegen zehn Uhr vormittags wurde Christine zum Gespräch mit dem neuen Abteilungsleiter gebeten, der inzwischen als ein gewisser Klaus Dennhardt bekannt war. Eine gute halbe Stunde später war sie zurück. Natürlich wollte das ganze Büro wissen, welchen Eindruck sie hinterlassen hatte, vor allem aber, was der künftige Chef für ein Typ war. Christine setzte sich weihevoll an ihren Schreibtisch. Von allen Seiten empfing sie huldvoll die fragenden Blicke, rückte sich zurecht wie zum Orakelspruch und wollte gerade darauf hinweisen, daß selbstverständlich alles, was sie nun sage, streng vertraulich bleiben müsse, als Tim vom stellvertretenden Abteilungsleiter aus dem Büro gerufen wurde.
  Draußen sagte ihm der leutselige, längst ergraute und im Beförderungsstau fest-, aber bequem sitzende Kollege, der neue Chef wolle auch ihn sprechen. Tim war verblüfft und beunruhigt. Er konnte sich die Vorladung nicht erklären, ahnte aber, daß da jedenfalls kein angenehmer Gegenstand besprochen werden sollte. Im schlimmsten Fall ging es um die bevorstehende Personalkürzung – zehn Prozent der Stellen sollten abgebaut werden. Und Grausamkeiten begingen Vorgesetzte bekanntlich am liebsten zu

Beginn ihrer Tätigkeit. Wahrscheinlich sollte Tim in den Filialdienst abgeschoben werden. Am Ende drohte ihm sogar ein Umzug in die Provinz.

Tim versuchte im Fahrstuhl auf dem Weg in den vierten Stock sein Herzklopfen unter Kontrolle zu bekommen und überlegte sich Abwehrstrategien. Ihm fehlte der Gleichmut von Jens, der seine Stellen alle paar Monate wechselte und jeden Rausschmiß fröhlich als freiwilligen Aufbruch zu neuen Chancen umdeutete. In der Gastronomie waren die Gehälter allerdings auch so niedrig, daß man sich durch einen Arbeitsplatzwechsel selten verschlechtern konnte. In der Bank verdiente Tim dagegen ganz gut, mehr, als in den beiden regionalen Konkurrenz-Instituten zu erwarten gewesen wäre.

„Gehen Sie gleich rein, er wartet schon", sagte die Sekretärin mitleidslos. Tim klopfte, öffnete die Tür und trat ins provisorische Büro des künftigen Chefs. Dennhardt saß am Schreibtisch über einem Durcheinander von Papieren und machte sich mit einem Filzstift Notizen. Mit einer Handbewegung und einem Lächeln bat er Tim, auf dem Ledersessel schräg vor dem Schreibtisch Platz zu nehmen.

„Hallo, Moment noch", das war zunächst alles, was der angehende Revisionsboß in durchaus freundlichem Tonfall zu sagen hatte. Tim flüsterte nur ein „Ja, ja", um wenigstens nichts falsch zu machen. Sein Gegenüber tippte etwas auf der Computertastatur, suchte augenscheinlich irgendeine Datei und verglich die Ziffern in den ausgebreiteten Papieren mit denen auf dem Bildschirm.

Er schien wegen Tims Anwesenheit in keiner Weise abgelenkt zu sein. Konzentriert und ohne jede äußere Hektik erledigte er die Aufgaben, die offenbar nicht den geringsten Aufschub duldeten. Tim war entsetzlich aufgeregt, malte sich immer neue Schicksalsschläge aus, die jeden Moment über diesen Schreibtisch ausgeteilt werden konnten. Drei Minuten wurden zur Ewigkeit. Als sich immer noch kein Gespräch ergab, fragte sich Tim etwas unwirsch, warum ihn dieser Mensch überhaupt bestellt hatte. Er wollte sich schon entschuldigend ins Vorzimmer entfernen, erklärte demütig, daß er natürlich jederzeit zur Verfügung stünde, wenn es jetzt doch etwas ungünstig sei mit dem Termin. Dennhardt schüttelte den Kopf und zeigte auf die Kaffeekanne, die Wasserflasche, Tassen und Gläser auf dem Beistelltisch: „Ist schon in Ordnung, bedienen Sie sich."

Tim schüttete sich ein Glas Mineralwasser ein, nippte daran und rutschte im Sessel in eine bequemere Sitzhaltung. Anfänglich hatte er kerzengerade Platz genommen, nun legte er die Arme über die Lehnen. Weil es offenbar noch etwas dauerte, hatte Tim erstens Zeit, seine Unruhe zu dämpfen, und zweitens, diesen vielbeschäftigten Menschen genauer zu betrachten. Wenn er tatsächlich Mitte dreißig war, sah er deutlich jünger aus. Zunächst hatte Tim nur den anthrazitfarbenen Anzug, das weiße Hemd und die leuchtend rote Krawatte zur Kenntnis genommen. In der banküblichen Uniform steckte allerdings ein aufregender Mann! Er war gut gebaut, das ließ der gespannte Stoff über den Oberarmen erahnen. Dennhardt war lässig oder nachlässig, denn einer der Knöpfe an den Manschetten war offen. Er hatte ein burschikoses, schmales Gesicht, auf der Nase eine feinrandige Metallbrille, um den Mund ein unentwegtes, kaum wahrnehmbares Schmunzeln, eine ganz und gar nicht banktübliche, mit viel Gel in Unordnung gebrachte, strohblonde Kurzhaarfrisur. Tim beugte sich unwillkürlich vor, sah einmal hin, zweimal, dreimal: er glaubte, sogar ein zur Zeit schmuckloses Ohrloch zu erkennen, was in der gesamten Revision alle Eheprobleme für mindestens eine Woche in den Schatten gestellt hätte.

Tim hielt sich am Wasserglas fest und versuchte, aus diesem schweigsamen und gefährlichen (Also hatte der Abreißkalender doch recht gehabt!) und leider auch attraktiven Kerl schlau zu werden. Gut vorstellbar, daß er an Entlassungen seine diabolische Freude hatte, daß er einer von den immer gut gelaunten, erfolgssüchtigen, hemmungslos opportunistischen, allzeit zu Scherzen aufgelegten Karriere-Fanatikern war. Gesprächig war er allerdings nicht.

Als Tim möglichst unauffällig auf seine Armbanduhr schielte, waren die längsten zehn Minuten seines Lebens vergangen. Er fischte sich vom Beistelltisch die alte Ausgabe einer Anlage-Zeitschrift, deren Börsentips sich alle längst als falsch herausgestellt hatten. Statt zu lesen, versuchte er sich klarzuwerden, was diese gespannte Stille bedeuten sollte. War das eine subtile Einschüchterungsmethode? Tim wunderte sich über sich selbst: Er hatte eigentlich allen Grund, verärgert zu sein, doch seine Unruhe legte sich mit jeder neuen Schweigeminute. Je länger die beiden einander gegenüber saßen und mit dem Papier raschelten, desto entspannter wurde die Atmosphäre. Tims Sitzhaltung wurde immer bequemer, immer wohliger. Er fühlte sich vom künftigen Revisionschef in keiner Weise ausgeforscht oder beobachtet. Offenbar war der Mann mit seinen Gedanken meilenweit entfernt, vermutlich bei der Filiale in Chemnitz, wo es immer drunter und drüber ging, weil dort keiner das neue, computergestützte Belegsystem kapierte.

„Meinen Sie, wir sollten es miteinander versuchen?" wurde Tim nach knapp zwanzig Minuten Stille gefragt. „Ich könnte mir das vorstellen. Sie auch?"

Weil Tim zunächst gar nicht wußte, wovon die Rede war, blieb er völlig stumm. Dennhardt ließ sich davon nicht irritieren und sagte: „Wissen Sie, ich brauche jemanden, der schweigen kann. Im persönlichen Umfeld will ich Zuverlässigkeit, Vertrauen, Ruhe haben – und sympathische Gesichter." Er lächelte und saß mit gefalteten Händen am Schreibtisch.

Weil Tim immer noch nicht aus seiner Duldungsstarre erwachte, erzählte ihm Dennhardt in aller Kürze die Vorgeschichte dieses Termins. Er hatte sich beim stellvertretenden Abteilungsleiter erkundigt, wer für den Posten des persönlichen Assistenten grundsätzlich in Frage kam. Dabei war Christine genannt worden, der Kollege Gombrich und – wundersamerweise – Tim. Alle drei wollte Dennhardt kennenlernen, nachdem er sich bei seinem Stellvertreter ausführlich über die bisherigen fachlichen Leistungen der möglichen Bewerber erkundigt hatte. Dennhardt versicherte Tim, daß er ansonsten weniger wortkarge Bewerbungsgespräche führe. In diesem Fall gehe es jedoch um eine Position in seinem engsten Umfeld. Da sei ihm der Charakter des Bewerbers mindestens so wichtig wie die fachliche Qualifikation: „Reden kann ich selbst ganz gut. Ich brauche jemanden, der nach außen den Mund hält und hier drin offen seine Meinung sagt, wenn ich mich mal vergaloppiere – kommt vor."

Dennhardt wartete auf eine Reaktion von Tim. Der zeigte sich mehr verwirrt als geschmeichelt, gestand, daß er mit diesem Angebot nicht gerechnet hatte. Sie vereinbarten eine Bedenkzeit von einem Tag. Tim stand auf, reichte Dennhardt zum Abschied die Hand und wollte zur Tür gehen. Dennhardt stützte sich mit einer Hand am Computer-Bildschirm ab und sagte: „Noch was, damit Sie eine klare Entscheidungsgrundlage haben. Ich nehme an, es hat sich schon herumgesprochen, daß ich schwul bin. Ich mache daraus kein Geheimnis. Der Vorstand weiß Bescheid. Mal sehen, wie das die Kollegen sehen; mehr habe ich dazu jedenfalls nicht zu sagen." Tim fühlte sich herausgefordert, darauf eine ebenfalls offene Antwort zu geben, aber Dennhardt winkte ab: „Ist okay, ich weiß Bescheid."

Dreißig Prozent mehr Geld, ein eigenes, wenn auch kleines Büro samt Sekretärin auf der Etage der Abteilungsleiter, ein schwuler Chef mit Sex-Appeal, neue Aussichten auf der nach oben offenen Karriereleiter – für Tim endete dieser Bürotag mit einer glänzenden Perspektive.

Natürlich hatte sich sofort in der ganzen Revision herumgesprochen, daß er nun auch heißer Kandidat für den Posten war. Man munkelte über eine besonders raffinierte Karrierestrategie von Tim. Christine hielt sich allerdings immer noch für die haushohe Favoritin. Natürlich sagte ihr Tim nichts vom Schweigeduell und der Bedenkzeit. Er wurde allerdings von der halben Abteilung auf die Homosexualität von Dennhardt angesprochen. Christine hatte diese Nachricht mit Blaulicht unter die Leute gebracht. Ob er das auch sofort gemerkt habe, wurde Tim gefragt. Welche Auswirkungen das mutmaßlich auf den neuen Führungsstil haben werde und dergleichen bange Fragen mehr tauchten auf. Die Frauen hofften, die Männer fürchteten.

Tim wollte sich so schnell wie möglich mit Jens beraten. Der war allerdings an diesem Abend bis zehn im Café beschäftigt und kam frühestens kurz vor elf nach Hause. Also ging Tim gleich zum Arbeitsplatz von Jens, nur ein paar Bushaltestellen von der Bank entfernt. Es war kurz vor sechs, deshalb hatte Jens nicht sonderlich viel zu tun. Die Zeit für Kaffee und Kuchen war vorbei, die Abendgäste noch nicht da. Er ließ zwei Milchkaffee aus der Maschine und stellte sich mit Tim an den Tresen.

„Bin so müde heute", sagte Jens und rieb sich die Augen. Er war nicht sonderlich überrascht, daß Tim hier auftauchte. Das machte er häufiger. Meist, wenn sie abends später noch etwas gemeinsam vorhatten. Selten war Tim allerdings so aufgekratzt, wenn er aus der Bank kam. Jens fragte, ob etwa Christine endlich in eine abgelegene Filiale versetzt wurde oder ob eine Gehaltserhöhung zu erwarten war.

Tim antwortete wahrheitsgemäß: „Ja, wenn ich will, gibt's mehr Geld." Jens blies an seiner Tasse und lachte. Tim erzählte in aller Kürze sein Erlebnis und fragte am Schluß: „Meinst du, ich soll es machen?"

Jens wollte komischerweise erst mal den Namen des neuen Abteilungsleiters aus Neustrelitz wissen. Tim war etwas verwirrt, auch weil er merkte, daß er von Klaus Dennhardt die ganze Zeit anonym gesprochen hatte, in bester, vertraulicher Bankmanier also. Jetzt lieferte er Jens die Information nach.

„Ist nich' wahr!" Jens stellte seine Tasse ab, prustete los und hielt die Hand vor seinen Mund, um nicht allzu laut aufzukreischen.

Tim wurde in Sekundenbruchteilen heiß und kalt. Er sah sich schon als Opfer irgendeiner abgesprochenen Finte. Wahrscheinlich war das Angebot gar nicht ernstgemeint gewesen, dieser Klaus Dennhardt war auch gar nicht Abteilungsleiter, sondern ein Kumpel von Jens, und die beiden wollten Tim nur auf die Probe stellen. Wäre ja auch total unrealistisch gewesen, ein offen schwuler Revisionschef mit Loch im Ohr! Tim war noch mit solch ungeordneten Gedanken beschäftigt, als Jens schon rief: „Du, den kenn ich." Es schien jedoch eine Art von Bekanntschaft zu sein, die sich nicht ohne weiteres in zwei, drei Sätzen erläutern ließ, denn Jens schmunzelte vielsagend in sich hinein, wurde aber unter Tims befremdlichem Blick schnell unsicher. Eigentlich neigte Jens nicht dazu, rot zu werden, er hatte sich ganz gut im Griff und war als Kellner an Peinlichkeiten aller Art gewöhnt, aber jetzt zog sich doch ein zartes Rosa über die Wangen und stieg um die Augen herum bis zur Stirn.

Tim fand es unter seiner Würde, sofort gierig nachzufragen, wer hier wen wann, wo und bitteschön wie intensiv kennengelernt hatte. Er war auf viel zu viele unangenehme Antworten gefaßt, wollte die Sache am liebsten mit einer einzigen krampflösenden Bemerkung beenden, aber Medikamente waren eben nie da, wenn man sie brauchte, und sei es auch nur ein witziger Einfall.

„Wir haben uns mal 'ne Weile getroffen", sagte Jens, darum bemüht, Gleichgültigkeit vorzutäuschen, aber der Beschwichtigungsversuch ging daneben: Er mußte dafür hörbar viel Energie aufwenden. Tim starrte in seinen Milchkaffee, auf dem sich etwas Schaum drehte. Langsam fielen die Bläschen in sich zusammen. Eine dicke Blase rutschte an den Tassenrand und blieb dort hängen. Jens schwieg. Sie redeten eigentlich nie über vergangene oder gar aktuelle Affären. Monogam war ihre Partnerschaft nicht. Das war längst abgemacht, geklärt, unstrittig zwischen ihnen, kein großes Thema. Doch hier ging es ganz offenkundig nicht um irgendeinen längst vergessenen One-night-Stand. Tim hatte nicht die Kraft, die Sache auf sich beruhen zu lassen. Er fragte, wann sich Jens mit diesem Klaus Dennhardt getroffen hatte. Jens überlegte kurz.

„Willst du das wirklich alles wissen? Na ja, ist schon 'n bißchen her, drei, vier Jahre. Er ging kurz darauf nach Neustrelitz, Karriere machen. Hat er immer noch so 'n Boygrouplook? Müßte doch eigentlich dein Typ sein, oder?" Jens hatte seine Befangenheit niedergekämpft und wuschelte wie gewohnt Tims Haare durcheinander. Der Versuch, Tims Neugier wegzumassieren, war natürlich zum Scheitern verurteilt. Tim flüchtete sich in die Arme seiner privaten Schutzpatronin Angerona. Er sagte etliche Minuten kein Wort. Jens war heilfroh, daß er sich zwischenzeitlich um zwei Gäste kümmern konnte.

Kein Zweifel, dachte Tim, Jens und Klaus Dennhardt hatten sich über einen längeren Zeitraum getroffen. Das durfte man ja wohl annehmen bei dem Getue. Gemerkt hatte Tim nichts von dem Geturtel, so sehr er auch in der Erinnerung kramte. Wahrscheinlich hatte alles im Park angefangen. Jens war Feuer und Flamme fürs Open-Air-Cruising. Dennhardt war das auch zuzutrauen: Welcher Banker mit Ambitionen konnte sich schon in der Club-Szene sehen lassen? Tim fiel ein, daß er vor ein paar Jahren in einer ungeordneten Schublade mal einen lächerlich aufwendigen Cockring von Jens gefunden hatte. Es war anzunehmen, daß dieser Schmuck beim Schaulaufen im Park zum Einsatz gekommen war. Wahrscheinlich war auch Dennhardt heiß auf solche Spielsachen. Wer wußte schon, wo der Mann, außer am Ohrläppchen, noch überall Löcher hatte hineinstanzen lassen. Jens und Dennhardt, lüstern an irgendeinen Baum gelehnt – Tims Eifersucht warf jede Menge bunte Bilder auf die innere Leinwand. Er mußte sich entscheiden. Entweder tausend Fragen oder keine. Entweder eine Aussprache, wie sie für Christine zum festen Bestandteil ihrer Freizeitgestaltung geworden war, oder die Sache würde der Göttin Angerona übergeben, ein für allemal. Dort waren Geheimnisse sicher aufgehoben. Schließlich hatte bis jetzt auch niemand herausgefunden, wie der wirkliche Name der Stadt Rom lautete, den Angerona der Legende nach seit mehr als zweitausendfünfhundert Jahren hinter ihren bandagierten Lippen bewahrte.

„Na, so aufregend war das alles auch wieder nicht", versuchte Jens die Spannung aufzulösen, als er zu Tim zurückkehrte. Tim war drauf und dran, zum ersten Mal Detektiv zu spielen. Nur der Gedanke an die Heten in der Revision bremste ihn gerade noch rechtzeitig. Bloß kein Gespräch eröffnen, an dessen Ende der Satz fällt: „Er versteht mich nicht!" Tim nahm Christine als abschreckendes Beispiel. Seine Neugier und seine Eifersucht waren schwächer als die Angst, die Fehler der Kollegin zu wiederholen. Tim verzichtete auf den wortreichen Weg zu einer Wahrheit, die ihm außer endlosem Palaver und einem Sattelzug voller Fragezeichen nichts geben würde.

„Ist schon okay. Ich glaube, es ist besser, wenn ich Dennhardts Vorlieben nicht so gut kenne wie du", knurrte Tim. Er biß Jens ins Ohr, hart an der Grenze zur Schmerzhaftigkeit. Die beiden Gäste im Raum waren etwas konsterniert über die Rangelei am Tresen.

Tim lehnte das Job-Angebot am nächsten Tag ohne nähere Begründung ab. Christine bekam die Stelle. Tim und Jens trafen Klaus Dennhardt einige Zeit später zufällig in ihrer Lieblingsbar. Nach der großen Überraschung und ein paar beklemmenden Momenten kamen sie ins Gespräch. Sie wurden gute Bekannte, wenn auch keine Freunde. Dafür wurde zwischen ihnen viel zuviel geredet, fand Tim. Bei all seinen engeren Freunden fühlte er sich ohne viele Worte gut aufgehoben. Am wenigsten sprach er mit Jens.

Liebeslügen

Sabine Rittner

Die Farbe der Liebe war für Simone Blau – Veras Augen und das Meer, in dem sie mit ihr zusammen versinken wollte. Es reizte sie zu fragen: „Welche Farbe hat die Liebe?" Wenn Veras Antwort „Blau" wäre, hätten sie eine Zukunft.

Sabine Rittner, geboren 1963, lebt in München als Literaturwissenschaftlerin und freie Mitarbeiterin des *Bayerischen Rundfunks*.

Liebeslügen

„Simone!" hörte sie es aus dem ersten Stock rufen, eben als sie sich den zweiten Kaffee eingießen wollte, im gleichen Augenblick ein blechernes Krachen von Metall, „... verdammt, Simone, kannst du mir nicht mal helfen!" Veras Stimme klang fast hysterisch, und Simone spürte einen zunehmenden Unwillen, die Küche zu verlassen und sich in ihre Nähe zu begeben. Vor nicht mal einer Stunde war sie vom dumpfen Schlag einer Tür wach geworden, und noch in den ersten Sekunden des unorientierten Denkens, wenn eine blaß schimmernde Realität langsam den Traum auf seinen Platz verweist, um dann unaufhaltsam brutal die Oberhand zu gewinnen, breitete sich in ihr der Verdacht aus, daß dieser Knall Absicht war. Zusammengekauert hatte sie den Geräuschen gelauscht, dem Scharren einer Couch, die verschoben wurde, und dem hölzernen Knarzen von Schubladen, die lautstark geöffnet und geschlossen wurden, als tönender Beweis einer ärgerlich verzweifelten Suche und gleichzeitig als wortlose Anklage an die tatenlos Schlafende. Trotz der – wie sie fand – schändlichen Taktik begann sich der Hauch eines schlechten Gewissens in ihr auszubreiten, begleitet jedoch vom Unmut, auf diese unfreundliche Art in den Tag gestoßen zu werden.

Vor fast fünf Jahren standen sich Vera und Simone zum ersten Mal gegenüber. Es war zwei Wochen vor Weihnachten, und das Architekturbüro, für das Simone arbeitete, lud wie immer Angestellte und Kunden zu einer Feier ein. Vera Grohe war die neue Anwältin der Firma und zum ersten Mal dabei. Sie kannte so gut wie niemanden, und wie es schien, legte sie es auch nicht sonderlich darauf an, neue Bekanntschaften zu schließen. Einigen Gästen wurde sie vorgestellt, als sie eintraf und einige, die später kamen, wurden ihr vorgestellt. Jedesmal unterhielt sie sich eine Weile, nie sehr lange, um dann wieder zur Beobachterin zu werden. Zwischendurch ging sie zum Büffet, nahm sich etwas zu essen und wechselte einige Worte mit anderen Gästen. Für Vera war es eine berufliche Einladung, ein kurzer Besuch, um nicht unhöflich zu erscheinen.

Simones Vergnügen an diesem Abend war ein anderes. Sie stand plaudernd und lachend mit einigen Kolleginnen zusammen, kümmerte sich zwischendurch um neu ankommende Gäste, mischte sich nebenbei in eine Diskussion über Solarenergie ein und fühlte sich sichtlich wohl. Es zog sie förmlich in diesen gesellschaftlichen Mikrokosmos aus Worten, Sätzen und dem Klirren von Gläsern und Flaschen, über den sich langsam eine Wolke aus Rauch und Parfüm auszubreiten schien, die alles und jede einschloß. Beide nahmen sich nicht im geringsten wahr. Ein- oder zweimal kreuzten sich wohl unbemerkt ihre Wege, oder ihr Blick traf sich bedeutungslos, aber nichts zog sie aufeinander zu. Dann geschehen Dinge, die keinen Grund haben, keinen Anlaß, die ohne Vorzeichen eintreffen. Zufälle, die erst die Zukunft zum Schicksal umbenennen wird, die geadelt oder verflucht werden und deren Anfang oft so unauffällig ist, daß sich niemand genau daran erinnern kann. Es war nicht mehr als die Bewegung des Festes, deren Regel, Gesetzmäßigkeit oder Richtung nicht auszumachen ist, das Hin und Her der Gäste, das Platzmachen, das Aufeinanderzugehen und Auseinandergehen, das beide an den gleichen Ort führte. Sie standen nebeneinander, begannen zu sprechen, und keine von ihnen hätte in den Stunden danach erklären können, warum die Luft eine andere geworden war, Musik plötzlich weicher klang als sonst und Zeit eine neue Geschwindigkeit bekommen hatte.

Nachdem Simone für Vera als eine der letzten ein Taxi gerufen hatte, machte sie sich auf den Weg nach Hause. Jeder Schritt war ein Gedanke an Vera, an die kleinen Falten um ihre Augen, wenn sie lächelte, an ihre Lippen, mit denen sie beim Zuhören das Weinglas streichelte, und an den letzten Blick, als sie sich zum Abschied die Hand gaben. Gleichzeitig dachte etwas in ihr zornig „Nein".

Der Schnee knarzte unter ihren Füßen, so als würde er ihr zustimmen – es war nicht mehr als ein netter Abend, keine Träume mehr! Sie wollte nur gehen, immer weiter, immer geradeaus durch den Schnee, so lange, bis alle Gedanken sich von der Kälte betäubt zur Ruhe legten und sie jeden einzelnen begutachten und notfalls entsorgen könnte, im ewigen Eis.

Zwei Tage später begann mitten im Winter der Frühling, alles taute wieder auf, und Simone sah sich die Nummer der Kanzlei Vera Grohe wählen. Einige Minuten später waren sie verabredet.

Simone und Vera unterhielten sich lange an diesem ersten Abend. Immer wieder sahen sie sich an, als gäbe es etwas Verborgenes zu entdecken – in diesen Stunden, an den Tagen, die folgten, und danach noch wochenlang, und irgendwann begannen sie wirklich miteinander zu sprechen, erzählten sich ihr Leben, sprachen von Verletzungen, von Angst, von Freiheit, und, ganz am Schluß, von Liebe. Für Vera war es ein Anfang, den sie nicht gesucht hatte, der ihr nach den sechs Jahren mit Katharina und dem einen Jahr ohne sie zu früh erschien. Sie war fünfunddreißig, und die wichtigsten und glücklichsten Jahre hatte sie mit Katharina verbracht. Während der ersten Monate mit Simone ertappte sie sich oft dabei, wie sie nachts zu ihr sah und nicht verstand, daß sie es wieder spürte, das, was sie aus Mangel an anderen Worten mit Glück bezeichnete, dieses Gefühl, das sie von früher kannte. Liebe oder Sehnsucht oder Nähe ... dieselben Gefühle, oder die gleichen Gefühle wie damals? Katharina hatte jedes einzelne davon an ihr erfunden, und nun wechselte sie mit ihren abgenutzten Erinnerungsbergen wie eine Verräterin das Land.

Monate später kam der erste Streit, einer, der mit der Geduld von Verliebtheit schweigend hinausgezögert worden war.

„Du bist so weit weg", sagte Simone, „ich weiß nicht, ob das alles funktioniert. Ich glaube, ich liebe dich." Sie dachte lange nach, so als müßte sie sich in einer fremden Sprache zurechtfinden, dann fuhr sie fort: „Ich will nicht, daß es bei mir jede Stunde mehr wird ... und für dich ist es nur eine nette Zeit, nicht mehr. Dann sag es jetzt!" Vera sah sie betroffen an, sah, wie Simones Hände zitterten, sah ihre Angst und gleichzeitig ihren Mut, dann hörte sie sich selbst sagen: „Ich weiß nicht, was wird. Ich weiß, daß ich dich liebe. Ich kann nicht beweisen, daß es immer so sein wird, auch mir selbst nicht, das kann nur die Zeit. Ein Tag nach dem anderen."

In Veras Arbeitszimmer, das inzwischen zum perfekten Gästezimmer umgebaut war, heulte der Staubsauger auf. Die ersten Gäste sollten gegen fünfzehn Uhr eintreffen, Katharina „die Große" und Ute, bei deren Erwähnung Vera gerne den Nebensatz hinzufügte, „ihre derzeitige Lebensgefährtin". Allein der Gedanke an die erste Begegnung verursachte bei Simone feuchte Hände, und die Vorstellung eines gemeinsamen Wochenendes ließ eine Übelkeit in ihr aufsteigen, die ihr die Kehle austrocknete. Veras große Liebe, von der Simone fast mehr wußte als von ihrer eigenen ersten Beziehung.

Anfangs hatte sie nachgefragt, als Vera ihre Vergangenheit erzählte. Später, als der Name Katharina bereits zur Fanfare ihrer Auseinandersetzungen geworden war, beschlich sie oft die Vermutung, daß sie durch ihr Interesse dieses Phantom miterschaffen hatte. Katharina war in Veras Erzählungen perfekt, und jedes Jahr, das sich zwischen die letzte Begegnung der beiden und die Gegenwart drängte, rückte sie der Heiligsprechung eine weitere Stufe näher. Katharina hatte Vera damals verlassen, nach sechs Jahren, sehr schnell und ohne viele Worte, „für beide sehr schmerzhaft", wie Vera es beschrieb. Ein paar Monate später ging Katharina nach Sydney, danach kam Schweigen, selbst in den wenigen Briefen, bis es auch keine Briefe mehr gab. An Veras neununddreißigstem Geburtstag dann wieder eine Annäherung, Glückwünsche aus Bremen. Nun, ein Jahr später, an Veras vierzigstem Geburtstag, würden sie sich wieder gegenüberstehen.

„Simone, kannst du wenigstens schon anfangen, alles aus dem Wohnzimmer zu räumen, was heute abend im Weg ist?"

Vera setzte sich erschöpft an den Tisch und zündete sich eine Zigarette an.

„Das Fest beginnt doch erst um acht. Jetzt ist es elf!" Simone sah sie über den Rand der Tasse grimmig an. „Um drei kommt deine Katharina, soll sie doch das Zimmer ausräumen, und um sieben ist der Partyservice hier, die können den Rest machen!"

Vera verließ schweigend das Zimmer, kurze Zeit später war wieder das gleichmäßige Brummen des Staubsaugers zu hören.

Es war kurz nach drei, als das Taxi vorfuhr und Katharina und Ute, mit Blumen und Koffern bepackt, den kurzen Weg zum Haus entlanggingen.
„O Gott, Vera, die sehen aus wie Ken und Barbie mit fünzig!" platzte es aus Simone heraus, und im gleichen Augenblick haßte sie sich dafür, ihre Abneigung nicht besser verbergen zu können. Zu ihrem Erstaunen lachte Vera kurz auf, versetzte ihr einen Klaps auf den Po und ging beiden mit ausgestreckten Armen entgegen.
Simone konnte nicht ahnen, wie dankbar ihr Vera für diese unverhoffte Bemerkung war. Sie hatte das Gefühl, vor Anspannung in tausend Stücke zerspringen zu müssen. Nach sechs Jahren würde sie zum ersten Mal wieder mit Katharina sprechen. Nur wie? Was sollte sie sagen, sie, die unter Wort- und Gedankenbergen Verschüttete, mit ihren Fragen und unfertigen Sätzen. Nach Katharinas Brief vor einem Jahr schrieben sie sich noch einige Male, sie wagte nicht anzurufen. Welche Worte wären an einem Telefon sagbar? Nach sechs Jahren? Keines von Bestand! Sie erfuhr das Nötigste schriftlich: Katharinas Rückkehr nach Deutschland, Katharinas Beziehung, viel Bewunderung für Australien und trotzdem jetzt Bremen, berufliche Gründe. Nun saßen sie zusammen, Katharina anfangs ebenso fremd für Vera wie Ute, die sie nie vorher gesehen hatte. Die frühere Nähe, einbalsamiert in Gedanken und Wünsche, zerfiel wie Staub. Mit jedem Wort wurde eine fremde Gegenwart erschaffen, eine neue, traurig unbekannte. Sie sieht immer noch beeindruckend aus, dachte Vera, und wenn sie eine Fremde wäre, könnte sie sich verlieben.
Ute konnte sie schwer einordnen: freundlich, naiv, vielleicht auch herzlich. Sie mußte über Simone schmunzeln, ihr Aufschrei beim Erkennen unverhoffter Ähnlichkeiten, dann forderte Ute Simone auf, die beiden „Ehemaligen" allein zu lassen, „sicher gäbe es viel zu erzählen". Ute ist nicht eifersüchtig, dachte Vera, vielleicht war sie, Vera, in Katharinas Erzählungen nicht die, die Katharina in ihren Gedanken und Geschichten war? Drei Stunden des Alleinseins mit Katharina, die beiden anderen gingen spazieren im Regen, und als sie wiederkamen, schienen sie sich näher zu sein, als

Katharina und Vera es in der kurzen Zeit werden konnten. Simone und Ute waren sich ähnlich, an beiden konnte man sich wärmen. Katharina und Vera empfanden das Leben anders. Sie waren ernsthafter, von Geburt an oder aus sicherer Gewohnheit. Für beide lag Glück sehr nahe an der Grenze zur Oberflächlichkeit. Einige Wochen vor dem Fest, als sie immer häufiger stritten, warf Vera Simone vor, das Leben zu leicht zu nehmen, es sich einfach zu machen. Sie erntete einen traurigen Blick, und Simone sagte leise: „Hast du dir schon mal überlegt, daß es schwerer und anstrengender ist, glücklich zu sein? Du hast es dir doch bequem gemacht, inmitten deiner Probleme! Unglücklichsein ist wirklich keine besondere Kunst, Vera, es ist nur faul und feige, also wirf nicht mir vor, daß ich mir etwas zu einfach mache!"

Bevor die anderen Gäste kamen, flüsterte Simone in Veras Ohr: „Ute ist sehr nett, auch wenn sie aussieht wie Barbie, und sie ist interessanter als deine Katharina!" Langsam füllten sich die Zimmer, und Simone bahnte sich mit einem Tablett Weingläsern den Weg durch die Menge. Feierliche Kleidung, feierlicher Kerzenschein und feierliche Gesichter, wohin sie auch sah. Vera hatte auf elegantes Ambiente bestanden und sich durchgesetzt. Ein eher ungezwungenes Fest hätte es werden sollen, wäre es nach Simone gegangen. Aber es war Veras Geburtstag, und so konnte sie nicht anders, als sich widerwillig zu fügen und möglichst feierlich Wein zu servieren. Sie war höflich und zuvorkommend – und wütend.

„Nur Langweiler", zischte Simone, als sie das Tablett an Vera vorbeischob, „und ich darf die Bedienung spielen!"

Der gereizte Ton war für Vera keine Überraschung, seit Tagen gab es nur wenige Sätze oder Worte zwischen ihnen, die nicht sofort zu Streit geführt hätten. Den Grund kannte sie. Es war der gleiche, der auch ihr so viele schlaflose Nächte bereitet hatte: Katharina. Versuche zu beschwichtigen, zu entkräften – es gab sie, halbherzig und ebenso von ganzem Herzen. Wie sollte sie erklären, was sie selbst nicht verstand? Katharina, die Vera wie auf die Haut gebrannt war, und Simone, für die sie mit dieser Narbe entstellt zu sein schien. Seit sie sich kannten, gab es niemals Versprechungen, nur einen Schritt nach dem anderen und dann den unmerkbaren, unbemerkten Eintritt in dieses Leben mit Simone.

Das Tablett krachte klirrend zu Boden. Simone sah Ute wütend an, die ihr mit der perfekten Barbie-180-Grad-Drehung direkt in die Arme gerannt war. Vera hatte gerade einen Kollegen begrüßt und drehte sich erschrocken um.

„Ach, Simone, du Schussel!" Schon beim Aussprechen des „Ach" war ihr klar, daß es nicht der richtige Satz werden würde, aber die Worte steckten ihr schon im Hals und hatten bereits Anlauf in die Freiheit genommen. Das nachgeschobene „Warte, ich hol den Besen" änderte nichts an Simones blitzenden Augen, die nach Utes Einwand, „Ich war daran schuld, Vera, tut mir leid, aber ich ersetz euch die Gläser", nun von Vera zu Ute schossen. Simone sah kurz auf die Scherben, dann ging sie ohne ein Wort an Vera und Ute vorbei auf die Terrasse. Immer noch regnete es in Strömen, und es kam ihr vor, als hingen Tausende von Ketten aus dunklen Perlen in der Luft, ein Vorhang, in dem sich der Blick verlieren kann, und mit ihrem Blick würde auch sie verschwinden. Sie wollte nichts mehr sehen, setzte sich und begann zu rauchen.

„Es macht dir heute nicht viel Spaß, oder?"

Ute war unbemerkt durch die Tür gekommen.

„Das alles hier hat nichts mit mir zu tun. Nein, es macht mir nicht den geringsten Spaß!"

„Hast du ein Problem mit Katharina und mir?"

Simone fand die Frage etwas direkt und überlegte kurz, wie offen sie mit dieser Frau überhaupt sprechen wollte, dann sagte sie: „Nein, mit Vera." Ute sah sie nachdenklich an, fragte aber nicht weiter nach. Statt dessen sprach sie von Katharina und dem Leben in Australien.

„Vieles wird wohl immer schwierig bleiben, Katharina ist ein komplizierter Mensch", sagte sie wie zu sich selbst. Sie redeten und rauchten, und Simone fühlte sich zum ersten Mal an diesem Abend wohl.

„Hat Katharina viel von Vera erzählt?" fragte Simone.

„Wir haben über sie gesprochen, ja. Am Anfang hat Vera einige Male an Katharina geschrieben. Sie wollte, daß sie zurückkommt, und auf eine gewisse Weise hat ihr Katharina diese Hoffnung immer gelassen." Ute lachte auf. „Weißt du, Simone, ich liebe sie, aber bestimmt nicht wegen ihres Mutes. Die Wahrheit konnte sie Vera nicht sagen."

„Welche Wahrheit?"

„Daß sie mit mir zusammenlebte! Nach zwei Jahren reichte es mir, und ich habe verlangt, daß sie Vera von mir erzählt. Danach haben wir nichts mehr von ihr gehört."

„Stör ich?" Ohne daß sie es bemerkt hatten, war Vera auf die Terrasse gekommen. Selbst nach Jahren verursachte es eine Art von Erstaunen und Ungläubigkeit bei Simone, wenn Vera unvorbereitet vor ihr stand. Sie dachte früher, Liebe würde sich so anfühlen oder zumindest Verlangen. In letzter Zeit überlegte sie oft, ob es vielleicht Angst war, die Angst, nichts festhalten zu können, und die Dankbarkeit, daß es noch nicht so weit war, loslassen zu müssen? Irgendwann würden all diese Augenblicke nur noch Erinnerung sein, weichgezeichnete Gedanken an die Vergangenheit. Was blieb, wäre ein verblassendes Bild von Veras traurigen Augen, die selbst hier im Dämmerlicht des Gartens noch glänzten. Von Anfang an hatte sie Veras Blicke geliebt, die fragenden und die fordernden, die weichen und verletzbaren, selbst die wütenden Blicke, bei denen das Blau ihrer Augen dunkler zu werden schien. Die Farbe der Liebe war für Simone Blau – Veras Augen und das Meer, in dem sie mit ihr zusammen versinken wollte. Es reizte sie zu fragen: „Welche Farbe hat die Liebe?" Wäre Veras Antwort „Blau", hätten sie eine Zukunft. Statt dessen sagte sie: „Seit wann stehst du hier?"

„Eine Sekunde, ich wollte euch nicht stören."

Ute sah Vera eisig an.

„Ich schau mal nach Katharina", sagte sie und strich Simone beim Aufstehen liebevoll über die Schulter.

„Bist du zufrieden mit deinem Geburtstagsfest?"

Vera setzte sich auf die Stufe neben Simones Stuhl und sah zu ihr hoch.

„Du weißt doch, daß ich Feste nicht mag."

„Dann frag ich anders", sagte Simone, „bist du zufrieden, daß deine Katharina hier ist? Alles nicht so vollkommen, oder? Schöner wäre es sicher ohne Ute."

Vera sah sie zornig an. Die zynische Seite von Simone konnte sie schwer aushalten. In den ersten beiden Jahren ihrer Beziehung hatte es diese Eigenschaft an Simone nicht gegeben. Anders als mit Katharina konnte sie mit Simone reden, auch streiten, ohne daß ihre Worte Waffen wurden, die keinen anderen Zweck mehr erfüllten, als zu verletzen und zu vernichten.

„Liebst du mich eigentlich noch?" fragte Vera. Simone stand auf und ging zur Tür.

„Ich liebe dich noch, ja, aber ich weiß nicht mehr, warum." Sie drehte sich um und verschwand im Wohnzimmer. Vera blieb auf der Terrasse zurück und sah auf die kleinen Bäche, die in alle nur denkbaren Richtungen des Gartens flossen.

Seit Jahren hatte es nicht mehr so heftig geregnet, Stunde für Stunde, ohne daß sich das Geräusch der Tropfen in den Pfützen nur im geringsten veränderte. Eine ermüdende Gleichmäßigkeit, passend zum trostlosen Grau von Luft und Himmel. Selbst das Grün des Rasens und der Büsche hatte kaum Farbe. Hier war sie nun an ihrem vierzigsten Geburtstag. Vor ein paar Stunden stand sie Katharina zum ersten Mal seit damals wieder gegenüber. War es eine gute Idee? Es sollte eine Aussöhnung werden, eine Annäherung nach jahrelanger Distanz. Vielleicht hatte sie auch gehofft, Normalität könnte entstehen, was immer das sein mochte. Nicht nur zu Katharina, auch zu ihrem eigenen Gefühl und zu Simone!

Bei den Vorbereitungen zu dem Fest hatte sie niemals die Angst verlassen vor dem, was sie fühlen könnte, wenn sie vor ihr stehen würden, die beiden, Katharina und Ute, die große Liebe? Wäre es Neid auf Ute, die mit Katharina leben durfte? Immer noch Liebe – oder endlich Wut? Was auch immer, es durfte nicht Gleichgültigkeit sein. Es hätte aus all ihren Gedanken und Erinnerungen einen Irrtum gemacht – einen großen Irrtum oder eine große Lüge.

Katharina ging vor sechs Jahren innerhalb weniger Tage. Sie zog aus, erst in ihr altes Appartement, das für den Fall der Trennung nie aufgegeben worden war, kurze Zeit später nach Sydney. Der Grund war der Wunsch nach einem eigenen Leben, der Wunsch, neu anzufangen. Niemals war es der Mangel an Liebe, wie Katharina in zwei Briefen beteuerte. Dann die Bitte an Vera um Distanz, jede sollte ihr Leben wieder finden, allein. In der Erinnerung waren es für Vera nur Sekunden, in denen ihre Vergangenheit und ihre Zukunft in Trümmer ging, Sekunden, in denen Worte, Küsse, Träume von einer Lawine begraben wurden, die alles Lebendige in ihr mit sich riß und nur eine klaffende Wunde hinterließ – verwüstete Gefühle. Es gab keine Erklärung und kein Verstehen, nur diesen schmerzenden

Körper, der sich nach der Dunkelheit sehnte, um sich in den Schlaf zu weinen. Vorübergehend hatte sie ihr Leben beendet. Ebensolange wie sie mit Katharina gelebt hatte, war sie nun ohne sie, inzwischen wieder am Leben, mit Simone, vielleicht wegen Simone, aber immer noch mit einer Narbe auf der Seele. Der Gedanke an das Wiedersehen mit Katharina hatte sie in den letzten Wochen regelmäßig aus der Fassung gebracht. Nun war auch dieser Augenblick inzwischen zur Vergangenheit erstarrt.

Vera kauerte auf der Stufe, langsam wurde es kalt. Warum hatte es so lange gedauert? Sie hatte das Bedürfnis, durch den Regen zu laufen, damit dieser farblose Staub der Erinnerung endlich von ihr abgewaschen würde, in tausend kleinen Bächen sollte er sich in alle Richtungen verteilen. War es nur die Verletzung, die sie all die Jahre in sich spürte, wie das Brennen nach einer Ohrfeige? Sicher nicht in den ersten Monaten, als sie sich nach Katharina gesehnt hatte. Aber später, als diese Sehnsucht ihr Alltag wurde und die Erinnerung an Katharina zur Metapher für den Wunsch nach den großen Gefühlen verkam? War es noch Liebe gewesen? Sie schloß die Augen und sehnte sich danach, von Simone in die Arme genommen zu werden.

„Vera, du kannst keine Gäste einladen und dann den halben Abend verschwinden!" Katharina schwankte auf Vera zu, als sie das Wohnzimmer wieder betrat, hielt ihr ein Glas Wein entgegen und lachte laut. Alle Gäste waren beschäftigt, anscheinend hatte sie niemand außer Katharina vermißt. In der Küche hörte sie das Knallen von Sektkorken. Katharina legte leicht wankend den Arm um Veras Schulter und brummte mit ihrer rauchigen Stimme: „Vera, wir trinken jetzt zusammen und versöhnen uns, nachdem ich schon hier bin."

„Wir müssen uns nicht mehr versöhnen, da waren wir nicht schnell genug, ich denke, das hat bereits die Zeit getan."

Katharina schüttelte lachend den Kopf.

„Du bist also die Alte, sehr gut. Ein großes Herz, aber mit Worten immer unter Kontrolle. Sag doch, daß du wütend bist – oder zumindest, daß du wütend warst!" Vera sah sie traurig an.

„Wenn du es unbedingt hören willst, ja, ich war sehr, sehr wütend! Du warst feige und gefühllos." Etwas ruhiger fuhr sie fort:

„Es war eine schreckliche Zeit, aber sie ist vorbei. Wir hatten auch sehr schöne Jahre, und wir haben uns geliebt. Irgend etwas haben wir anscheinend falsch gemacht, und daran bist du wohl nicht allein schuld!" Während sie sprach, fiel ihr Blick auf Ute, die beide nachdenklich beobachtete und dann sagte: „Simone ist übrigens schon nach oben gegangen, sie hatte Kopfschmerzen und hat sich hingelegt." Der Tonfall verbarg nicht den Vorwurf, der ebenso aus ihren Augen blitzte. In den vergangenen Stunden war klar geworden, daß Utes Sympathie allein bei Simone lag.

Für Vera war das Fest inzwischen zur Qual geworden, und sie war froh, als sich die ersten Gäste verabschiedeten. Sie schüttelte Hände und dachte an Simone, die ihr von Tag zu Tag mehr aus dem Weg zu gehen schien und die sie den ganzen Abend kaum angesehen hatte. Gleichgültig nahm sie zur Kenntnis, daß inzwischen auch Ute und Katharina in einer heftigen Auseinandersetzung steckten. Ute redete auf Katharina ein, die resigniert den Kopf schüttelte. Noch bevor die letzten Gäste das Haus verlassen hatten, verschwanden beide in das Gästezimmer. Vera war es recht, noch mehr Ärger konnte sie an diesem Abend nicht ertragen. Es war bereits nach vier Uhr morgens, als sie endlich allein in der Küche saß. Teller, Gläser und volle Aschenbecher stapelten sich, und der Qualm der letzten Stunden hing in der Luft.

„Auf dein Wohl, Vera!" Simone stand in der Küchentür und prostete ihr mit einem halbleeren Glas zu. Sie sah müde aus und ratlos, aber ihre Worte klangen bedrohlich.

„Warum bist du so wütend?" fragte Vera so zögernd, als wollte sie die Antwort gar nicht hören.

„Weil du nicht mit mir lebst, sondern mit ihr. Am Anfang dachte ich, es würde vergehen. Statt dessen wurde es immer schlimmer. Egal, was ich tue oder sage, Katharina könnte es besser, ich will einfach nicht mehr!" Tränen liefen über ihr Gesicht. „Sie ist ein perfekter Traum, kein Mensch kann da mithalten, kapierst du das nicht? Leben kann man nur mit Menschen, und wenn dir das zu wenig ist, nicht traumhaft genug, dann lassen wir es!" Wütend drehte sie sich um und warf die Tür hinter sich zu.

Vera sah auf die Unordnung in der Küche und begann zu weinen. Es war ein unbekannter Schmerz, durch den sie alles nur noch verschwommen wahrnehmen konnte. Fast hätte sie gelacht, als ihr auffiel, daß sie zum ersten Mal wegen Simone weinte. Alles, was geschehen war, drehte sich in ihrem Kopf, dann hörte sie sich leise sagen: „Nicht, Simone, geh nicht!" Sie erhob sich von dem Stuhl und ging nach oben.

„Simone? Schläfst du?" Nichts bewegte sich. „Ich weiß, daß du wach bist. Bitte hör mir zu! Es tut mir leid. Es tut mir unendlich leid. Ich weiß nicht, wie es werden soll. Es ist so viel passiert. Aber gib uns noch eine Chance."

Vera wußte nicht, warum sie noch sprechen konnte, aber sie redete und hörte nicht auf. Alles an ihr fühlte sich erschöpft an, ihre Augen, der Mund, der ganze Körper. Sie saß neben Simone auf dem Bett und dachte, ich hör nicht auf zu sprechen, ich hör nicht auf, nicht, bevor sie mich wegschickt. „Ich kann nicht mehr, Simone, bitte halt mich fest und sag, daß du nicht weggehst. Ich liebe dich doch."

Es schien eine Ewigkeit vergangen, als sie spürte, wie Simone ihre Hand nahm. Vera legte sich neben sie, sie hielten sich, hörten sich atmen, spürten die tränennassen Gesichter. Simone drückte Veras Gesicht sanft weg und sah ihr lange in die Augen.

„Ich wollte ..." Simone legte ihr die Finger auf die Lippen.

„Nicht", sagte sie ihr auf die Schläfen, auf den Mund, „nichts sagen", auf den Hals. Alles sagten ihre Lippen, als sie sich fanden wie Ertrinkende, sich aneinanderklammernd den Atem raubten und jede Berührung wichtiger als Luft zum Überleben war. Vera legte sich auf sie, saugte von ihrem Mund das Stöhnen auf, als sie in ihr war. Mit ihren Fingern spürte sie die Lust, und ihr Verlangen hörte sie mit den Lippen. Simones Hand war zwischen ihren Beinen, sie blickte ihr zärtlich und fordernd in die Augen, als sie bei ihr ankam, endlich ankam. Nachdem sich ihre Augen gefunden hatten, suchten sich ihre Münder, jeder Millimeter war auf der Suche, und bei allem, was sie fanden, wuchs die Sehnsucht nach dem Ort, an dem sie noch nicht oder erst einen Augenblick vorher waren – bis ihre Körper zitternd und warm ineinander zur Ruhe kamen.

Ute hatte bereits Kaffee gemacht, als Simone die Küche betrat. Überall stapelte sich schmutziges Geschirr, und kalter Rauch hing in der Luft.

„Ich fange schon mal an, aufzuräumen", sagte Simone, „bis Vera aus dem Bett kommt, wird es wohl noch eine Weile dauern." Schweigend begann sie, Teller und Gläser von einem Ort zum anderen zu schichten. Sie dachte an die letzte Nacht mit Vera, an die Worte, die sie sich gesagt, und an all die Versprechen, die sie sich gegeben hatten. Fast erschien es ihr wie die Nähe, an die sie lange nicht mehr geglaubt hatte.

„Wie lange hat Vera an Katharina geschrieben?" fragte Simone, ohne sich von den Tellern abzuwenden.

„Fast zwei Jahre", antwortete Ute ruhig.

„Dann war der Anfang mit mir eine Lüge? Alles nur eine Lüge?" Simone setzt sich an den Tisch und sah in den Garten.

„Ich weiß nicht, ob es eine Lüge war. Katharina hatte sie sehr verletzt, es gab so viele Lügen damals, und ich glaube, damit hat sie Vera die Würde genommen, vielleicht wollte sie nur ihre Würde zurück."

„Woher willst du das alles wissen?" fragte Simone zornig, „du kennst Vera doch gar nicht, du warst doch nicht dabei!" Ute sah zu Boden, dann sagte sie: „Vielleicht ist das jetzt ein Fehler, aber ich will, daß diese Lügen endlich aufhören. Bis gestern wußte ich nicht, daß Vera die Geschichte mit Katharina immer noch nicht hinter sich hat." So, als würde sie es mehr zu sich als zu Simone sagen, fuhr sie fort: „Vielleicht sind wir schuld? Vera konnte es nie verstehen, sie kannte die Wahrheit nie!" Ute sah ihr in die Augen. „Ich kenne Katharina seit über fünfzehn Jahren, ich war immer dabei." Simone blickte sie ratlos an, und Ute fuhr fort: „Katharina und ich haben uns während des Studiums kennengelernt und sechs Jahre zusammengelebt, dann habe ich geheiratet. Es klingt vielleicht einfach, aber das war es nicht, im Gegenteil. Die Beziehung zu Katharina war schwieriger geworden, wir hatten beide zu arbeiten begonnen, unser Leben hatte sich verändert, oder ich änderte mich, ich weiß es nicht mehr. In der Kanzlei lernte ich Thomas kennen, wir waren erst Freunde, dann verliebte er sich in mich, und diese Zukunft schien mir damals wohl einfacher. Ich wollte Kinder, und ich wollte kein heimliches Leben mehr, niemand in meiner Familie wußte von Katharina. Die Zeit mit Thomas war leichter."

„Und Katharina, was hast du zu ihr gesagt?"

Ute zündete sich eine Zigarette an.

„Nichts weiter. Daß er ein Freund ist und der Alibimann für meine Familie. Natürlich merkte sie, daß etwas anders war, wir stritten viel, ja, und irgendwann blieb ich bei Thomas. Katharina lernte Vera kennen, und ich glaube, niemand war in dieser Zeit wirklich glücklich." Simone hatte das Gefühl, alles nur noch verschwommen wahrzunehmen. Utes Worte, Veras Geschichten, Bedeutungen änderten sich, und aus verspäteten Antworten entstand das Bild einer Wahrheit, die nichts mehr nutzte, keiner von ihnen. Sie hörte eine Geschichte von Liebe und von Betrug, sie hörte, daß Ute nach ein paar Jahren ihren Mann verließ, daß sich Katharina von Vera trennte und mit Ute fortging, ohne einen Augenblick zu zögern, und sie hörte, daß es nach all den Lügen zu spät für die Wahrheit geworden war.

„Vera hat es nie erfahren?" fragte sie ungläubig.

„Nein, nie. Katharina hat ihr nie gesagt, daß sie wegen mir nach Sydney gegangen ist, sie hat ihr vieles nicht gesagt."

Um vier kam das Taxi, das Ute und Katharina zum Flughafen bringen sollte. Vera umarmte beide lange, Simone gab ihnen die Hand, und Ute fragte sie leise: „Sagst du ihr die Wahrheit?" Simone lächelte nachdenklich und nickte.

„Es war gut, sie zu sehen, nach all der Zeit. Mir war nie klar, wie sehr Katharina und ich uns verändert haben", sagte Vera, als sie wieder zum Haus gingen.

„Wir haben uns auch verändert, Vera!" Simone blickte ihr in die Augen.

„Kommt jetzt die Wahrheit, von der Ute gesprochen hat?"

„Die Wahrheit?" Sie nahm Veras Hand. „Meine Wahrheit ist, daß ich mit dir leben möchte. Einen Tag nach dem anderen!"

Les Jeux sont faits

Thomas Plaichinger

Als wir in die Rue Cambon kamen, wo Henri zwischen den Regalen mit Mailänder Luxus stand, trug Bruno ein helles Hemd, eine Bügelfaltenhose und den hellen Regenmantel, der ihn so überdeutlich in dem Erfolg erstrahlen ließ, für den er mit jeder Faser kämpfte. Henri parlierte freundlich mit ihm, war ganz Ohr, ganz Aufmerksamkeit. Als Bruno sich kurz entschuldigte, fiel Henris Urteil allerdings verheerend aus.

Thomas Plaichinger, geboren 1960, lebt als Autor und Journalist in Hamburg; Veröffentlichungen: *Mademoiselle im Hafen* (1989), *Matrosen versenken* (1992), *Der Mittelpunkt des Wartens* (1994), *Festland* (1995), *Jakob* (1997) u.a.

Les Jeux sont faits

Vor uns, unter uns, lag die ganze Stadt als ein Gewirr aus Dächern, vom Meer gesäumt, das sich dahinter aufspannte und bis an einen Horizont reichte, der im Licht fast ertrank.

Ich war ganz benommen vom Spektakel der Helligkeit, der Wärme, dem sanften Wind, der mir wie eine Berührung erschien. Ich war gerade erst gekommen, angekommen aus dem Norden, in dem der Winter in diesem Jahr besonders grau und finster war, besonders bleiern in seinem Mangel an Licht, besonders belastend in seiner Aussichtslosigkeit. Was ich jetzt sah, war mir vor drei Stunden unvorstellbar gewesen, so wie jeder Sommer in der Tiefe eines Winters unvorstellbar ist, so wie ein Glück im Unglück unvorstellbar ist.

Als ich schon nicht mehr gewußt hatte, wie ich den Februar, den März, den April überstehen sollte, hatte Henri angerufen und mich eingeladen. Es gab keine Ausrede, selbst wenn ich eine hätte haben wollen: Er hatte das Ticket am *Air-France*-Schalter schon hinterlegen lassen, und natürlich würde ich sein Gast sein, ihr gemeinsamer Gast, als Gast von Luc und ihm in ihrem Haus wohnen.

Luc holte mich am Flughafen in Nizza ab. Bei der Begrüßung erschien er mir fremd, und ich befürchtete, daß Henri ihn überrumpelt hatte und ich für ihn nur unerwünscht wäre, einer zuviel. Eben hatte ich mich noch über den Schriftzug „Nice – Côte d'Azur" gefreut, und plötzlich war ich wieder so sorgenvoll wie immer, schwer an mir selbst.

Die dürren Palmen vor dem Terminal begrüßten mich freundlicher als Luc, so schien es mir. Sie waren wie immer: die ersten Botschafter dieser Küste, die kaum zwei Flugstunden weg war und doch in einer anderen Welt. In dem kleinen schwarzen Wagen war die Luft so heiß, daß sie in der Lunge brannte. Luc öffnete die Fenster, und der Wind war wie ein Föhn in meinem Nacken.

„Es ist nicht jeden Tag so heiß", meinte Luc und hatte schon fast die Autobahn nach Cannes erreicht. Er fuhr wie ein Gesengter, den linken Arm als Winker aus dem Wagen, das Steuer nur in der Rechten, die Coolness des Pariser Straßenjungen zumindest im Fahrstil noch unverdünnt. Natürlich mußte er über das Wetter reden, soviel war offensichtlich, und ich machte mich schon auf das Schlimmste gefaßt.

Erst als wir die Autobahn wieder verlassen hatten und in einem der tristen nördlichen Vororte an einer Ampel standen, sah er mich wirklich an, zog die Augenbrauen und die Schultern hoch und die Mundwinkel kurz nach unten wie in einem Ausdruck der resignierten Hilflosigkeit und meinte: „Ich kann dir nicht viel erzählen, sieh es dir selber an. Ich weiß ja nicht, wieviel er dir erzählt am Telefon, wie ehrlich er ist." Die Ampel zeigte schon wieder grün, er mußte weiterfahren.

„Ich hoffe, daß es dich nicht stört, wenn ich ein paar Tage bleibe", sagte ich, als sich die Straße den Hügel in Richtung La Californie hinaufschlängelte. Er schüttelte nur den Kopf, wir waren schon am Tor, das weit offen stand, die Kieseinfahrt so vertraut wie immer, die Vegetation nach dem kahlen Norden wie ein Schock, die blühenden Orangenbäume, die Palmblätter, die Kakteen.

Als der Motor aus war und nur noch das Knistern der Wärme in der Luft lag, sagte er: „Ich freue mich, daß du da bist, sei mir nicht böse, daß ich nicht gesprächiger bin!" Seit Wochen und Monaten hatte ich mir meist nur die Verluste vorgestellt, die Henri zu verkraften hätte. Ihn kannte ich länger und besser als Luc, und er hatte, so meinte ich zu glauben, das grausamere Schicksal vor sich.

Jetzt stand die Sonne schon kurz vor dem Abend. Die Stadt schräg vor uns sank wie erschöpft in den Schatten der Hügelketten, die sie umgaben. Nur die Weite der Bucht und das Gebirge, das sie am rechten Rand umfaßte, lagen im Licht, in Gold gegossen, ausgeschmückt von einer Wärme, die den ganzen Tag noch in sich trug. Henri saß ganz still davor, er sog das Licht in sich auf wie eine letzte Möglichkeit.

Es wirkte, als wäre sein Kopf größer geworden, dabei war nur sein Körper kleiner, viel schmaler, und der Hals war so dünn, daß er den großen Schädel nur mit Mühe trug. Er war gut gelaunt, der Nachmittag war schön gewesen. Unser Wiedersehen schien einfach eine Fortsetzung der vergangenen Gespräche zu sein, wir machten wie immer dort weiter, wo wir zuletzt auch nicht wirklich aufgehört hatten. Die beiden bewirteten und umsorgten mich, fütterten mich mit Pralinen von *Hédiard*, die in der Sonne komische Formen annahmen, und ich erzählte vom Norden und von unserem pathetischen Winter.

Luc und Henri erschienen mir wieder als perfekte Einheit. In ihrem Miteinander waren sie so leicht, so fröhlich, daß es mir das Herz wärmte, und selbst Lucs Bedrückung war verschwunden, wenn Henri ihn ansah und einen dummen Spruch machte oder einen derben Witz, und beide lachten, auch wenn der Witz blöd war.

In der Dämmerung war Luc in die Küche verschwunden, um uns „eine Kleinigkeit zurechtzumachen". Dabei war zumindest ich wie genudelt von ihren Aufmerksamkeiten.

„Ich bin erst einen halben Tag hier", sagte ich, „und es kommt mir so vor wie zwei Wochen."

Henri lächelte nur, nickte und wollte wissen, was eigentlich mit mir los sei.

„Alle reden ja dauernd über mich", meinte er, „das ist stinklangweilig. Jetzt bist du an der Reihe!"

Er hatte mich nur angesehen, und schon war ich erwischt.

Ich war ja wirklich mit meiner eigenen Belastung angekommen, einem Thema, das mir jetzt und hier so lächerlich vorkam, daß ich es nie erwähnt hätte, auch wenn ich sonst gern Rat bei ihm suchte.

„Was soll ich denn erzählen?"

„Er läßt sich wieder einmal bitten", murmelte Henri und wandte sich dem Bild der Landschaft zu, das viel zu großartig vor uns stand. Von unten kamen die Geräusche der Stadt, ein ständiges Summen, und trotzdem hörte ich genau, daß Henri einen französischen Schlager aus der Zeit zwischen den Kriegen summte, dessen Refrain wir mal als feste Redewendung eingeführt hatten: *„Tout va très bien, Madame la Marquise"*, alles läuft gut, Madame la Marquise, und im Lied sagt das zuerst der Butler, der der abwesenden

Dame des Hauses nicht offenbaren will, daß alles zerstört ist. Er schildert am Telefon erst nur das kleinste Einerlei, doch jeder weitere Diener, den die Marquise dazuruft, fügt einen weiteren Baustein ins Drama ein, bis klar ist, daß das Schloß abgebrannt ist und der Ehemann sich erhängt hat, aber *„tout va très bien, Madame la Marquise, tout va très bien, tout va très bien ..."*

Als Henri wieder zu mir hinsah, mußte ich grinsen, und damit hatte er gerechnet.

„Also, Madame la Marquise ..."

Wir lachten gerade, als Luc aus der Küche kam. Ich wähnte mich schon befreit, aber er stellte nur Teller auf den Tisch, legte Besteck daneben und war schon wieder verschwunden.

„Was soll ich mit meinen beknackten Paargeschichten anfangen", sagte ich dann. „Soll ich dir erzählen, daß ich wegen einer Kleinigkeit völlig verunsichert bin, mich ungeliebt fühle und nicht weiß, wie das mit Bruno weitergehen kann?"

„Und was ist los?"

„Wir reden nicht mehr miteinander, gar nicht mehr, ich weiß nicht, was ich sagen soll, wenn ich ihn sehe, und ihm geht es anscheinend ganz genauso."

Wenn Henri jetzt gegrinst hätte, wäre ich beleidigt gewesen, aber er grinste nicht.

Abends nahm ich meine Banalität mit ins Bett. Wir hatten nicht mehr weitergesprochen, ich kam mir wirklich zu blöd vor, weil ich die Sache mit Bruno überhaupt erwähnt hatte, und als Luc nicht wieder raus kam, ging ich hinein und half ihm. Er war gelöster als zu Mittag, und wir unterhielten uns über Alltäglichkeiten und nicht über mich.

Beim Essen und später hatte Henri mich forschend angeblickt, ich konnte es merken, selbst wenn ich nicht hinsah, und wenn ich dann doch hinsah, war er bei einem anderen Thema, in der Leichtigkeit des Gesprächs genauso ein Meister wie sonst in den komplizierteren Fragen.

Vor dem Einschlafen dachte ich über die beiden nach. Weit unten vor dem Haus waren noch immer die Geräusche des Südens zu hören, die so viel klarer sind als unsere. Das Leben, das Luc und Henri hier hatten, kam mir so stimmig vor wie selten etwas: Sie wußten beide, was sie dem anderen waren. Ihre Gesten waren liebevoll, ohne je aufgesetzt zu sein. Das war nicht die Routine von „Schatz" und „Schätzchen", das war überhaupt keine Routine, sie spürten jeden Augenblick, sie spürten sich in jedem Augenblick und alles, was sie aneinander hatten. Eine Nähe, die sich in Jahren entwickelt, die Innigkeit, die auch darin besteht, daß die Sätze, die am Tisch gesagt werden, oft fast identisch ausfallen.

Ihre Gemeinsamkeit war wie eine Symbiose, und ich wußte plötzlich wieder, daß es genau das war, was ich immer gewollt hatte, immer wieder wollte, mit jedem aufs Neue: das Ineinandergreifen zweier Leben, bis eines daraus entstanden ist. Dabei hatte ich nur immer wieder erlebt, daß das Verweben der zwei Fäden, das irgendwie das „Muster" der Gemeinsamkeit ergibt, anscheinend automatisch dazu führt, daß die einzelnen Fäden nicht mehr zu erkennen sind und um so weniger, je schöner und komplizierter das Gewebte ist. Das Ineinanderfließen der zwei Leben wird wie nebenbei zur Auflösung, ein unmerklicher Prozeß, der nicht belastet, solange das Ergebnis beide glücklich macht, solange beide im Verwebtsein genauso aufgehen wie ihre Fäden.

Ich fand mich allerdings immer wieder und ganz plötzlich allein in meinem Gespinst aus Glücklichsein. War allein am Sticken, Weben und Werkeln, und nichts ist idiotischer, als endlos lange Schals für ein Kind zu stricken, das längst gestorben ist. Immer war ich der Selbstaufgeber, viel deutlicher als die anderen. Immer war ich der Draufgeber, Dreingeber, Kompromißler. Ich ließ mich fallen, bis ich irgendwann aufklatschte.

Mit Bruno waren fünf Jahre vergangen, seitdem wir uns an einem warmen Herbstabend durch einen jener Zufälle getroffen hatten, die eigentlich alles geschehen lassen. In dieser Zeit hatte sich das Gleichgewicht der Liebe in unserer Beziehung so verändert, daß es erstaunlich war.

Ich hatte Bruno über Freunde kennengelernt, und er war am Anfang niemand, den ich als meinen Freund, als Partner haben mußte. Ich war zu beschäftigt mit unglücklichen Liebeleien, mühte mich ab mit der Unlust auf jegliches Sicheinlassen, die so viele junge Männer dort und damals auszeichnete, und ging mit Bruno nur ins Kino, traf ihn in den Cafés, die der Wohnzimmerersatz sind für die Bewohner der winzigen Pariser Dienstbotenzimmer im fahrstuhllosen siebten Stock, in die man kaum allein hineinpaßt. Monatelang erzählte ich ihm von meinen Gemengelagen, von den minimalen Fortschritten mit dem „petit Larousse", der das Gesicht einer griechischen Büste hatte und letztlich auch nicht wärmender war, von kurzen Begegnungen, die mir die fehlende Beziehung verschleiern sollten, und vom Auf und Ab in der freundlichen Unverbindlichkeit, die ich mit Brunos gutem Freund Christophe hegte, den ich gerne zu mehr Hingewandtheit hätte bringen wollen. Ich erzählte so lange, bis Bruno mir eines Tages fast etwas wie einen Antrag machte, sich weinend ausbat, daß er nichts mehr hören wolle vom „petit Larousse", und ob ich denn blind und taub sei.

Von der Überraschung rutschte ich schnell in das Geschmeicheltsein desjenigen, der noch keinen Mann seinetwegen hatte weinen sehen, und in das Gefühl einer Verantwortlichkeit für das Glück oder Unglück dieses Menschen (mehr als für mein eigenes). Die Wochen vergingen, und während ich mit Christophe noch nach fast einem Jahr in der uneingestandenen Fremdheit eines allerersten Anfangs gedümpelt hatte, wurden Bruno und ich ein wirkliches Paar, verbrachten unsere Tage und Nächte zusammen und verlegten bald unsere Leben ganz in die Gemeinsamkeit.

Wie alles in der Stadt immer nur über Freunde funktionierte, so kamen wir auch an unsere gemeinsame Wohnung durch das Ineinandergreifen von Zufällen und Begegnungen, und nach kaum vier Monaten teilten wir uns das, was die Franzosen euphemistisch „Studio" nennen: eine Einzimmerwohnung mit Kochnische und kurzem Flur in einer schmalen Straße, die im spitzen Winkel auf die Rue du Louvre mündete. Wir wohnten in jenem spitzen Winkel, hatten immerhin ein Fenster im vierten Stock genau in die Bewegung der Straße, so zwischen ihre Fassaden hineingeschoben, daß wir nicht die Häuser gegenüber sahen, sondern die Tiefe der Straße bis zu einer winzigen Ecke des Louvre ganz an ihrem Ende. Ich schleppte meine Bücher von einer Seite des Flusses auf die andere, meine Mitbringsel von zu Hause, meine wenigen Kleidungsstücke und die zwei Paar Schuhe. Bruno brachte einen Schrank voll eleganter Sachen ein, englische Schuhe, Sakkos aus italienischem Zwirn und den kurzen, hellen, fast weißen Trench, der ihn schon am Abend unserer ersten Begegnung auf der Terrasse des *Café Ma-*

billon wie der junge, erfolgreiche Arzt aussehen ließ, der er unter jeglichen Mühen zu werden trachtete.

Henri hatte mich damals schon gewarnt. Ich kannte Bruno noch nicht lange, wir hatten uns vielleicht zwei, drei Monate in unserer Nähe gewälzt, ohne unsere Zusammengehörigkeit durch eine gemeinsame Adresse unterstrichen zu haben, als ich ihn vorführte. Ich rief Henri an und schlug ihm vor, daß ich mit Bruno im Laden vorbeikommen könnte, damit er ihn endlich zu sehen bekäme. Wochenlang hatte Henri sich beschwert, weil ich Bruno angeblich geheimhielt, ihn nicht teilte, ihn nicht mitbrachte und nicht einmal erzählen wollte, wie er so sei. Jetzt schien das Gegenteil auch nicht richtig zu sein.

Als wir in die Rue Cambon kamen, wo Henri zwischen den Regalen mit Mailänder Luxus stand, trug Bruno ein helles Hemd, eine Bügelfaltenhose und den hellen Regenmantel, der ihn so überdeutlich in dem Erfolg erstrahlen ließ, für den er mit jeder Faser kämpfte. Ich war zumindest schon so vereinnahmt, daß ich ihn mit Wohlwollen ansah, fast etwas wie Stolz empfand und ihn vorführte wie einen perfekten Fund. Henri parlierte freundlich mit ihm, war ganz Ohr, ganz Aufmerksamkeit. Als Bruno sich kurz entschuldigte, fiel Henris Urteil allerdings verheerend aus. Ich solle bloß die Finger von ihm lassen, er wäre nichts für mich, er wäre nur für sich selber gut, immer auf seinen Vorteil bedacht, das sehe er schon nach einem kurzen Gespräch: Es stünde in seinen Augen, in der Gier seines Mundes und der perfiden Mischung aus Arroganz und Unterwürfigkeit gegenüber dem Älteren, Erfolgreichen.

„Du bist ja eifersüchtig!" sagte ich und lachte, und es kam mir nicht seltsam vor, daß Henri in seinem Urteil ganz ruhig geblieben war und auch jetzt nicht reagierte. Er schüttelte nur den Kopf, lächelte wieder, als Bruno zurückkam, und das Thema war für ihn erledigt.

In den Jahren seither hatte er Bruno widerstandslos hingenommen, hatte an meinem Geburtstag nicht nur mich, sondern uns beide zu unglaublichen Essen eingeladen und ihn als den wichtigsten Teil meines Lebens akzeptiert. Aber er hatte mich gewarnt, und heute weiß ich, daß es ihm ernst war und daß nicht sein Neid, eine Eifersucht oder eine Laune ihn so mißtrauisch machte, sondern ein Blick in Brunos tiefe, dunkle Augen, die mich mit ihrem Reh-Charme so lange umworben hatten, bis ich vom Jäger und Herzdurchschießer zum Beutetier geworden war.

Am nächsten Morgen spürte ich die ganze Erschöpfung, die ich aus dem Norden mitgebracht hatte. Ich spürte die schwere Last des Winters und den ständigen Kampf gegen die Kälte, den Wind, den Regen. Die Abwehrhaltung der hochgezogenen Schultern und des gebeugten Rückens hatte mich so müde gemacht, daß ich kaum zu mir fand.

„Wo willst du denn auch hinfinden?" meinte Henri, als ich ihm erzählte, wie es mir ging. Er war schon seit Stunden auf, hatte die Blumen gegossen und für uns drei ein opulentes Frühstück vorbereitet. Die Sonne war an diesem Tag so sanft, daß sie sich auch spätvormittags gut aushalten ließ, und Henri hatte, als ich blinzelnd auf die Terrasse trat, vom „Privileg des Winters" gesprochen, in dem der blaue Himmel einen ganzen Tag lang erträglich blieb, ohne daß ein Hautkrebs zu fürchten sei.

„Jetzt hat Bruno dich halb abserviert, und du fährst ständig nach Deutschland, damit du immer noch so tun kannst, als ob alles so wie immer wäre. Du lügst dich selber an. Uns ja nicht, weil du uns ja gar nichts mehr sagst!" Henri lächelte, sein Gesichtsausdruck gab seinen deutlichen Worten eine ironisch gefärbte Leichtigkeit, und trotzdem wußte ich, daß er es auch jetzt ganz ernst meinte. Und daß er recht hatte.

Bruno hatte sein Studium vor kurzem abgeschlossen. Er war kaum ramponiert aus dem Mahlstrom von Prüfungsvorbereitungen, Kursen und Nachtdiensten aufgetaucht und hatte sich eine Ruhephase ausbedungen. Er werde, so meinte er zudem, sich eine größere Wohnung suchen müssen. Schließlich sei er nun kein Student mehr, und sein Leben würde ein ganz anderes.

In den vergangenen Jahren hatte ich alles verdrängt, was ich mir gewünscht hatte, hatte Paris im Ablauf seiner Tage nur noch hinter einem Ladentisch gesehen – denn Bruno konnte unmöglich Geld verdienen, neben der schier übermenschlichen Anstrengung. So hieß es, und so war es mir glaubwürdig, also hatte ich bei Henri im Laden gestanden und Jean-Paul Belmondo nur mit einer Krawatte wieder nach Hause geschickt, weil Riesen in italienischen Kollektionen nicht vorgesehen sind. An sechs Tagen in der Woche war ich in die Rue Cambon gelaufen, über die Place des Victoires und durch die Gärten des Palais Royal, über die Avenue de l'Opéra und die Rue Saint-Honoré entlang, und hatte inmitten der schönsten aller Städte einen gewöhnlichen Alltag bis zur späten abendlichen Ladenschließung, Arbeitstage, die wunderbar waren, weil es Henri in ihnen gab und Jean-Pierre und Anne und Norma, den durchhängenden Bassett. Arbeitstage aber auch, die mich erschöpften und auslaugten und unzufrieden machten und die mich ängstigten in der Gewißheit, mir als Ernährer keine Krankheiten erlauben zu dürfen, keine Probleme und keine dummen Einfälle oder Wünsche.

Henri hatte recht: Jetzt war die Wohnung an der Rue du Louvre plötzlich viel zu klein. Unser Zusammenleben auf engstem Raum wurde zur Zumutung, die ich, längst umgekippt in die Rolle des Liebenderen, durch Abwesenheiten in Deutschland entschärfen wollte.

Das war es überhaupt: So wenig zu Beginn ein Gleichgewicht herrschte zwischen Brunos Empfindungen und meinen, so wenig herrschte es jetzt – nur daß nun ich derjenige war, der litt, der noch empfand, der weiter wollte, während Bruno sich schon längst von mir verabschiedet hatte, und das ganz sang- und klanglos und fast, als wäre er nie beteiligt gewesen an der Gemeinsamkeit, die immerhin Jahre überstanden hatte.

„Für mich ist das Schlimmste, daß ich plötzlich überhaupt keine Idee für die Zukunft habe", sagte ich, und Henri meinte nur: „Na endlich bist du ehrlich."

„Wir haben uns doch alles gemeinsam ausgedacht! Wir wollten so viel machen, wir hatten so viele Ideen." Ich spürte mich schon weinerlich werden.

„Der erste Schritt wäre ja vielleicht, dir einzugestehen, daß er dich längst abserviert hat. Tu doch nicht immer so, als wärst du nur wegen irgendeiner Arbeit in Hamburg, und wenn die nicht wäre, dann wärst du bei ihm, und alles wäre wie immer und wunderbar und unbelastet und tralala! Du bist in Hamburg, weil er dich nicht mehr in Paris haben will, und damit er es dir nicht sagen kann, haust du lieber prophylaktisch schon mal ab. Zack zack, schon bist du weg, und aus der Ferne geht eure wunderbare Beziehung nicht in die Brüche!"

„Nein", sagte ich nur und blieb ganz ruhig, während Henri sich ärgerte. „Nein, du täuschst dich in ihm. Er braucht nur ein bißchen Zeit!"

Kurz vor Mittag stiegen wir in den Bus hinunter in die Stadt. Die beiden wollten mit mir zum Markt und mir einen Kaffee auf der jetzt ganz leeren Terrasse des *Carlton* spendieren. Unter den Palmen der Croisette flanierten die Winterbesucher, Italiener die meisten, aber auch die Sonnensucher aus Paris.

Ich glaube, Luc sah ihn zuerst. Ich spürte, wie er nervös wurde, und sah mich nach Henri um, ob es ihm schlecht ginge, doch der genoß das Spiel des Lichts auf den weißen Fassaden. Bruno schien uns ebenfalls nicht gesehen zu haben, denn plötzlich stand er vor uns, direkt vor mir, fast so erschrocken wie ich, dunkelrot im Gesicht, am Hals hektische Flecken, wie ich sie noch nie gesehen hatte. Neben ihm war ein kleiner Blonder, dessen Vertrautheit so spürbar war, als wenn sie untergehakt gegangen wären.

„Was für eine Überraschung", sagte Henri nur und lächelte ein winziges, schlitzschmales Lächeln aus purer Verachtung.

Bruno geriet ins Stottern, bevor er sich etwas zurechtlegen konnte. Dabei brauchte er gar nicht mehr zu suchen, die Situation sprach doch für sich: Er hatte mich in Hamburg gewähnt, hatte nicht gewußt, daß ich hier war, wußte auch von Henri und Luc nicht, daß sie nicht in der Pariser Wohnung waren, sondern hier. Er wußte nur das nicht, doch ich wußte gar nichts.

„Hallo, ich bin Antoine", sagte der kleine Blonde in Brunos Verwirrung hinein und reichte uns allen wohlerzogen die Hand. Nur Henri brachte als Antwort mehr als ein „Hallo" heraus. Er sagte: „Ich bin Henri, und das ist Thomas, von dem dir Bruno bestimmt nicht erzählt hat!"

Später standen Henri, Luc und ich an der Reling des kleinen Schiffes, das vom Hafen aus zur Île Sainte-Marguerite pendelte, die kurz vor der Bucht lag. Wie um mich zu verhöhnen, wurde das Licht immer schöner, sanfter, klarer und glatter. Von weitem sahen die weißen Fassaden der großen Hotels an der Croisette aus wie das perfekte Bild der Côte, ein Bilderbuchbild, das Klischee seiner selbst. Henri spielte mir den Fremdenführer: Er erzählte, daß in dem alten Fort auf der Insel einst der Mann mit der eisernen Maske versteckt wurde, und noch heute wisse niemand, wer er gewesen sei. Ich sparte mir den Vergleich mit Bruno, auch wenn er mir auf der Zunge lag. Ich starrte in das tiefe Blau unterhalb der Reling und hatte plötzlich das Gefühl, daß ich auch bei Bruno nie mehr wissen würde, wer er war, was ich ihm bedeutete, wie groß in seiner Seele der Anteil eines Gefühls war und wie groß der Anteil der Berechnung.

Abends behandelten Henri und Luc mich mit der besorgten Schonung, die eigentlich Kranken reserviert ist. Wieder einmal hatten sich die Rollen vertauscht. Nicht ich bemühte mich, eine Erkenntnis zu überspielen und zu verdrängen, die wir alle mit Henri teilten, sondern sie strengten sich an, so zu tun, als ob nichts wäre. Ihre Mischung aus Anteilnahme und vorgegebener Selbstverständlichkeit war perfekt.

Trotzdem war ich wie ausgelöscht. Mich machte nicht die Erinnerung an Bruno traurig und der Gedanke an das, was jetzt vorbei war. Mich machte traurig, was ich sah, wenn ich Henri und Luc betrachtete: alles, was ich nicht hatte, die Liebe, die sie beide weitertrug, sogar jetzt, wie eine Seilbrücke über einer finsteren Klamm, in der ein Ende lauern könnte.

Ne ponimaju
Ende und Anfang

Brigitte Reimer

Ich wußte schon beim Aufstehen, daß heute der letzte Tag meines alten Lebens ist. Bald werde ich Abschied nehmen von Olga. Von einhundertdreiundachtzig Tagen Sehnsucht. Und Nächten. So lange habe ich auf ein Lebenszeichen gewartet. Vergeblich. Bevor ich ihr nachgefahren bin. Auch vergeblich. Morgen werde ich zurückfahren. Oder übermorgen. Je nachdem, wie sich die Nacht entwickelt.

Brigitte Reimer hat Slavistik studiert, lebt und arbeitet als politische Redakteurin und Radiomoderatorin in München.

Ne ponimaju
Ende und Anfang

"Ne ponimaju" – ich verstehe sie nicht. Leider. Obwohl sie auch mit den Händen spricht. Wie eine Italienerin. Aber sie ist Russin. Soviel wenigstens habe ich verstanden. Ob sie sich verirrt hat? Nach dem Weg fragt? Keine Ahnung. Schöne, rote Haare hat sie. Gelbe Augen, die funkeln. Ich habe zwar einmal versucht, Russisch zu lernen, aber das ist ziemlich lange her. Das war damals wegen Elena. Nein, Elena hieß sie nicht. Galina? Auch nicht. Etwas mit o. Ein paar Sachen müßte ich noch wissen. Zum Beispiel „horosho".

Gut? Was gut? Daß ich da bin? Daß sie nichts versteht? Ich hätte schon gehofft, daß sie etwas Russisch spricht. Schließlich will ich die nächsten Stunden mit ihr verbringen. Viel müssen wir dabei nicht reden. Aber etwas kennenlernen sollten wir uns vorher schon. Nett sieht sie aus, wenn sie die Stirn runzelt und nach Vokabeln sucht. Durch die Haare fährt, als ob ihr das beim Denken helfen könnte. So jung ist sie nicht mehr. Mindestens vierzig. Das ist gut. Da hat sie Erfahrung. Weiß, was sie tut. Traut sich auch. Gleich als ich sie gesehen habe, hat sie mir gefallen. Wie sie schaut und nicht sieht, tief in Gedanken. Aber jetzt sieht sie mich. Und: Ich gefalle ihr auch. Sie hat Zeit für mich. Weit und breit ist keine zu sehen, die in diese Disco will. Mal sehen, ob sie das versteht. „Tol'ko za zhenshchine?"

Nur für Frauen. Klar nur für Frauen. Ich verstehe sie. Wer hätte das gedacht, nach all den Jahren. Manches vergißt frau einfach nicht. Allerdings wird es immer weniger mit der Zeit. Wie sie lächelt! Sie weiß, daß sie schön ist. Ist gewohnt, ihren Willen zu bekommen.

Was sie sich wohl gerade in den Kopf gesetzt hat? Warum ist sie hier? Unsere Klientel ist sie nicht. Viel zu jung. Sie muß sich verirrt haben. Aber ich werde ihr kaum weiterhelfen können. Für ein richtiges Gespräch reicht es nicht. Sie sieht überhaupt nicht aus wie eine Russin. Nicht blond gefärbt, keine enge Billigjeans, kein blinkender Goldzahn. Die schwarze Lederhose war teuer. Die Jacke auch. Vielleicht gehört sie zur Mafia. Vielleicht kommt sie aus einer reichen Familie. Gibt es reiche Familien in Rußland, die nicht in der Mafia sind? Wer hätte das gedacht: so viele Vorurteile auf einmal. Ein Glück, daß sie keine meiner Fragen ahnt. Daß ich sie nicht stellen kann. An eine erinnere ich mich aber doch: „Kak vam zovut?"

Wie ich heiße? Na also, es geht ja. Sie testet ihren Wortschatz. Wenn es nach der Lektion im Buch geht, kommt jetzt die Frage nach dem Alter. Ihr ist langweilig, so allein, draußen vor der Tür. Während die drin Spaß haben. Wie sie den Kopf schief legt und lächelt. Als wüßte sie alle Antworten – wenn auch nur auf deutsch. Ein bißchen spöttisch. Sie wüßte so gern, warum ich hier bin. Weil ich an diesem „Ort autonomer Lesbenkultur in Berlin", wie es in meinem Reiseführer heißt, tanzen will? Sicher nicht. Weil ich gesehen habe, wie sie hierhingegangen ist. Weil sie mir gefallen hat. Weil ich nicht noch eine Nacht allein in meiner häßlichen Pension verbringen will. Weil ich erkannt habe, daß Olga nicht anrufen wird. Sie ist zu beschäftigt. Baut ihr „Bisnes" auf. Hier in Berlin. Hat keine Zeit, sich zu erinnern. An früher, als wir ein Paar waren. Fast zwei Jahre lang. Bis sie in Sankt Petersburg in den Zug gestiegen ist. Und verschwunden. Genug. Ich werde nicht mehr daran denken. Ich werde mich auf die Frau vor mir konzentrieren, auf diesen Abend. „Menja zovut Larissa."

Larissa. Ein schöner Name. Eine schöne, selbstbewußte Frau. Taucht auf und nimmt an, alle können Russisch. Dann klappt es sogar. Nicht, daß ich wirklich Russisch kann. Aber je länger ich nachdenke, um so mehr fällt mir ein. Ich könnte sie fragen, wie alt sie ist. Aber das will ich gar nicht wissen. Das sehe ich. Jung ist sie. Sehr jung. Und selbstbewußt. Das sind fast alle heutzutage. Keine Ahnung, wie sie das machen. So unfähig können sie gar nicht sein, daß sie sich nicht einbilden, sie wären zu Großem geboren und hätten ein Recht auf alles mögliche. Eine Karriere zum Beispiel. Die ganze Firma besteht nur mehr aus solchen. Manchmal fühle ich mich alt. Mit einundvierzig! Sie geben mir das Gefühl, alt zu sein. Auf jeden Fall älter. Sie werden sich noch wundern. Wie sie mich betrachtet. Wie eine Katze die Maus. Daß sie sich nicht täuscht. Ich bin keine leichte Beute. Ich bin gar keine Beute. Vermutlich hat sie etwas gefragt. Ich habe es im Lärm überhört. Je weniger drin sind, um so lauter stellen sie die Musik. Als ob die es dann nicht so merken würden. Was tun? Das ist die Frage. Oder – wenn ich mich richtig an das Lenin-Zitat erinnere – „Chto delat."

Zitiert sie Lenin? Oder spricht sie mit sich? Auf Russisch? Nein, das ist eine indirekte Botschaft. Sie weiß nicht, was sie tun soll. Ich soll es ihr sagen. Kein Problem. Mache ich gern. Viel zu lange habe ich gewartet, daß etwas geschieht. Daß Olga anruft, wie sie es versprochen hat. Daß sie sagt: Komm, ich vermisse dich. Ich brauche dich. Nein. Nichts. Sie braucht mich nicht. Sie vermißt mich nicht. Sie lebt in Berlin ein neues Leben. Wenn es nach ihr gegangen wäre, wäre ich in Petersburg geblieben. Aber ich bin da. In derselben Stadt. Und treffe sie nicht. Weil sie keine Zeit hat für ein Privatleben. Sagt sie. Nicht, daß ich ihr das glaube. Olga hat immer gern gelogen. Das war ein Teil ihres Reizes. Der Versuch zu erkennen, wann sie die Wahrheit sagt, wann sie lügt. Vergangenheit. Die Gegenwart ist vielversprechend. Eine erfahrene Frau mit grauen Schläfen und leicht skeptischem Blick. Die das Risiko schätzt, aber nur, wenn sie glaubt, es kalkulieren zu können. Also, „poidjom".

Poidjom? Wir gehen? Das meint sie nicht wirklich. Doch. Tatsächlich – sie streckt die Hand aus, will mich an der Hand nehmen und gehen. Ich glaube, ich träume. Was stellt sie sich vor? Daß ich so einfach weg kann? Auch wenn keine kommt, kann ich nicht einfach die Kasse verlassen und gehen. Wenigstens eine Ablösung müßte ich organisieren. Aber das kommt überhaupt nicht in Frage. Ich habe ihnen zugesagt für heute abend. Und das mache ich auch. Wie sie nickt und lächelt. Sie sucht eine, die ihr die Stadt zeigt. Mit ihr um die Häuser zieht. Allein ist es langweilig. Außer man weiß, daß man überall eine trifft, die man kennt. Dann ist es lästig. Egal.

Ich komme nicht mit. Ganz schön frech. Wie kommt sie überhaupt darauf, daß ich interessiert bin. „Ne mogu ..."

Sie kann nicht? Weggehen? Jetzt enttäuscht sie mich aber. Ich hätte sie für spontaner gehalten. Aber gut. Mal sehen, was passiert, wenn ich mein überzeugendstes Lächeln lächle. Vielleicht braucht sie einfach noch Zeit. Sie trifft nicht jeden Tag eine, die sagt: Komm, laß uns gehen. Wahrscheinlich ist sie die, die das sonst sagt. So wie Olga. Die auch immer wußte, was zu tun war. Sie wußte schon mit fünfzehn, daß es keine Zukunft gibt in Rußland. Zu viel Korruption. Zu viel Mafia. Jedenfalls hat sie das mit vierundzwanzig gesagt, als wir uns getroffen haben. Die immer weg wollte. Am liebsten nach Berlin. Geschafft hat, ein Visum zu bekommen. Über einen Cousin vierten Grades. Der für sie gebürgt hat. Wenn es wirklich ein Cousin war. Egal. Längst egal. Also, wie sie weglotsen von dieser dunklen Holztür, hinter der die Musik zu laut spielt. „Po vidimomu ostajoms'ja odne."

Schwierig. Aber ich glaube, ich verstehe. Daß wir offensichtlich allein bleiben. Da mag sie recht haben. Vielleicht aber auch nicht. Ein paar von den Regelmäßigen müßten schon noch auftauchen. Siebziger-Nacht. *Abba. Dancing Queen.* Das kommt sonst gut an. Auch bei den Jüngeren. Ob sie *Abba* kennt? Ende der Siebziger war sie gerade erst geboren. Sie ist so jung. Zu jung. Ich mag diese jungen Menschen nicht. Nur Anspruch. Keine Leistung. Ich mag Frauen in meinem Alter. Oder etwas älter. Frauen ohne Macken, die nicht zickig sind. Mit denen sich eine intelligent unterhalten kann, wenn sie gerade Lust dazu hat. Schade, daß sie so selten sind. Trotzdem könnte ich natürlich einen Abend auch mit einer Zwanzigjährigen um die Häuser ziehen. Das würde mich zu nichts verpflichten. Könnte sogar Spaß machen. Aber ich muß hier bleiben. Schließlich habe ich es versprochen. „Nuzhno da ostajus'ja."

Sie muß bleiben? Das glaubt sie doch selber nicht. Seit ich hier bin, ist keine aufgetaucht, wollte keine hinein. Da kommt auch keine mehr. Das spüre ich. Sie macht es mir extra schwer. Damit ich nicht glaube, sie geht mit jeder mit? Tu ich nicht. Tu ich nicht. Ich erkenne eine anständige Frau, wenn ich eine sehe. Vielleicht

ist ihr ein Gespräch auf Russisch zu mühsam. Aber ich will mich gar nicht die ganze Zeit unterhalten. Ich will spüren. Ich will fühlen. Ich will nicht allein in meinem Bett in dieser armseligen Pension liegen und durch die dünnen Wände die Liebe von nebenan hören. Und mich erinnern. Olga war nicht meine erste Geliebte. Aber die erste, die ich nicht vergessen will. Weil sie ohne Scham ist. Sie muß das Licht nicht löschen. Sie wollte, daß ich sehe, wenn die Lust so groß war, daß sie die Dämme sprengt. Sie wollte, daß ich ihr sattes Lachen nicht nur höre, sondern auch sehe. Es fehlt mir, dieses Lachen! Nicht heute nacht. Die gehört der Schwarzsilbernen mit dem spöttischen Blick. Die sich einbildet, unersetzbar zu sein an diesem Ort. Was sie nicht ist. Ich brauche sie. Heute nacht.
„Mne nuzhno da ..."

Sie braucht ... was? Plötzlich wirkt sie gar nicht mehr so selbstsicher. Als ob sie doch nicht so genau wüßte, was sie will. Oder ist das ein Trick? Um meine Beschützerinnen-Instinkte zu wecken? Ist ihr gelungen. Ich könnte Leo anrufen. Sie schuldet mir noch was. Sie könnte hier an der Kasse auf die warten, die nicht kommen. Ich könnte Larissa Kreuzberg zeigen. Die Orte, an denen sie Gleichaltrige treffen kann. Sie ist jung. Fremd. Allein in einer großen Stadt. Wenn ich Russisch könnte, könnten wir uns unterhalten. Aber ich erinnere mich nur an Bruchstücke. Satzfetzen. Das erlaubt keine Verständigung. Ist sinnlos. Gibt es nicht auch andere Formen der Kommunikation? Sehr angenehme Formen. Die Sprache der Hände, der Lippen. Wenn ich nur daran denke. Ich rufe Leo an. Vielleicht ist sie zu Hause. Falls nicht, ist es entschieden. „Vozmozhno mogu uhodit".

Vielleicht kann sie doch weg? Was ist passiert? Ihr Blick gerade – war das Sehnsucht? Oder Spekulation? Wie ich reagieren würde, wenn sie sich zu mir beugen würde? Probier es, probier es aus. Aber sie sieht meinen Blick nicht. Sie kramt. Was sucht sie bloß? Ihr Handy. Sehr organisiert ist sie offensichtlich nicht. Ganz anders als Olga. Die hat die Organisation erfunden. In Rußland ist sie damit nicht weit gekommen. Sie mußte praktisch emigrieren. Nur ich wollte das nicht sehen. Ich dachte, was regt sie sich auf, solange wir zusammen sein können. Ob etwas heute passiert oder mor-

gen, das macht doch keinen großen Unterschied. Ich Ahnungslose. Olga hätte mich beinahe auf der Stelle verlassen wegen solch frevlerischer Gedanken. Endlich hat sie ihr Handy gefunden. Redet. Ich weiß nicht einmal, wie sie heißt. "Kak vam zovut?"

Seit einer halben Stunde flirtet sie mit mir. Und siezt mich doch. Erstaunlich. Andere Länder, andere Sitten. Leo kommt. Schon aus Neugier. Um zu sehen, warum ich plötzlich weg will. In fünf Minuten ist sie da. Und dann? Wo soll ich mit ihr hingehen? Eine Kneipe? Zu mir? Bin ich schon so alt und verzweifelt, daß ich ahnungslose Fremde in meine Wohnung zerren muß? Keineswegs. Ich lebe allein, weil ich allein leben will. Weil ich es nicht ertrage, daß die Boxer meiner Geliebten mein Bett ansabbern oder ihre Katzen in die Ecken pinkeln. Die Vögel erst Lärm machen und dann entkommen, wenn eine nicht ständig aufpaßt. Larissa sieht nicht so aus, als hätte sie ein verborgenes Haustier. Eine Ratte zum Beispiel. Was schaut sie so? Ach so, ich habe noch nicht geantwortet. "Menja zovut Marie."

Marie. Sie sieht nicht nach einer Marie aus. Ein sanfter Name. Sanft ist sie nicht. Eher eine Kämpferin. Eine leicht konfuse, spöttische Kämpferin. Was sucht sie jetzt schon wieder? Nein. Sie sucht nichts. Sie verstaut ihre Sachen in den Taschen. Das heißt, wir gehen. Sehr gut. An manchen Tagen hat frau einfach Glück. Ich wußte schon beim Aufstehen, daß heute der letzte Tag meines alten Lebens ist. Bald werde ich Abschied nehmen von Olga. Von einhundertdreiundachtzig Tagen Sehnsucht. Und Nächten. So lange habe ich auf ein Lebenszeichen gewartet. Vergeblich. Bevor ich ihr nachgefahren bin. Auch vergeblich. Morgen werde ich zurückfahren. Oder übermorgen. Je nachdem, wie sich die Nacht entwikkelt. Werde mich mit meiner Familie versöhnen. Ernsthaft studieren. Meinen Abschluß machen. Eine Karriere. Keine stundenlangen Spaziergänge mehr an der Neva, um im Kopf lange Briefe an Olga zu schreiben. Die sie nicht bekommt. Hätten wir eine Chance gehabt, wäre sie geblieben? Wäre es mir gelungen, in Rußland die Organisation einzuführen? Es deutscher zu machen? Egal. Sie ist nicht geblieben. Sie will reich sein. Wie meine Familie. Hätte sie sich in mich verliebt, wäre ich arm gewesen? Was soll das jetzt, wo es vorbei ist? Jetzt gibt es Marie, die nichts davon weiß. Vielleicht nie etwas davon wissen wird. Nur, wie mein Körper aussieht nach der Liebe, wie er riecht, wie er schmeckt. Das wird sie wissen. "Poidjom".

Gut, gehen wir. Das sind Leos Schritte in der Einfahrt. Je schneller wir weg sind, um so weniger kann sie fragen. Ich will ihr das jetzt nicht erklären. Ich kann es auch nicht. Üblicherweise schleppe ich die Frauen erst nach ein paar Bieren ab. Aber heute bin ich nüchtern. Total nüchtern. Und dann dieses Gefühl, daß nicht ich sie mitnehme, sondern sie mich. Daß sie das genau geplant hat. Diese junge, rothaarige Russin mit dem Lächeln einer Siegerin. Die im nächsten Moment so zart und hilflos wirken kann. Daß ich sie in die Arme nehmen möchte und halten. Ihre helle Haut berühren. Eine Sehnsucht, die ich nicht hatte, seit Agnes ausgezogen ist. Agnes mit dem Papagei. Lorena. Ein bösartiges Tier. Ein Moment der Unachtsamkeit, und schon war sie weg. Saß im Baum im Hof und kam nicht zurück, obwohl Agnes sie Stunden gelockt hat. Den Käfig mit der offenen Tür in der Hand, stand sie da, rief zärtlich: "Komm zu Mama, komm nach Hause." Lorena dachte gar nicht daran. Angeblich lebt sie jetzt mit einer großen Schar anderer Entkommener im Spreewald. Agnes hat mir das nicht verziehen. Sie dachte, es war Absicht. Weil ich Lorena nie leiden konnte. Was stimmt. Ich mag keine Haustiere. Selbst wenn sie nicht sabbern oder in Ecken pinkeln. Wenn Lorena nicht gewesen wäre, wären wir vielleicht jetzt noch zusammen. Dann wäre klar, wohin wir jetzt nicht könnten. In meine Wohnung. So aber ... "Kuda hochesh?"

Wohin ich will? Gute Frage. Klar, direkt. Als ob sie die Antwort nicht längst ahnt. Es ist viel zu kühl, um lange durch die Stadt zu rennen. Ich habe keinen Schal dabei, keine Handschuhe. Meine Füße sind kalt. Daß es im März in Berlin abends so kalt ist. Fast wie in Petersburg! Es gibt nur einen Ort, an den ich möchte. Ihr Bett. Das wäre als Antwort wohl doch zu direkt. Wir sollten erst ein Glas Wein trinken, ein bißchen reden und uns dann daran machen, Olgas Bann zu brechen. Noch immer träume ich von ihr, wenn ich von einer Frau träume. Wie sie ihr T-Shirt mit einer Hand über den Kopf zieht, während sie mit der anderen an den Knöpfen ihrer Hose zerrt. Wie sie alles auf den Boden fallen läßt, bevor sie sich ins Bett wirft, nach mir greift und den Punkt beißt, an dem der Hals in den Nacken übergeht. Ich muß nur daran denken und spüre sie schon. Die Berührung. Stop. Sonst falle ich hier in der Einfahrt über sie her. „Zhivjosh' vblizi?"

Ob ich in der Nähe wohne. Das ist direkt. Sie will in kein Lokal, sie will zu mir. Ob sie ein Zuhause sucht? Nein. Das ist es nicht. Wahrscheinlich will sie Nähe. Nicht mehr allein sein. Warum sie wohl nach Berlin gekommen ist? Wegen der Liebe oder der Karriere. Als ob das jetzt nicht egal wäre. Jetzt ist sie da. Jetzt ist sie nah. Wir werden ein Glas Wein oder ein Bier trinken, und dann werden wir sehen. Ich hätte schon Lust, mich wieder einmal ganz lebendig zu fühlen. Hände zu spüren, die meinen Körper erkunden. Zentimeter um Zentimeter. Eine Zunge, Zähne. Langsam, ganz langsam. Fordernd und schnell. Gierig. Einen anderen Körper kennenzulernen. Haut. Einen neuen Duft. Ich habe gar nicht geahnt, daß ich so ein Bedürfnis nach Sex habe. Ich dachte wirklich, es geht mir gut. Und jetzt könnte ich hier, mitten auf der Straße, über sie herfallen. „Da, zhivu vblizi."

Etwas ist passiert. Wie sie mich plötzlich ansieht. Die Ironie ist verschwunden. Die Überheblichkeit auch. Sie ist nicht mehr so selbstsicher wie hinter ihrem Tisch. Gut, sehr gut. Vielleicht können wir uns nahe kommen. Vielleicht kann ich in ihrem Arm einschlafen. An sie gekuschelt. Geborgen für eine Nacht. Olga wollte das nicht. Sie konnte nicht schlafen, wenn ich so nah war. Das hat sie gestört. Ich habe es mir immer gewünscht. Aber nicht einmal an meinem Geburtstag hat sie länger als eine Stunde durchgehalten. Als sie gedacht hat, ich schlafe, hat sie den Arm weggezogen, ist auf ihre Seite gerutscht. Aber ich war wach. Ich wollte nicht schlafen. Wollte die Nähe möglichst lang genießen. Olga, immer Olga. Dabei ist da Marie. Aber Marie scheint sich nicht sicher zu sein. Sonst würde sie doch nicht solange in dieses Fenster starren. „Chto sluchilosh?"

Was los ist? Wenn ich das wüßte. Dieses Gefühl nimmt mir den Atem. Ich hatte keine Ahnung, daß ich eine solche Sehnsucht habe.

Wieso habe ich mir das nicht eingestanden? Dabei ist es nur normal. Es ist fast ein Jahr her, daß Agnes ihre Sachen gepackt hat. Die paar Mal, die ich nicht allein nach Hause gekommen bin, zählen nicht. Das waren flüchtige Momente ohne Bedeutung. Was mache ich da? Wie kann ich glauben, daß dieser Moment nicht genauso flüchtig ist? Was soll das, Marie? Jetzt ist nicht Zeit für philosophische Diskurse über die relative Relevanz diverser Momente. Ihre Hand ist ganz kalt. Es ist Zeit. „Nichego, poidjom."

Nichts ist los? Das hat sich kurz anders angefühlt. Als wollte sie davonrennen. Als hätte sie es sich im letzten Moment anders überlegt. Jetzt wärmt sie meine Hand. Rennt fast, als hätte sie es eilig, nach Hause zu kommen. Ich freue mich. Sie hört mir zu. Sie scheint zu verstehen, was ich ihr erzähle. Von Olga und mir. Dem Warten und der Reise nach Berlin. Der trostlosen Pension. Dem Moment, da ich sie auf der Straße gesehen habe. Gedacht habe, daß sie die Richtige ist, um Olga zu vertreiben. Daß ich mich nicht in ihr Leben drängen will. Daß ich gehe, wenn sie das möchte. Bleibe, wenn sie das möchte. Alles ist möglich, wenn Olga erst verschwunden ist.

„Da, ponimaju ..."

Vorletzte Worte

Hans Stempel + Martin Ripkens

Hans Stempel und Martin Ripkens leben und arbeiten seit fünfundvierzig Jahren zusammen. Als reisendes Expertenduo berieten sie jahrzehntelang den Medien-Mogul Leo Kirch bei seinen Spielfilm-Einkäufen. Sie drehten selbst mehrere Filme (über cineastische und schwule Themen), schrieben Kinder- und Jugendbücher und geben Lyrik- und Prosa-Anthologien heraus (u.a. *Ach Kerl ich krieg dich nicht aus meinem Kopf, Hyperion am Bahnhof Zoo* und *Der Engel neben dir*). Von ihrer gemeinsamen „Lebensreise" erzählen sie in der vielbeachteten Autobiographie *Das Glück ist kein Haustier.*

Vorletzte Worte

Letzte Worte in Sachen Liebe gibt es viele – zu viele, wie wir meinen. Rilke, der Pathetiker, dichtete: „Das Herz vermag vom Wechsel nicht zu leben, denn was heißt Wechsel: Liebe ist nur eine." Brecht, der Lakoniker, befindet: „Keuschheit kann nicht Wollust mindern. Hungrig wär ich gerne satt. Mag's, wenn Tugend einen Hintern und ein Hintern Tugend hat." Und Marie Luise Kaschnitz, ein Leben lang dem früh verstorbenen Gefährten nachtrauernd, kommt zu dem Schluß: „Es gibt kein Leben außerhalb der Liebe." Am Rekurs auf das eigene Leben kommt keiner vorbei, mag das nun stoisch klingen wie bei Stefan George, „Verschweigen wir, was uns verwehrt ist", oder anrührend klagend wie bei Ingeborg Bachmann: „Erklär mir Liebe, was ich nicht erklären kann." Liebe kennt eben kein Rezept und bleibt allemal ein Abenteuer mit ungewissem Ausgang.

Den Urgrund der Liebe, das existentielle Verlangen nach einem Gegenüber, hat schon Platon in seinem Gastmahl beschrieben: die Geschichte vom menschlichen Wesen, das von Zeus in zwei Stücke zerschnitten wird und seitdem unablässig auf der Suche nach seiner anderen Hälfte ist. Dieses Gleichnis verdient hier Erwähnung, weil meist verschwiegen wird, was den besonderen Reiz dieses Gedankenspiels ausmacht: die deutlichen Auslassungen Platons nämlich über das Verlangen der Lesben und Schwulen: „Alle Frauen, die Stücke einer Frau sind, haben wenig Sinn für Männer, sondern fühlen sich mehr zu Frauen hingezogen. Diesem Geschlecht entstammen die Lesbierinnen. Alle Stücke des männlichen Geschlechts endlich gehen auf Männer aus. Schon als Knaben fühlen sie sich als Stücke des Männlichen zu Männern hingezogen, liegen gern und umarmen sich gerne mit Männern."

Platon aber begnügt sich nicht damit, auf die physische Seite dieser Liebe hinzuweisen. Wenig später heißt es bei ihm: „Und wenn dann solche Menschen ihr ganzes Leben miteinander verbrächten, wüßten sie nicht einmal zu sagen, was sie eigentlich voneinander wollen. Des gemeinsamen Liebesgenusses wegen dürften sie doch kaum eine so leidenschaftliche Freude an ihrem beiderseitigen Zusammensein haben. Nein, offenbar wünscht ihre Seele etwas anderes, was sie nicht ausdrücken kann." Den Ansatz einer Erklärung liefert dann im siebzehnten Jahrhundert Blaise Pascal mit seinem schönen Satz: „Le coeur a ses raisons que la raison ne connait pas – Das Herz hat seine Gründe, die der Verstand nicht kennt".

Inzwischen leben wir im einundzwanzigsten Jahrhundert, und noch immer haben wir keine überzeugende Antwort, doch die zweiundzwanzig Autorinnen und Autoren dieser Anthologie haben sich auf die Suche begeben. Und um es gleich zu sagen: Eine romantische Beschwörung vollkommener und ewiger Liebe gibt es in diesem Buch nicht, es sei denn als Satire, wie in Baby Neumanns Dramolett *Bei Anruf Beziehung*. Nirgends findet sich fröhliche Naivität, dafür eine durchgehende Skepsis, die sich immer bewußt bleibt, daß Glück kein Haustier ist und sich nicht an die Kette legen läßt.

Wenn in Dani C. Mimos *Always – Eine Drohung* Eva ständig vor sich hinträllert „*Not for just a night, not for just a day, not for just a year, but always*", treibt sie ihre Freundin Renee fast zum Wahnsinn. Und was Eva singt, soll Renee dann auch noch wiederholen, doch die denkt nicht daran – und erst recht nicht ans Heiraten. Noch einen Schritt weiter geht Ariane Rüdiger mit ihrer Erzählung *Die Hochzeitsreise*. Heike, die beharrlich auf Hochzeit und Hochzeitsreise besteht, bedrängt ihre Freundin Mo so sehr, daß ihr Traum vom Glück schließlich wie eine Seifenblase zerplatzt.

Sicherheit gibt es nirgendwo, Erschütterungen sind jederzeit angesagt. Da genügt es schon, wenn die verdrängte Vergangenheit in Gestalt einer ehemaligen Geliebten bedrohliche Gegenwart wird, wie in Sabine Rittners *Liebeslügen*. Wäre da die Liebe auf Distanz vielleicht eine Lösung, die uns vor Konflikten bewahrt? Karin Rick jedenfalls erzählt in *Ein Tag mit ihr*, wie sie die lang ersehnte Freundin nicht bei sich zu Hause, sondern – scheinbar schnöde – in einem Hotel einquartiert.

Tun sich aber zwei Menschen allzu innig zusammen – und das gar rund um die Uhr – so droht ihre Beziehung bald ins behäbig Biedermeierliche abzurutschen. Kordula Völker mit ihrer Persiflage *Ich glaube schon* und Mario Wirz mit seinem Melodram *Frühstück im November* warnen uns. „Jede Liebesgeschichte", so scherzt, leicht verlegen, der glücklich-unglückliche Martin bei Wirz, „ist auch eine Krankengeschichte". Daß Liebe wohl immer eine Art Krankheit ist, davon berichtet nicht nur Stendhal in seinem berühmten Buch *Über die Liebe*. Thornton Wilder nennt einen seiner lyrisch-elegischen Einakter *Liebe und wie man sie heilt*, ohne indes eine Heilung anzubieten. Im Orgasmus, gern als Höhepunkt gepriesen, liegt das Heilmittel wohl eher nicht, meist fangen die Probleme erst danach an. Kurt Tucholsky reimt in den zwanziger Jahren: „Und darum wird beim happy end im Film jewöhnlich abjeblendt."

Diesen Vorwurf kann man den Geschichten dieses Bandes wahrlich nicht machen. Sie alle sind illusionslos genug zu wissen, daß keine noch so lautstarke Liebeserklärung unser geheimes Verlangen nach einer fremden süßen Haut zum Schweigen bringt. In Thomas Endls *Sternstunde* bleibt einladend offen, wem der Erzähler sich erotisch zugesellt: einem Fremden im Vorübergehen, einem Mann, von dem er träumt, oder seinem Lebensgefährten. „Alles, was wir imstande sind, uns auszudenken, existiert", sagt Lena in Antje Wagners *Herzzeit*, während sie in den Armen ihrer Freundin Marla liegt und sich zugleich nach einer Traumfrau sehnt.

Brisanter wird es allerdings, wenn die Versuchung in Fleisch und Blut daherkommt. Das Wünschen hört eben nie auf, selbst wenn wir uns mit Kopf und Herz für einen bestimmten Gefährten entschieden haben. Jan Hiding porträtiert in seiner Erzählung *Eine Liebe nebenbei* zwei Männer, die schon lange ein Paar sind, aufgeklärt und offen leben. Sogenannte Seitensprünge tangieren sie nicht – es sei denn, Gefühl kommt ins Spiel. Das geschieht, als der Ich-Erzähler nachts im Park dem verführerischen Mats begegnet. Es bleibt nicht beim One-night-Stand, bald schreibt ihm Mats „sehr schöne, kluge, schmerzerfüllte, selbstbewußte Briefe". Bestürzt wird dem Erzähler klar, wie nah sie sich gekommen sind. Ein Dilemma ohne Ausweg? Oder gilt auch hier, was in einer anderen Geschichte eine ältere Lesbe ihrer ebenfalls lesbischen Nichte mit auf den Weg gibt: „Wir sind nicht nur Liebhaber, wir sind auch Freunde. Wir sind vertraut miteinander. (...) Wenn du weißt, du kannst immer nach Hause zurückkommen, kommst du auch."

Ähnliche Signale gibt es in den Texten der schwulen Autoren. Hart und herzlich: „Denkst du, du bestehst nur aus deinem Schwanz?" Oder: „Einfach nur zusammenbleiben. Es muß ja nicht gleich Hochzeit sein." Und: „Es ist nicht die Angst vor dem Alleinsein, der ratlosen Vereinsamung. Es ist eine Liebe, die ich nicht beschreiben und auch nicht immer zeigen kann."

Eine Liebe, die man nicht beschreiben kann? Das klingt paradox in einem Buch, in dem genau dieser Versuch zweiundzwanzigmal gewagt wird. Ja, zwei Geschichten greifen sogar noch weiter. Beredt erzählen sie vom Schweigen, einem Schweigen allerdings, das keineswegs ein hilfloses Verstummen, sondern das Gegenteil einer leerlaufenden Geschwätzigkeit ist. In *Ohne Worte* beschreibt Peter Jungblut ein Paar, das kaum noch der verbalen Kommunikation bedarf, um seiner Liebe sicher zu sein: „Tim hatte sich dabei daran gewöhnt, mit den Worten Abstand zu halten, mit Schweigen dagegen Annäherung zu ermöglichen". Das läßt uns wieder an Pascal denken, bei dem es heißt: „Es gibt eine Beredsamkeit des Schweigens, die tiefer eindringt, als die Sprache es kann." Von der schönen Kunst, mit Blicken und Gesten zu kommunizieren, lebt auch Brigitte Reimers Geschichte *Ne ponimaju*. Zwei Frauen, die sich verbal kaum verständigen können, kommen sich durch ihre Körpersprache auf wunderbare Weise näher, eine verlockende Vision in einer Zeit der Worthülsen und Schlagworte.

Was aber wäre diese Anthologie sehnsuchtsvoller Paare ohne einen kräftigen Kontrapunkt, den Stephan Niederwieser liefert. Mit seiner Erzählung *Fünf Liebhaber und ein Todesfall* plädiert er für ein Glück der Liebe, das nicht nur in der Zweisamkeit zu finden ist: „Ich drücke mich mit dem Rücken gegen Mättis Bauch, er schließt mich in die Arme, dann schiebe ich die Kissen unter unseren Köpfen zurecht, dabei steigt der süße Duft von Gerald auf."

Alles in allem also Geschichten zum Weiterdenken und – recht bedacht – auch zum Weiterlieben.

Don't miss your chance to gender-fuck!

Rainer Falk, Sophie Hack,
Carol Queen & Lawrence Schimel (Hrsg.)

SEXperimente
Lesben schreiben Schwulenpornos …
… Schwule schreiben Lesbenpornos.

ISBN 3-89656-036-0

www.querverlag.de